会买的是徒弟，会卖的是师傅

一本书看透买点与卖点

曹明成　谭文◎著

图书在版编目（CIP）数据

一本书看透买点与卖点/曹明成，谭文著.——上海：立信会计出版社，2015.8
（擒住大牛/荣千主编）
ISBN 978-7-5429-4674-4

Ⅰ.①一… Ⅱ.①曹…②谭… Ⅲ.①股票投资-基本知识 Ⅳ.①F830.91

中国版本图书馆CIP数据核字(2015)第115050号

策划编辑　蔡伟莉
责任编辑　余　榕
封面设计　久品轩

一本书看透买点与卖点

出版发行	立信会计出版社		
地　　址	上海市中山西路2230号	邮政编码	200235
电　　话	（021）64411389	传　　真	（021）64411325
网　　址	www.lixinaph.com	电子邮箱	lxaph@sh163.net
网上书店	www.shlx.net	电　　话	（021）64411071
经　　销	各地新华书店		
印　　刷	天津嘉杰印务有限公司		
开　　本	787毫米×1092毫米	1/16	
印　　张	18	插　　页	1
字　　数	262千字		
版　　次	2015年8月第1版		
印　　次	2017年11月第5次		
书　　号	ISBN 978-7-5429-4674-4/F		
定　　价	42.00元		

如有印订差错，请与本社联系调换

序一 我为什么不讲价值投资[①]

《理财一周报》记者/林奇

"在中国的资本市场,我从来不讲价值投资。所谓的价值,不过是给庄家炒作的理由而已。我选股思路是跟庄,操作理论讲究趋势为先。"

——曹明成

私募大鳄曹明成是私募圈内资深的操盘手,曾在多家咨询公司及投资机构任职,直接参与过多次大资金的操盘。

1999年"5·19"行情中,曹明成因成功阻击网络科技股而一战成名。

在互联网行情中,曹明成亲身领教了亿安科技、海虹控股等庄家李彪、蔡明的狠辣操盘手法。

在股海中摸爬滚打十几年的老曹,博客名为"十年股灰",在东方财富网的财经博客中排名第十四位。

从湘财证券的一名普通经纪人做起,再到操盘手、主操盘手、私募基金经理,曹明成经过十几多年的实战,总结出"曹氏八线",并著有《吃定庄家》、《擒庄实战技法》、《庄家内幕揭秘》、《K线实战技术精要》和《庄股经典出货模式》等书。

"11月还有两本书出版,今年可能还有两本书稿,有出版社约稿了,但还没写完。"曹明成如是介绍。

10月26日,曹明成接受《理财一周报》专访,揭露了许多不为人知的坐庄、跟庄内幕。

[①] 2009年11月7日,《东方早报理财一周》对曹明成先生的人物专访,刊登在"资本大亨"版面。原文标题为:"私募大鳄曹明成:坐庄岁月里的那些往事"。

阻击网络股一战成名

《理财一周报》：像许多私募基金经理一样，您也是从经纪人做起的？

曹明成：差不多，早年和李华（第二代操盘手）是一批。最早是在湘财证券。离开湘财证券后，跟老板做操盘手，后来干脆出来单干了。

《理财一周报》：是不是因为做操盘手待遇都不太高？

曹明成：操盘手要看是什么样级别的，资深的主操盘手负责决策，与老板有分成，待遇还可以。

《理财一周报》：当时做操盘手都经历过哪些比较大的战役？

曹明成：最早是阻击网络科技股的那一年了，阻击网络科技股不是自己坐庄，是跟庄。当时发现有大批私募资金成堆地扎入了网络科技概念类的股票，不少同类题材的股票都在底部放量，大资金入驻明显，就开始关注这个题材。

《理财一周报》：发现此类股票后是直接跟进吗？还是后来跟进的？

曹明成：先是试探性跟进。后来科技概念股开始成为当时的热点。与以往的概念炒作不同，这次很意外的是：炒作之后，入驻的庄家资金不见撤退，这在以往的概念炒作中是很少见的。当时经过考虑之后，就把所有的资金全线投入该类题材股。

《理财一周报》：这样追题材股会不会很冒险？

曹明成：这是很大胆的做法，当时遭到其他辅助操盘手的非议。因为这样做风险大，概念股炒作成热点后，一般都开始进入高位，这个时候介入，弄不好就成了庄家出货的牺牲品。

《理财一周报》：那为什么还决定满仓追进，当时是怎么考虑的？

曹明成：当时是依据庄家的操盘手法判断的。大量的庄家资金入驻了该类题材股，而在第一轮炒作之后，还在高位加仓。显而易见，目标不在短期。

《理财一周报》：当时网络股您跟的是哪只？

曹明成：做了很多只，蔡明的海虹控股就是其中的一只。

《理财一周报》：这波物联网炒作海虹控股也是龙头，您觉得这波物联网会

不会像当初的互联网一样爆炒起来？

曹明成：这波物联网入驻的庄家资金还远远不够，暂时没有那种可能。但庄家的炒作计划可能会因为行情的变化而变化。就像当年的网络科技股，并不是开始大家都看好，后来"5·19"井喷，人气被完全带动，大量的私募资金进入了。因此，就出现了炒作一波后，新资金大量入驻，造就了一轮2年的行情。

亲身领教李彪跌停板洗盘法

《理财一周报》：当时最有名的应该是罗成操控下的亿安科技，您跟的是这只吗？

曹明成：网络科技股的行情从1999年5月开始，直到2001年，经历了一年多时间，这轮题材的炒作，只要与网络科技挂边的都被炒作起来了。其中的龙头亿安科技、海虹控股、四川湖山都被炒作到了非理性的高度。亿安科技是第一个百元股，是罗成坐庄，操盘主要是郑伟和李彪负责。海虹控股是蔡明坐庄。去年李彪去世的时候我知道消息的。

《理财一周报》：李彪总感觉对不起自己的弟弟，知道具体是为什么吗？

曹明成：他弟弟是李彬，当时坐庄亿安科技用的是金易投资公司，郑伟是控制人，法人代表写的是李彬的名字，但李彬是圈外人，后来被扯进去了，被搞得很惨。据说李彪没有办法救无辜的弟弟，导致了李彬的破产，并差点入狱。

《理财一周报》：李彪是什么样的人？

曹明成：现实中的李彪长得比较斯文，光头戴眼镜，但行事泼辣，脾气有些暴躁。郭庆、李彪、蔡明，这些都算是第一代操盘手，他们比我早一代，我那时候是小字辈。李彪操盘非常凶悍，他当时发明了跌停板洗盘法，鬼神莫测。

《理财一周报》：连续跌停，只要看盘操作无一幸免，当时亿安科技启动前就是连续3个跌停板。

曹明成：这种手法在当时很难判断。

《理财一周报》：为什么很多早年的庄家都不得善终？

曹明成：早年的操盘手生活都不太好，心理压力大，真正功成名就的极少。一部分人是被查了或逃亡了，另一部分人在后来的4年熊市（2001—2005年）中又赔进去了。

《理财一周报》：那4年熊市够惨的，2008年也很惨。

曹明成：2008年的大熊市也是套了很多的庄家。

《理财一周报》：当时为什么没有跟进亿安科技？

曹明成：亿安科技不敢跟。开始完全是逼空。强势股就是这样，一开始逼空，散户不跟进，继续逼空，开始震荡，散户眼红了，进去了，再拔高，出货了。亿安科技当年也是被逼上去的，前期的计划肯定没想要炒那么高。拉到40元的时候，没有人敢买了，怎么办，接着拉。亿安科技控盘最后达到90%以上。其实玩到那个时候已经算失败了，最后出货比较艰难。

《理财一周报》：有个庄家跟我讲过，说很多筹码是在跌破100元后卖给了抢反弹的人。

曹明成：平均没有那么高。出货的平均价格，我们那时候判断应该在40元左右。60元左右制造假反弹，结果还是很少有人买。市场信心没有了，下跌趋势形成了。最大的抢反弹成交量在27元左右。平均出货价位在40~50元。

《理财一周报》：庄家要出货一般都要先跌很多吧？

曹明成：一般庄家拉到离谱的位置，出货的价位定在下跌一半的位置，通过做假反弹出货。

信奉自己的操盘理念

《理财一周报》：您信奉价值投资吗？

曹明成：在中国的资本市场，我从来不讲价值投资。所谓的价值，不过是给庄家炒作的理由而已。我选股思路是跟庄，操作理论讲究趋势为先。

《理财一周报》：看来您是趋势派。

曹明成：我自己有一套操盘理念，在趋势形成之后，形态明朗之后才操作。

但又不等同于右侧交易，我的买入点在次低点或次次低点，卖出位在次高点或次次高点。

《理财一周报》：那您的这些东西是跟谁学的呢，还是自己悟的？

曹明成：自己悟出来的。早年是受一位老股民的启发，一位比较执著的老股民，他完全依据10日线买卖，获利很稳定。

《理财一周报》：线上持股，线下持币？

曹明成：是的。简单地说，可以用这8个字来概括。

《理财一周报》：这方法最厉害，化繁为简了，但很多人不经过多年的实战永远不理解。可是单独只看一个10日线会不会有点片面？

曹明成：我当时研究这个10日线很长时间，但也发现很多弊端。首先，如果不判断趋势，依据10日线买卖会在平衡市里不知所措。其次，10日线经常被庄家作为洗盘的工具。实战中操作纪律最重要，比如下降通道就是线下持币，需要放弃所有的诱惑和机会。

《理财一周报》：您现在主要看些什么指标？

曹明成：都是一些我自己的指标，帮我写指标的有一个工作室，我提供我的思路，他们帮我完成。我有个学生叫谭文，他是这方面的高手。现在计算机信息技术太发达了，把传统技术分析与计算机分析相结合，真的是事半功倍。我们原来为了总结一个形态，自己画图，花大量的时间统计，再分析和总结，现在计算机可以在很短的时间内全部做完。

（原文中对当时行情的看法，作了删节。本期采访的电子版地址在：http://www.licaiyizhou.com/content.jsp？category=00008&id=1074）

序二　我认识的"小曹"与"老曹"

李 华

　　近年来市场上的股票类书籍渐有泛滥之势，且良莠不齐，多有鱼目混珠之作，真正能指导投资者实战应用的作品可谓少之又少。然最近读曹明成先生主笔的实战系列丛书，感觉甚好。细读之下，书中不乏作者多年实战的经验心得与"不传之密"，实为"用心之作"，相信读者阅后当有所裨益。

　　我与曹明成先生相识已久。初识其人，还是1997年在湘财证券的营业部，当时因本人虚长几岁，故称他为"小曹"。其时的"小曹"瘦瘦小小，貌不惊人，书生气十足，亦没有什么名气。后常有散户打听"曹明成"，发展到不断有大户托我的关系来约"曹先生"吃饭，这才让我刮目相看。再到1999年的狙击网络科技股一战成名，早年的"小曹"已经成为了当时湘楚一带赫赫有名的"老曹"。

　　几年后我们也相继开始了单干，都有了自己的事业，与曹明成先生联系渐少。偶闻他的消息也只是在报刊杂志上见他的跟庄理论的文章。这次接他的电话让我为丛书写序，颇感意外。在我的印象中，他身体并不太好，甚至可用"体弱多病"四个字来形容，又常沉溺于股票实战之中，写书这种耗时耗力之事，以他一人之力怎能办到？

　　见面后我才知道，原来他这几年收了一个得意门生——谭文。谈论间他得意之色溢于言表："已得我九成功力。"

　　小谭属于新时代的复合型人才，精通计算机编程，自行钻研了传统技术分析与计算机海量数据模拟测试相结合的分析方式，丛书的写作过程就曾大量使用计算机模拟测试的论证，纠正了许多人力所无法克服和发现的错误，使书中的理论更趋于完美，大有青出于蓝更胜于蓝之势！真是后生可畏！"曹氏八线理论"是曹明成与谭文师徒两人多年实战理论研究的结晶，曾被股民朋友冠以"零风险操

作理论"的美誉。该理论我个人觉得至少有两点值得推崇：一是最大限度地回避了风险；二是几乎不会错过任何一波有价值的行情。炒股不是纸上谈兵，能在实战中真正做到稳定获利的理论才是好理论。我了解曹明成先生的实力，更了解曹明成先生的为人。他不会忽悠人，他主笔的丛书更不会忽悠人！

鉴于此，我愿为此丛书作序，并向全国的广大股民朋友们推荐。

（作者原为湘财证券高层管理人员，现为广东某私募基金总裁）

序三　跟庄是战略，K线是战术

中国的证券市场有两个特征：一是政策市；二是庄家市。中国的庄家有翻天覆地之能，基本面一塌糊涂的股票经过庄家的精心包装，便穿上了漂亮的外衣，翻出数倍的行情，最终还能体面地甩卖给市场上的投资者。而大多数的散户在这个过程中并不知情，深深落入了庄家事先策划、设置好的各式陷阱之中，一次又一次地成为买单者，亏损累累，苦不堪言。

散户朋友若想摆脱这个困境，在与"庄"博弈之中占据赢面，就须了解庄家、研读庄家，清楚庄股炒作的种种潜规则。本书试图对庄家的内涵予以剖析，让投资者从中对照，减少掉进陷阱的概率，增加实战的成功率。

笔者早年曾参与过大资金的运作，接触过大大小小不少的庄家，熟知其中的一些故事。本书以笔者的亲身经历，介绍庄家坐庄的详细手法，揭秘庄家内部一些鲜为人知的内幕，以及与上市公司、股评和其他中介机构相互勾结的种种黑幕。书中所列举的一些违规案例，都是经过了监管部门的查处和媒体的披露，皆有根可查，非笔者杜撰。在此，借用思想型学者章诒和的话来说："往事并不如烟。"

今天，随着监管力度增强和相关法制的完善，这些违规现象将会越来越少。2009年5月15日，证监会主席尚福林在出席陆家嘴论坛演讲时表示，市场法律环境日益改善，执法效率得到加强。5年来，我国共制定和修订各类法律、法规307件，占资本市场现行有效法律文件的73.1%，为我国股票市场规范发展提供了重要的保障。

本书的编写，感谢北京兴盛乐书刊发行有限公司的策划约稿，感谢立信会计出版社蔡伟莉等老师的编辑指导。由于笔者水平有限，书中的观点与理念不一定成熟，很高兴与各位朋友探讨。我的邮箱caomingcheng@yeah.net，QQ：

150610568，网址：www.8stock.net。同时我们也接收大资金的理财合作，欢迎来函交流。

曹明成　2011年1月初稿

2015年3月二稿

序四　修订再版时的话

2011年我写作的《K线技术精要》、《庄家那些事儿》两本书出版后获得了很好的市场反响，得到了和讯网、新浪财经、搜狐财经、凤凰网、中国财经网等众多媒体的联合推荐。《K线技术精要》被认为是国内首部提供公式源代码的实战作品，填补了形态分析、电脑操作与中国股市大数据相结合的市场空白；《庄家那些事儿》一书更是被誉为"中国版《股票大作手回忆录》"。

这些都是笔者始料未及的。从笔者的角度来说，也仅是自己十多年来的股市经历与操盘心得，整理归纳之后与读者朋友们分享，远谈不上经典。感谢同行的认可，感谢投资朋友们的厚爱。这也是我和谭文在紧张的投资之余，笔耕不辍的动力源泉。

其实读者朋友们对丛书的喜爱和追捧，更多的应该是来自追求与"庄家"的信息对称、交易平等与市场自由的心底渴望。笔者曾接到一些读者的来信："曹大师，您那一套庄家理论已经过时了吧？新时代股市已经没有庄家操控了吧？"可惜的是，这还只能是一个美好的愿景。资本的贪婪本质决定了股市的博弈永远是血腥的。在各项政策法规未完全规范之前，操纵的快感决定了庄家对股市不会放弃。我们对庄家的研究远未结束。

在过去的2014年，大盘行情在8月启动，但创业板和小盘股的牛市行情早在1年前就来到了，过半数的庄股都提前实现了翻番。这两个板块中存在着大量的庄家暴力操作痕迹。如果要寻根问祖，在笔者的书中都能一一找到对应的原型。

在书中，笔者希望通过对庄家操作手法的透视、对庄家内幕的揭露，让真相接近我们，让证券市场的雾霾远离我们！

修订版根据当前市场的变化增补了一些庄家新的操作手法，对部分章节进行了修改与合并，剔除了部分重复内容。如此"与时俱进"和"去芜存菁"之后，形成了一个渐趋严整的新套系，第一辑先出版三本，分别是：

- 《一本书看透股市庄家》，以亲身经历讲述庄家坐庄的流程与手法。

- 《一根K线决定成败》，延续第一版的基本内容，重新验证K线组合在实战中出现的概率。

- 《一本书看透买点与卖点》，从实战盘口分析入手，讲述买、卖点时机的把握之道。

人生有涯，而知也无涯。祝愿投资朋友能感受到学习实战技术的乐趣，然后学以致用，用投资改变人生，用智慧创造财富。

感谢修订再版本书的立信会计出版社及蔡伟莉女士，也感谢著名图书出版人赵涛先生的真诚和努力。

曹明成

2015年5月

目　录

第一章　买与卖的艺术 1

第一节　牛从何处来 3

第二节　牛往何处去 16

第三节　牛相面面观 20

第二章　洗盘中的买点 27

第一节　打压式洗盘中的买点 29

第二节　横盘筑平台洗盘中的买点 31

第三节　边拉边洗中的买点 33

第四节　T字板的买点 35

第五节　冲高回落式洗盘的买点 37

第三章　空头陷阱中的买卖点 39

第一节　技术关口空头陷阱的买卖点 41

第二节　技术形态中空头陷阱的买卖点 44

第三节　波浪理论空头陷阱的买卖点 47

第四节　识别空头陷阱及对策 50

第四章　整理形态中的买卖点 53

第一节　三角形形态中的买卖点 55

第二节　旗形整理形态中的买卖点 59

第三节　箱形整理形态的买卖点 62

第四节　楔形形态的买卖点 64

第五章　消息面下的买卖点 67

第一节　借大势洗盘的买卖点 69

第二节　借利好洗盘的买卖点 73

第三节　借利空洗盘的买卖点 77

第六章　拉升前的买点 81

第一节　突破中的买点 85

第二节　缺口中的买点 88

第三节　天梯的买点 93

第七章　出货操作手法及卖点 99

第一节　高位横盘出货中的卖点 101

第二节　拉高出货中的卖点 104

第三节　震荡式出货中的卖点 107

第四节　打压式出货中的卖点 109

第五节 涨停板出货中的卖点 112

第六节 整数位关口出货中的卖点 115

第七节 其他出货模式的卖点 118

第八章 反转形态中的买卖点 123

第一节 双顶、双底中的买卖点 125

第二节 头肩形态中的买卖点 130

第三节 圆弧形态中的买卖点 136

第九章 多头陷阱中的买卖点 141

第一节 利用技术关口布设多头陷阱的买卖点 143

第二节 利用技术形态布设多头陷阱的买卖点 145

第三节 利用技术指标布设多头陷阱的买卖点 146

第四节 借利好出货的买卖点 148

第五节 利用拉抬指数布设多头陷阱的买卖点 151

第六节 多头陷阱的识别及对策 154

第十章 K线组合中的卖点 159

第一节 避雷针顶风声急 161

第二节 倾盆大雨快收衣 165

第三节 乌鸦群飞势转淡 168

第四节 黄昏之星日已西 175

第五节 死亡穿越：一阴穿三线 178

第十一章　李逵？李鬼？ ……………………………… 181

第一节　洗盘与出货 …………………………………… 183
第二节　震荡出货与震荡洗盘 ………………………… 187
第三节　利好出货与利好洗盘 ………………………… 190
第四节　横盘出货和横盘洗盘 ………………………… 192
第五节　打压出货和打压洗盘 ………………………… 193
第六节　单日反转出货和借利空洗盘 ………………… 194

第十二章　分时图上的卖点 …………………………… 195

第一节　分时图看盘技巧 ……………………………… 197
第二节　高开探天出货定式 …………………………… 207
第三节　高台跳水出货定式 …………………………… 213
第四节　刀刃波出货定式 ……………………………… 217
第五节　尾盘拉升出货定式 …………………………… 221

第十三章　短线黑马的卖点 …………………………… 237

第一节　黑马买卖点研讨 ……………………………… 239
第二节　逼空连板式黑马的卖点 ……………………… 245
第三节　连板后低走类黑马的卖点 …………………… 252
第四节　超短线黑马的卖点 …………………………… 257

第一章

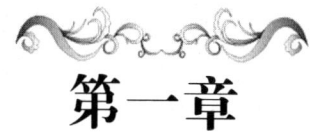

买与卖的艺术

牛市悄悄地来了,牛股轰轰烈烈地疯了。疯牛溜达了一圈,潮水退去时,留下了满院狼藉,还有小散们的声声叹息。

人人都想骑牛,但"牛"来的时候,你发现了吗?"疯牛"蠢蠢欲动的时候,你骑上了吗?股市仿佛总与小散们作对,牛股总在不经意间从你身边溜走。好不容易逮到一头"好牛",又难以驾驭。本以为可以舒舒服服地大赚一笔,被它又踹又踢,半路就摔下了牛背;刚一脱缰绳,它又绝尘而去,再也没有了骑上的机会。这种感觉往往是:你不抛它,股价就不涨;刚斩仓,股价却飞一样涨起来,似乎就差自己手中这几股,这种痛苦的过程相信人人都经历过,而且大都不止一次。这都是因为对"牛"的脾气把握不好,跳下牛背的时机不对。

每一轮操作,都是一次"寻牛"与"骑牛"的过程,都是一次"买"与"卖"的艺术。找到了牛股,买点位置好,只能是成功了1/3;稳稳地骑好牛,不被它又踹又踢的震仓和洗盘摔下牛背,又算成功1/3;找到精准的卖点,在庄家出货之前体面地跳下牛背,才是笑到最后的人!

本书我们将和读者朋友们一起探讨股票的买点和卖点,我们不从单一的方面去看股票、大盘，我们会结合K线、均线、切线和趋势等手段综合研判股票的走势；我们会从技术面和消息面的蛛丝马迹来寻找庄家、鉴识牛股，洞悉庄家常见的操作特征和控盘花招，从建仓、洗盘和出货中寻找"买"与"卖"的机会。

　　本书将试图为读者朋友们解释牛从何处来、将往何处去的问题，通过对庄家具体坐庄案例的分析，希望让读者朋友们深刻理解买卖的艺术，从此"骑牛有术"。

第一节 牛从何处来

牛股总在芸芸众股中被埋没,"寻牛"的过程总是最苦闷的。只有透彻地理解庄家坐庄流程和操盘运作手法,才能练就"寻牛"的火眼金睛。本节的任务就在于让读者朋友们能够认识庄家、了解庄家的坐庄内幕,由此了解"牛"是如何炼成的。

一个完整、标准的庄家坐庄流程分为:进庄前的准备、建仓、试盘、整理、初升、洗盘、拉升、出货、反弹、砸盘、扫尾。该流程应清晰,是完整的八浪循环,如图1-1所示。

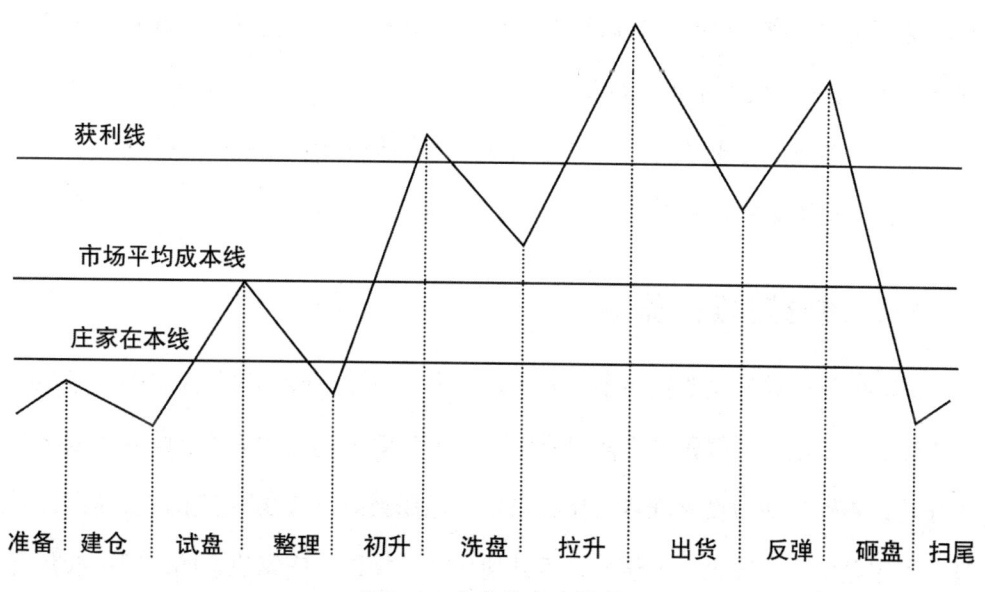

图1-1 庄家的坐庄流程

图1-1概括了庄家操盘的各个阶段,每个阶段各有其侧重。

准备阶段——讲究充分调研。

建仓阶段——讲究耐心温和,并伴随着利空传闻,以便进货。

试盘阶段——讲究控盘程度。

整理阶段——讲究底部构筑情况，强调股市有风险，入市须谨慎。

初升阶段——讲究股价脱离成本区的种种现象。

洗盘阶段——讲究盘中技巧，瞬间巨幅震荡，并保持消息的真空。股价大起大落，让人不明不白。

拉升阶段——讲究高举猛打，强调高风险、高收益，并以此维持市场人气。

出货阶段——讲究真作假时假亦真；假作真时真亦假，引诱公众投资者进场接货，最终实现低吸高抛的目的。

反弹阶段——讲究以高度和减仓为主。

砸盘阶段——讲究庄家如何不计成本地压价，寻找孕育新一轮行情。

庄家操盘有三步必不可少，即建仓阶段、拉升阶段、出货阶段。这三步就是庄家的坐庄"三部曲"，而洗盘存在于整个建仓的过程，边拉边洗在股市里也从来不是罕见的。有人会问出货阶段有洗盘吗？有谁会去计较吗？都这时了还计较它干什么呢，逃命吧！有时间的话！

所以本章我们将坐庄的几个常见部分：建仓阶段、洗盘阶段、拉升阶段、出货阶段，分别作简单的阐述。

一、建仓阶段：养牛

庄家的建仓就好比要把小牛犊养大。庄家坐庄某只股票的前提条件，是要收集目标股一定数量的筹码，完成建仓工作。收集筹码建仓才真正意味着庄家坐庄的开始，不管前期做没做准备工作，只要不进场吸筹，就谈不上坐庄。庄家只有吸足了控盘所需的筹码，才便于日后其他环节的操作。庄家建仓的时间一般都会长达数月，甚至更长的时间。庄家建仓阶段的主要任务是在低位大量买进股票，而吸筹是否充分，也就表示了庄家持仓量的多少，这对其日后的做盘有着极为重要的意义：

第一，持仓量决定了其利润量，筹码越多，利润实现量越大。

第二，持仓量决定了其控盘程度。吸筹筹码越多，市场筹码越少，庄家对股票的控制能力越强。同时，在吸筹阶段也常伴随着洗盘过程，迫使上一轮行情高位套牢者不断地割肉出局，庄家才能在低位获取更多的廉价筹码。

庄家建仓的过程就是一个筹码换手的过程，在这个过程之中，庄家为买方，散户为卖方。只有在低位充分完成了筹码换手，吸筹阶段才会结束，发动上攻行情的条件才趋于成熟。庄家的吸筹区域就是其持有股票的成本区域。庄家的成本计算在下面的章节我们会有详细的讲解。

庄家开始建仓时，股价一般离最近的一个成交密集区下沿已经很远了，一般在30%以上。以最低的成本吸纳足够的筹码是每个庄家梦寐以求的事情，庄家为了达到这一点往往得下很大工夫。由于庄家吸货时各个方面的因素不尽相同，所以必须采取不同的吸货方式来满足其建仓的需要。

庄家建仓时的吸筹主要包括几个阶段：见底前平台、做底、见底后平台、推高吃货、第二平台。即使不是如此标准地建仓，只是某些阶段有变化，道理也是一样的。

第一个阶段：见底前平台。在大盘下跌时，庄家开始接手割肉盘，但是如果单纯横盘就没有人卖了，所以还要继续震荡，而且没有大阳线，不引起短线客的注意。

第二个阶段：做底。当大盘见底时，人气往往是最低迷的，这时如果股价跌破见底前平台，会引来更多的割肉盘。

第三个阶段：见底后平台。见底后，稍微进行拉升，一般要超过见底前平台，使割肉者都踏空，不愿买回。这样庄家就有足够的时间继续建仓。由于股价还处于低位，持股者信心仍不足，仍有不少割肉者。但是，随着平台的延长，持股者心态趋稳，加上有买盘关注，所以越往后，庄家吸到的筹码就越少，当庄家觉得继续盘下去不划算时，就开始推高。

第四个阶段：推高吃货。这种推高的走势，涨幅并不小，但振幅较大，且庄家往往避过短线客的视线，你在涨幅榜上很难找到它。虽然底部横盘的时间比较

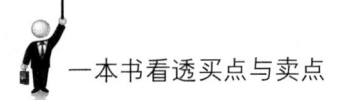

长，但庄家在这个阶段吃到的货更多。

第五个阶段：第二平台。经过一段时间的推高，股价有了一定的涨幅，技术指标也到高位了，股民又不再看好此股了。此时正好是洗出获利筹码的时机。这个平台不管怎样盘，看好的人都不多，所以庄家可以凭心情来，有时达数月。待到庄家觉得持仓量足够且时机成熟了，就开始进入拉升阶段。

根据筹码分布情况及庄家的胃口，也有可能有第三、第四、第五个平台。

二、建仓中的买卖点

庄家建仓就是庄家希望在相对较低的位置上大量买进目标上市公司的股票。庄家洗盘就是希望透过各种方法方式让散户交出手中的筹码，以达到吸筹的目的。庄家要获取散户的筹码，而且价格尽量低，如何实现？这主要通过三方面：时间、手法、消息。那么对此散户朋友所能做的又是什么？

难道是庄家的操作神秘莫测，不会留下一点蛛丝马迹？我们说不会，庄家通过上面的三方面竭力吸筹时，不可避免地会对这只个股的走势产生影响。那么庄家建仓行为会从那些方方面面表现出来，下面我们来看一下庄家建仓阶段的特征。

庄家做庄必须吸纳足够的筹码，以满足控盘的需求和实现自己的利润目标，这就是庄家的建仓阶段。庄家在建仓阶段总是希望可以做到神不知鬼不觉，可以"瞒天过海"。而我们则希望看破事物的"外相"，直捣黄龙。买卖点的存在正是隐藏于建仓特征表象下的本质。现在我们为大家一一揭示。

1. 日K线特征

庄家在吸筹的时候总希望隐藏得更深一些，不敢太放肆打压，收集也不敢太疯狂。同时，在相对低的平台上收集到筹码也可以在以后兑现更大的利润。所以振幅较小，形成十字星或小阴、小阳K线。这些小十字星夹杂着小阴、小阳不断出现，逐渐连成一个窄窄的横盘区域，延续的时间达几个星期或更长，这便是十分明确的主力吸痕迹。

但到收集后期，出现实体较长的阳线或上影线较长的K线，伴随较大成交

量,代表这一阶段收集顶峰。

敏锐的投资者就会知道.大幅上涨就在眼前了。吸货区末段的K线形态如图1-2所示。

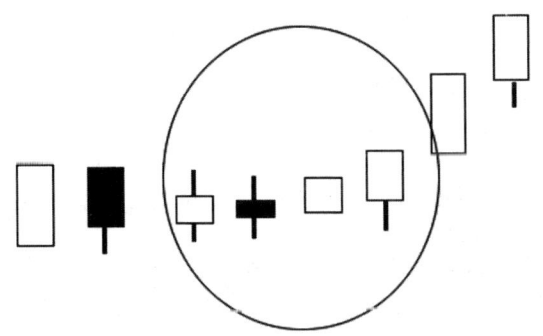

图1-2 吸货区末段的K线形态

吸货区末段的买点就在突破平台的阳线和后期回调洗盘的低点。需要注意的是突破平台的有效性和平台支撑的有效性。

图1-3是东方航空在2014年7月至2014年12月的走势,大家在图中可以清楚地

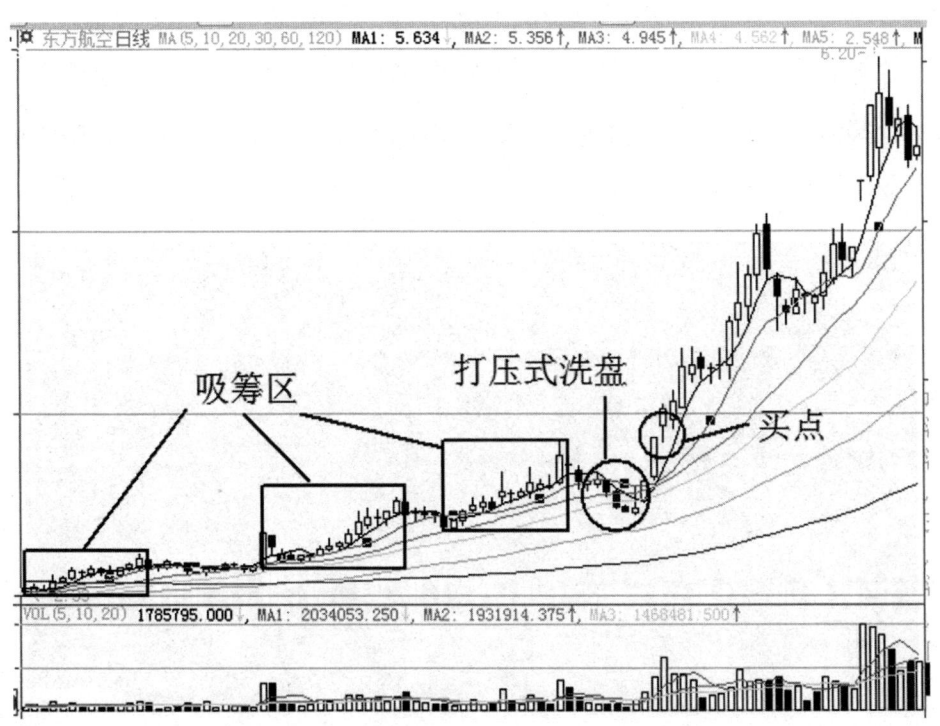

图1-3 买点

看到主力资金的吸货阶段，K线形态多成小阴小阳，并伴随着连阳的出现，下面对应的量能也呈现温和放大的趋势。股票在拉升前的洗盘特征也非常明显，这也是我们以后将要讲到的打压式洗盘。

在图1-3中我们标出了该形态下的买点，在此处买入对散户而言可以实现时间与收益的最优。在短短的时间内就会有很好的收获。当然在图中的吸筹区也可以作为中长线买点。但我们不会建议散户朋友们在此时介入，在图中大家也能看到答案。吸筹的过程必然伴随洗盘的存在。洗盘虽方式可以不同但伴随在整个吸筹过程中。在以后的章节我们会详解洗盘的方式。

2. 均线特征

庄家建仓阶段，均线系统往往由杂乱无章，逐渐转向脉络清晰、起伏有致。在建仓阶段，前期由于筹码分散，持仓分布较宽，加上庄家刻意打压的结果，股价波动的规律性较差，反映到均线上，就是短、中、长期均线的不断交叉起伏，随着庄家手中持筹的沉淀，市场上浮筹减少，震动幅度会相应减少，过陡的斜率逐渐降下来，均线之间的距离逐渐缩小甚至完全贴紧。当开始试盘和拉升时，由于庄家对股价走势拥有较大的发言权，尽管每日盘中震荡不断，但趋势已成，而反映趋势的均线系统自然就会错落有致。正因为如此，股市上才有"牛股的均线系统必然优美"的说法。

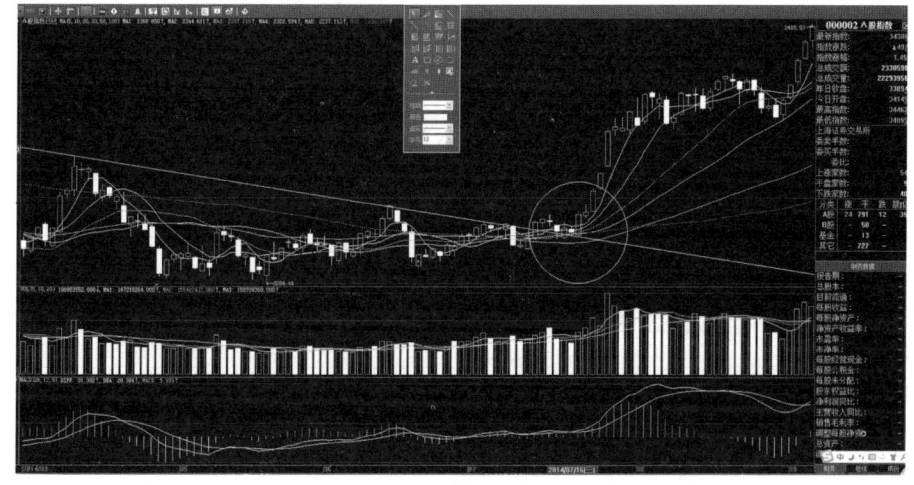

图1-4　均线特征

图1-4是2014年4月到9月的A股走势图，在这幅图中我们就可以清晰地看到均线走势由杂乱无章走到多头发散。也有人把这样的形态称为"三江汇流"，也是一个很好的买点信号。在图中，我们又可画上一根切线，就能看出切线提示的买点信号也在此处。

在股市中有很多种理论指标，有时它们会互相矛盾，这个就需要读者朋友们分清各个指标的适用情况，有时这些指标也会可相印证、印证的指标越多发出的信号越明确。

3. 量能、换手特征变化

庄家的吸筹是通过"换手"实现的，表现为量能，同样在图1-3和图1-4中我们可以看出在"五连阳"、"六连阳"都是伴随着温和的放量实现的。这也是最完美的"量价齐升"的量价关系。当然如果读者朋友们感兴趣的话，做一个"换手率"的统计，也是维持高位的。在长期的跟盘实战中，我们发现下面两个"换手率"特征，与读者分享：

（1）在相对价位，一定时间段一只股票的换手率急剧放大，达到或超过100%，股价幅度在20%左右，反映在柱状图上形成一个个"量堆"，表明大资金参与。

（2）在个股上升途中，突然连续放量，换手近100%，股价波幅15%左右，反映在柱状图上出现鹤立鸡群的"量柱"，这是庄家对倒。

4. 背离

"背离"是一个常用对见底、见顶都有明显指示意义的指标，常见有量价背离、MACD背离、KDJ背离。出现这样的背离时，可以尝试性买入。在后面我们也会详解。

庄家的吸筹并不会一帆风顺，而是百折千回。股民朋友们就迎来了洗盘。

三、洗盘阶段：训练

只有加强训练的牛才足够强壮。一只牛股需要经历多次洗盘，才能在后期的拉升中强壮到不畏惧浮筹的阻力。洗盘是指庄家在把股价拉升了一段空间后，由于有大量投机跟风，资金介入，股票的浮筹会大幅度提高，所以这时候需要进行震仓洗盘，从而甩掉低成本跟风者，减轻上升压力；并且通过新老跟风盘的换手，使得除庄家自身以外的市场平均持筹成本不断抬高，以利于后期拉升筹码的稳固性。一句话来说，庄家洗盘的目的就是必须使在低位买进该股的股民在其洗盘时扔掉该股。庄家的洗盘方式主要有以下几种。

1. 利用消息面的配合进行打压

利好能引起跟风，利空能引起割肉。庄家就充分地利用了这一点，对股票进行控制。由于大部分中长线庄家与上市公司之间都有着千丝万缕的关系，有的甚至要上市公司配合发布一些不利于该公司的声明，比如前一段时间在报纸上出现某公司的声明，认为近期未作分配的打算，或者业绩根本不可能有所提高等。这一效果起初还是可以，不少中小散户见消息当日出货。但以后不少投资者发现其中意味有些不对，于是每当出上市公司消息，该股不跌反涨。说明其手法被大多数投资者识破后，成为抢筹码的机会。于是不少庄家开始反其道而行之，有的在欲出货时，利用上市公司的严正声明，使不少跟风的股民成为其出货的对象。

2. 利用技术面的配合进行打压

庄家为了制造恐慌，刻意对技术图形进行破坏，以达到股价破位的假象。比如说某股已拉出一根长红以后，第二天庄家将手中的廉价筹码进行从高位打压，使其初次实现第一次利润，但其打压时，必须击破一定的技术位，以便一些低位捡进该股的股民在较低的位置抛出，其方法是当日在走势图上拉出一根长阴，随后在盘中出现一定的反弹，给这些股民以获利了结的机会。因为，对这些股民而言，当昨日该股拉出一根长红后，一开始带有很大的幻想，希望该股能一下子上涨几元以上，可第二天该股不升反跌，使其心理产生极大的后悔，当初应该获利了结才是，可该股股价还是一个劲地下沉，使其几乎进入成本区域。因此，当庄家在盘中再次拉升时，这些股民为了保持胜利果实很少不出局的，有的甚至贴手续费出局，真正成为庄家的口中食。同时，该股的庄家还必须使一些投资者认为

该股必须在回档时介入,因此,在进行洗盘时,庄家又不失时机地将股价拉至10日均线或者其他一些被投资者认为合理回档的区域,这样,这部分股民才会进来抬轿,从而使庄家降低了成本。

洗盘伴随着庄家操作股票流程的全过程,每时每刻考验着每个股民的心理。对于这样一个让每个股民都厌恶不绝而庄家却乐此不疲的操作,其存在所谓何来?这里我们将简要介绍一下洗盘的意义与目的。所谓"知己知彼"也正是如此。

1)吸筹、锁定筹码

庄家在操纵股票的过程中,筹码是必不可少的,那么高度集中的筹码是如何实现的呢,不言自明,从散户手中获得。而方式就是通过洗盘吸筹,让散户交出手中的筹码,通过高度控盘才能减少股票在拉升过程中的抛压,获得更大的上升空间。

在实践中,我们发现有个规律:无论是短线、中线还是长线庄家,其控盘程度最少都应在20%以上,只有控盘达到20%的股票才做得起来。如果控盘不到20%,原则上是不可能做庄的。如果控盘在20%~40%之间,股性最活,但浮筹较多,上涨空间较小;如果控盘量在40%~60%之间,这只股票的活跃程度更好,空间更大,这个程度就达到了相对控盘;若超过60%的控盘量,则活跃程度较差,但空间巨大,这就是绝对控盘。

2)降低庄家持股成本、增加散户持股成本

庄家在洗盘的同时,还可通过高抛低吸进一步摊低庄家持股成本,并让已经获利的散户筹码兑现利润,让继续看好的散户以更高的价格获得筹码,增加散户的平均持股成本。庄家也可借高抛低吸来调整资金比例,抽出资金用于下一步拉抬。

3)坚定散户持股的信心

坚定散户持股的信心,让洗出场者后悔,让抱股不动者尝到甜头。同时今后在庄家出货时,散户也可能认为是洗盘,抱股不动,使庄家出货有更宽敞的通道。

4）调整仓位结构

如果庄家持有多只股票的筹码时，可通过洗盘调整所持股票的持仓比例，分出主次，使其更能显现板块效用。

5）等待时机

等待时机进一步成熟。庄家在操作股票时同样看重"天时、地利、人和"，讲究"顺势而为"。庄家利用洗盘继续多吃货，等待大势或板块的配合。

当股民朋友们安全地度过了洗盘阶段，甚至在洗盘阶段还利用庄家的犯错拿到更廉价的筹码，那么在下个阶段对股民朋友们的回报就来了。下面我们来看拉升阶段。

四、拉升阶段：成长

牛股终于到了成长期了！庄家通过吸筹、洗盘，将筹码锁定之后，股票价格一旦盘实了底部，就意味着庄家吸完了筹码，他所面临的下一个任务便是进入拉升阶段，将"牛"彻底养大。

庄家拉升股价能远离其成本区域，获取较大的利润空间，以便将来能够顺利出货，把账面盈利转换成实际利润。拉升是庄家获胜的关键阶段，作为散户，了解庄家拉升的过程及其特征，便可进一步做到在实战中跟庄、擒庄。

庄家拉升阶段操作的好坏关系到它派货阶段的难易。一般来说，庄家会选择在合适的时机开始拉升。如果庄家选择的时机合适、技巧得法，就可以事半功倍，不用花费太大资金就可以将股价拉抬上去。如果时机选择不当，可能费了九牛二虎之力，也未必能将股价拉上去。明智的庄家善于借势而为，往往能收到四两拨千斤的效果。庄家的拉升也是讲究"天时、地利、人和"的。因此，选择合适的拉升时机十分重要。而对于公众投资者来说，手中持有的个股进入拉升阶段，就如庄家每天给自己发个红包一样，当真妙不可言。一般来说，庄家会在以下一些条件具备时，才会展开拉升动作。

一、筹码已经吃饱

这是庄家拉升的必要条件，庄家在完成初步建仓之后，必须在自己预定要进的筹码都进足的情况下，才可能拉抬；否则，他没有低价筹码，到时赚不到钱。这也就是为什么有些庄股在其他股已经开始上升的时候，它却仍牛皮的原因，细心的看盘者会发现，盘中有明显的打压吸筹痕迹，会明白还未到火候。对于庄家手中以外的筹码，庄家会通过试盘来测试其稳定程度，决定是否拉升。

二、大市行情上升之时

一个老练的庄家并不会逆势而行，那些逆势而行的庄股往往不会得到广大投资者的跟风，只能成为自拉自唱的品种。因此，选择合适的时机拉升对庄家而言是必不可少的。从沪深两市的坐庄情况而言，深市一些庄家的拉升十分成功，几乎不露痕迹，等众人发觉时，该股已处于较高的位置了。拉升时，庄家一般会选择在大盘走强的过程中和大盘一起走强，其上涨幅度不会进入涨幅前几名，但此类个股却每天保持一定涨幅，累积相加时，该股已上涨很多，而且这类老道的庄家在拉升时，并不会忘记在拉升中获利，他们常会在盘中进行高抛低吸，使一些意志不坚定者轻易将筹码让出。

大市行情上升之时是大多数庄家非常喜欢的一个时机，在这个时候，市场人气旺盛，场外资金进场也比较积极。庄家在这个时候借机拉高可以吸引大量散户资金进入，会引起场外资金的高度关注，很多场外资金会被吸引进来，可以起到点火作用，用少量资金就可以成功拉高股价。

对于实力雄厚的庄家，由于它锁定个股流通筹码六成以上，因而容易拉高，难的是这么多筹码到时怎么派发。因此，这类庄家喜欢选择大市即将飘升之前拉高，这样一方面因热点少，大幅飙升会把散户资金吸引到这只股票上来，另一方面留较多时间在将来大市狂升之中好悄悄派发手中筹码。对于资金实力差、掌握筹码少（二成至三成）的庄家来说，一是没有力量硬拉，二是在外筹码多，硬拉还不一定成功，因此，这类庄家多选择大市上升时借势推高股价，由于他们掌握的筹码少，因而出脱持股也不是大难事，这也是他们选择这个时机拉高的原因之一。

庄家逆势而为，虽然也有一些成功的例子，但成功的概率比较小，拉升过程也非常困难。因此，在大势较弱的情况下，庄家主动拉升股价的情况极少，这也是大家通常提倡弱势中不介入个股的主要原因。

三、重大利好发布之时

利好有市场面和公司基本面两方面的利好，利好消息的内容包括个股业绩、分红时间、收购兼并、经营方针、国内外大事、国家有关政策等，这也是政策市、消息市的重要特征。

利好消息发布的时候，也是庄家拉高个股股价的好时机，哪怕大市处于盘整甚至是下跌状态，仍然可以成功地拉高。

对于收购题材的炒作，几乎全靠"消息"进行。所以，消息发布前后，就是疯狂拉高股价的最佳也是唯一的时机，作为庄家，哪怕大市在狂泻，也要不惜一切地拉高。为此，成熟的庄家就想方设法地把消息分成几个内容，分几次发布。把一个题材反复地进行炒作，从而使其股价多次上下震荡，也就是说，庄家要注意创造多次拉高的机会。

四、借助热点板块效应

在我国股市中，一直以来都有板块联动的规律，尤其是在大势向好时，板块联动的效果表现得特别明显。如果庄家操控的股票是跟市场热点相关的股票时，那么庄家的拉升动作就具有很好的隐蔽性。

五、分红、除权、除息日

这是庄家拉升出货最常见、最基本也是最有效的方法，很多投资者亏损，就是栽在这个陷阱上。这种题材每年都有，庄家不能不用。有红可分，说明公司经营尚可，若有增资配股，说明公司尚有发展余地。公众作为一个个普通人，都有从众心理，这在信息经济学看来，也是合乎理性的。因此，庄家借机拉高，散户自然认为既然大家（通过价格涨升推侧）看好，必有理由，那就是该公司业绩会蒸蒸日上，于是认同这一新价。总之，拉高要有一个说服散户、让他们认同的理由。即使这一理由冷静分析可能很勉强，但只要经过夸张，小事成大事，只要经过重复，谎言变真理，借消息炒作的诡计从来如此。

采用强行拉升的这类庄家，一般流通盘控制得比较多，由于其急于完成短期的派发过程，必须在一定的时间内将该股拉升到某种价位。因此，这类庄股的拉升往往是急升形态的，一般的投资者不敢轻易跟进，怕吃其天价的位置。

庄家拉升的基本原则有二：

一是拉升速度要快，有时整个升幅只有几根大阳线就告完成，因为快速拉升可以产生"暴利"效应，能更好地吸引场外资金的介入，同时又使股价迅速脱离庄家成本区域。

二是拉升要准备好理由，因为庄家拉高股价的目的，是为了要让市场接受其股价的变化，最终说服散户投资者在拉高后的价位上接走庄家的筹码。所以，庄家通常都喜欢借助某些利好消息来拉高，甚至编造出某些消息来说服市场，从而使自己的拉升行为变得更加容易。

拉升让庄家获得了大量的账面盈利，如何兑现？出货便成为庄家此次坐庄的成败之举。

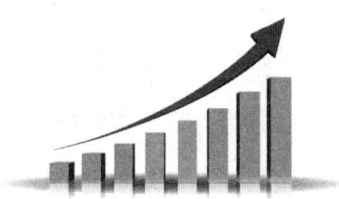

第二节　牛往何处去

庄家进行吸筹、洗盘、拉升的最终目的是为了能顺利进行派发；否则，账面的盈利无法实现。在出货阶段会出现种种洗盘阶段的手法、方法。

在前面的洗盘阶段我们说庄家会借消息面去打压股价，那么在出货阶段庄家的操作手法就会演变成借利好出货，相信很多的股民朋友们对此都深有体会。

技术面的特征又是什么？在洗盘阶段庄家的目的是让散户交出筹码，所以庄家会把图形拖得非常难看，让散户朋友失去判断而卖出股票，到了出货阶段庄家就会转换方向，做出一个非常喜人的形态，我们把它称作"多头陷阱"，它吸引散户朋友追高买进，成为最后的站岗者。

一、庄家出货前兆

散户要想获利，必须在庄家出货之前提前逃离。庄家出货讲究的是出其不意，就是趁广大中小散户失去警戒的时候大量往外派发。散户要想胜利逃顶，避免高位套牢，必须加强内功修炼，认识庄家出货前的征兆。其实，庄家出货是不可能做到神不知鬼不觉的，有好些异常现象是庄家无法掩盖的。庄家出货的前兆有以下几点。

1. 庄家的目标价位已经达到

投资者可以根据股价涨幅进行大致推断。在一般情况下，庄家拉升的目标价位一到，该股则处于非常危险的境地，何时出逃只是时间的问题了。通常80%可以作为一个衡量标准，在此点位庄家就有了获利和离场的空间。

2. 股价严重高估

这是庄家拉升已到目标价位的另一种形势，这个时候目标股的股价涨幅过大，有时甚至达到十几倍、几十倍，严重脱离了其真实的内在价值。

3. 利好消息频传

利用利好消息掩护出货是庄家常采取的一种出货手段。通常来说，股价上涨过程中很少见到正面消息，但是如果正面的宣传开始增加时，说明庄家萌生退意，要出货了。另外，如果此时关于这只股票的利好传言多起来了，也可能是庄家出货的前兆。

4. 该涨时不涨

如果某只股票在基本面、形态、技术等方面都看涨的情况下却不涨，就值得怀疑了，特别是股价有了一定升幅之后出现这种现象，庄家出货的可能性极大。

5. 放量不涨

股价有了一定的升幅后，涨势趋缓，看似蓄积力量继续上攻，某一天该股成交量突然放大，好像要向上突破，谁知股价没有涨，甚至有所下跌，出现价量背离的现象，这其实也是庄家出货的征兆。

当股价升到庄家出货的目标点位后，散户就应当提高警惕，如果发现有以上所提到的征兆，一旦股价跌破关键价格的时候，不管成交量是不是放大，都应该考虑出货。因为对很多庄家来说，出货的早期是不需要成交量的。

图1-5是林洋电子2013年7月至2013年12月的K线走势。林洋电子从最低时的7.5元一路走高，到最高点是的28.4元。其股价近乎翻了4倍。在图中我们可以看出，林洋电子在高点的放量滞涨，联系前边的涨幅，我们判断林洋电子是要出货。从K线上来看也有一个很明显的离场信号，大阴加高位避雷针。

下面我们来看一下该股此时的消息面：

（1）预中标南方电网5 300万元的智能电表项目。

（2）预中标33 040万元的国家电网项目。

（3）净利润同比增长20%。

（4）林洋电子与华电通州湾筹备处合作建设南通太阳城项目。

（5）预中标8 739万元国家电网项目。

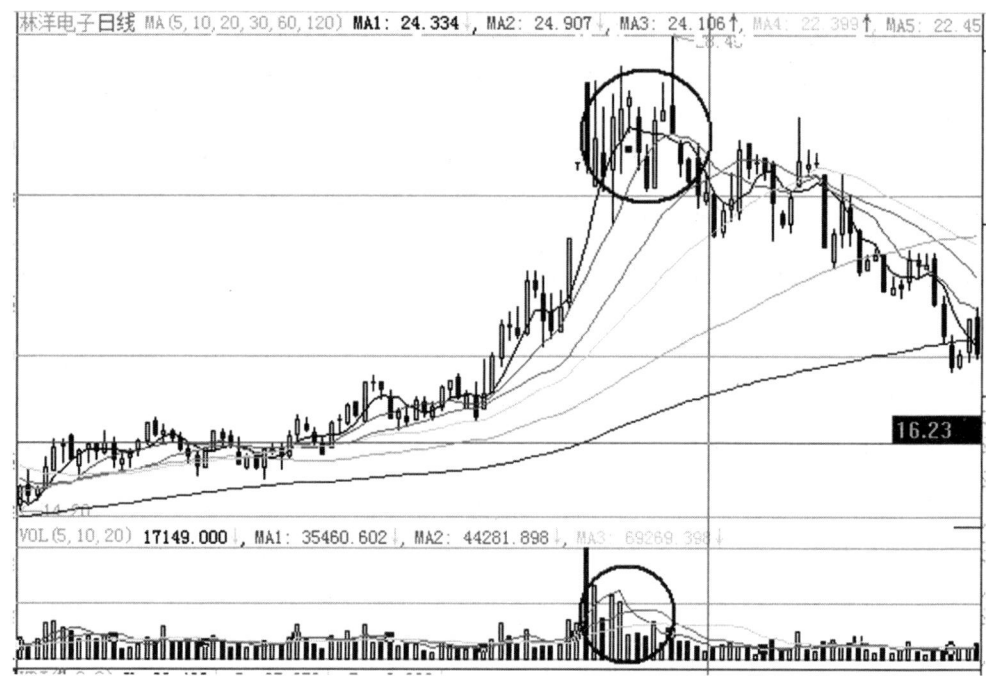

图1-5 林洋电子的K线走势

（6）预中标13 875万元国家电网项目。

（7）预中标10 739万元国家电网公司项目。

我们就不在列举更多的消息了，借利好出货会一直是庄家出货的最好伙伴。这里的妙处就在于一个"预"字，深得精髓！无出其右！

二、出货特征

个股被炒至高位后，庄家会希望以较温和的成交量出货，使出货时的技术特征与震荡调整蓄势行情表现相似，尽量不引发跟风出货的风潮，从而达到神不知鬼不觉的出货。然既有魔功、必有道法。

通过分析归纳，庄家出货时的主要市场特征如下。

1. 利润空间

从某只个股的日K线图表上看，自底部算起，这类个股的累计涨幅一般已经相当大，通常已经具有80%左右的获利空间。

2. 做平台出货

这类个股的庄家既然已经把股价拉至高位，且手中筹码又没有脱手，于是庄家就做成一个高位平台。在这一高位平台上，庄家一边护盘，一边出货。

3. 骗线

经过一段时间的横盘，当该股庄家已经卖出了大部分筹码后，便再次快速拉抬股价，令其创出新高，制造出再次向上突破的假象。

当该类股票再次向上突破并再创新高之时，跟风盘会不请自到，一拥而入。

4. 利好消息

庄家主要利用市场看好还有一波上升行情的心理气氛抛售筹码。

5. K线、换手

在庄家出货时，个股的最大特点是，往上突破之时，阳线实体太短，通常有上影线。同时换手率惊人，放量最大的3天里，换手率一般高达30%以上

庄家抛售筹码时，一般是大笔资金出货，小笔资金拉抬。虽然庄家出货的价格并非在最高位，但套现后足以实现庄家的预定目标了。庄家出货完毕后，该股会阴跌不止，毫无支撑点位。

庄家出货的过程是一个散户与庄家斗智斗勇的过程，危机重重。大部分牛股的卖点都将在这里出现，留待后面的章节我们细细品味。

庄家在闻歌起舞的时候，散户应该怎么办？消息真真假假，手法虚虚实实。看似同样的形态实质却是截然不同。洗盘出货和出货洗盘怎么区分？跌了还跌？涨后还涨？止盈、止损点在何处？买点、卖点何处寻？消息利好不利空，股价只跌不上涨？庄家拥有着资金、消息、专业等优势。散户又如何与庄家博弈？

一步生死局，何处觅乾坤！

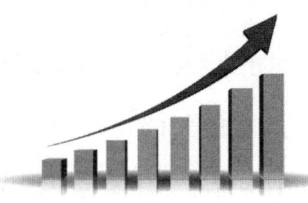

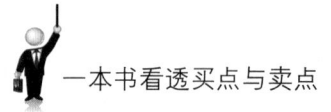

第三节 牛相面面观

下面我们从建仓成本和持仓量两个方面为牛股看看面相。

一、建仓成本的计算

由于其中大部分类型的成本是我们无法算计的,我们仅仅能够探索的只是庄家的建仓成本。

1. 平均价测算

庄家若通过长期低位横盘来收集筹码,则底部区间最高价和最低价的平均值就是庄家筹码的大致成本价格,此外圆形底、潜伏底等也可以用此方法测算持仓成本。庄家若是通过拉高吸筹的,成本价格会更高一些。

一般而言,中线庄家建仓时间大约在40~60天,即8—12周,取其平均值为10周,则从周K线图上10周均价线,我们可客观认为是主力的成本区这种算法有一定的误差,但不会偏差10%。作为一个庄家,其操盘的个股升幅最少在50%以上,多数为100%。一般而言,一只股票从一波行情的最低点到最高点的升幅若为100%,则庄家的正常利润是40%,我们把主力的成本算出以后,然后在这价位上乘以150%,即为庄家的最低目标位,不管道路是多么曲折,股价迟早都会到达这个价位,因为庄家若非迫不得已,绝不会亏损离场,庄家资金大,有时候会进出两难。

2. 统计换手率测算

对于老股,在出现明显的大底部区域放量时,可作为庄家建仓的成本区,具体计算办法是计算每日的换手率,直到统计至换手率达到100%为止,以此时的市场平均价作为庄家持仓成本区。对于新股,很多庄家选择在上市首日就大量介

入，一般可将上市首日的均价或上市第一周的均价作为庄家的成本区。

3. 最低价测算

在最低价位之上的成交密集区的平均价就是庄家建仓的大致成本，通常其幅度大约高于最低价的15%～30%。

4. 股价测算

以最低价为基准，低价股在最低价以上0.5~1.5元左右，中价股在最低价以上1.5~3.0元左右，高价股在最低价以上3.0~6.0元左右。

5. 庄家持仓成本测算

庄家持仓成本＝（最低价＋最高价＋最平常的中间周的收市价）÷3。作为庄家，其控盘的个股升幅最少应在50%以上，大多数为100%。

6. 新股测算

（1）新股上市后，股价的运行一直保持较为强势的特征，如果在连续好几个交易日股价总体向上，换手频繁，并且在1周之内达到了100%以上，在这种情况下，股票的平均价格就大致接近庄家的成本。

（2）上市当日换手率超过60%的新股，庄家的成本线在上市首日开盘价与收盘价之平均值附近。这是因为，新股上市当日，一级市场申购专业户大量抛售套现，此时正是收集筹码的最佳时机，看好该股的庄家常进场大肆吸货。因此，一旦上市首日换手率超过60%，当天的平均价必然是庄家进货的成本价。尤其是在弱势时，一些中大盘股或行业属性一般股不被散户看好，上市低开低走，庄家正好趁机大量吸货。一旦庄家收集过程完成，日后的拉抬幅度往往是首日收盘价与开盘价之平均值的2～3倍，甚至4～5倍。散户只要在此区域进货，又能捂住3个月乃至半年以上，常有惊人的获利。

（3）上市首日换手率不足50%的次新股，庄家成本一般在60日均线与120日均线之间。大多数庄家收集筹码不可能集中于一日，上市若首日未能拿足筹码，庄家需要一定的时间吸货。对大多数刚上市的新股而言，庄家如果立即拉高吸货，往往成本较高，需慢慢吸纳。据观察，大多数庄家一般收集筹码需要2～4个月甚至更长时间,收集完毕之后,在大市适度活跃时择机拉抬,发动一波行情。因此,60日均线与120日均线之间的价位往往是庄家成本区域,散户在这个区域择机介入,取胜的把握较大。

(4)慢牛股的庄家成本通常在10日均线与30日均线之间的黄金通道内。有些朝阳行业潜力股,主力机构因看好该股基本面在里面长期驻守,耐心运作,只要该股基本面不发生重大变化,庄家就不会出局。其走势特点是股价依托10日均线、30日均线震荡上行,缓慢盘升,庄家手法不紧不慢,不温不火,股价偏离5日均线过远则回调,技术整理几天,一碰到30日支撑线就上行,然后再次触及5日线又回调,成交量既不放得过大,也不萎缩太小,始终保持一个比较适中的水平。这种慢牛股的庄家成本区域就在10日均线与30日均线之间。散户在此区域进货,赚钱的概率极大。

7. 通用方法测算

选择吸货期内趋中的最低价与最高价加上平均价之总和,然后再除以3,这种方法简单实用。一般吸货建仓时间越长,则利息、人工、公关费、机会成本等都会增加。一般要略为上浮15%以下,如有达到两三年的建仓庄家时,则成本核算要再加上20%~35%为宜,一般1年取用10%较合适。

通过以上的方法,对于普通的散户而言,也是可以窥视一下庄家的底牌了。在已预估了庄家的底牌后,读者朋友们对散户与庄家的博弈就会占得一定的先机。然后通过我们后面章节的讲解,希望可以为大家赢得更大的胜算。

二、持仓量的计算

在实践中,如何具体估算庄家仓位的轻重呢?在判断庄家持仓量时我们一般用以下几种方法。

1. 换手率

用换手率来计算是一种最直接有效的方法。在低位成交活跃、换手率高而股价涨幅不大的个股,通常为庄家吸货。此间换手率越大,主力吸筹越充分,

"量"与"价"似乎为一对互不甘示弱的小兄弟,只要"量"先走一步,"价"必会紧紧跟上"量"的步伐,投资者可重点关注"价"暂时落后于"量"的个股。

换手率的计算公式为:换手率=成交量÷流通盘×100%。计算庄家开始建仓到开始拉升时的这段时间的换手率,怎样确认庄家开始建仓呢?参考周K线图的K线的均线系统由空头转为多头排列,证明有庄家介入,周MACD指标金叉可认为是庄家开始建仓的标志,这是计算换手率的起点。

一般而言,股价在上涨时,庄家所占的成交量比率大约是30%,而在股价下跌时,庄家所占的成交量比率大约是20%。但股价上涨时放量,下跌时缩量,假设放量:缩量=2:1,则可得出一个推论:前提假设为若上涨时换手率为200%,则下跌时的换手率应为100%,这段时间总换手率为300%,则可得出庄家在这段时间内的持仓量=200%×30%-100%×20%=40%,即庄家在换手率达到300%时,其持仓量才达到40%,即每换手100%时其持仓量为13.3%(40%÷300%×100%),从MACD指标金叉的那一周开始,到你所计算的那一周为止,把所有各周的成交量加起来再除以流通盘,可得出这段时间的换手率,然后再把这个换手率乘以13.3%,得出的数字即为庄家的控盘度。一个中线庄家的换手率应在300%~450%,只有足够的换手,庄家才能吸足筹码。

一般而言,当换手总率达到200%时,庄家会加快吸筹,拉高建仓,因为低价筹码已没有了,这是短线介入的良机,而当换手总率达到300%时,庄家基本都已吸足筹码,接下来庄家是急速拉升或强行洗盘,应从盘口去把握主力的意图和动向,切忌盲目冒进而被动地从短线变为中线。

在平时的看盘中,我们可跟踪分析那些在低位换手率超过300%的个股,然后综合其日K线、成交量,并结合一些技术指标来把握介入的最佳时机,必有厚报。

至于成本,可采用在所计算的那段时间内的最低价加上最高价,然后除以2,即为庄家的成本区,庄家的第一目标为成本×(50%+1)。

2. 吸货期

对吸货期很明显的个股，简单算法是将吸货期内每天的成交量乘以吸货期，即可大致估算出庄家持仓量。庄家持仓量=吸货期×每天成交量（忽略散户的买入量）。吸货期越长，庄家持仓量越大；每天成交量越大，庄家吸货越多。因此，若投资者看到上市后长期横盘整理的个股，通常为黑马在默默吃草。有些新股不经过充分的吸货期，其行情难以持续。

3. 拉升量能

一般来说，随着股价上涨，成交量会同步放大，某些庄家控盘的个股随着股价上涨，成交反而缩小，股价往往能一涨再涨，对这些个股可重势不重价；庄家持有大量筹码，在未放大量之前即可一路持有。

如果需要较为准确地计算庄家持仓量，则计算过程较为复杂，可使用我多年经验总结的"求和平均法"，误差较小。该方法的步骤如下：

第一步，即时成交的内外盘统计进行测算。其计算公式如下：

$$当日庄家买入量=（外盘×\frac{1}{2}+内盘×\frac{1}{10}）÷2 \qquad (1)$$

然后将若干天进行累加，至少换手达到100%以上才可以。所取时间一般以60～120个交易日为宜。因为一个波段庄家的建仓周期通常在55天左右。该公式需要投资者每日对目标个股不厌其烦的统计分析，经过长时间实证统计，准确率极高，误差率通常小于10%。

第二步，对底部周期明显的个股，我们的经验是将底部周期内每天的成交量乘以底部运行时间，即可大致估算出庄家的持仓量，庄家持仓量=底部周期×主动性买入量（忽略散户的买入量）。底部周期越长，庄家持仓量越大；主动性买入量越大，庄家吸货越多。因此，若投资者观察到底部长期横盘整理的个股，通常为资金默默吸纳，庄家为了降低进货成本所以高抛低吸并且不断清洗短线客；但仍有一小部分长线资金介入。因此，这段时期庄家吸到的货，至多也只达到总成交量的$\frac{1}{3}$～$\frac{1}{4}$左右。所以忽略散户的买入量的主动性买入量可以结算为总成交量

$\times \frac{1}{3}$或总成交量$\times \frac{1}{4}$，公式如下：

$$庄家持仓量＝阶段总成交量 \times \frac{1}{3}或\frac{1}{4} \qquad (2)$$

为谨慎起见，庄家持仓量可以确认较低量。

第三步，个股在低位出现成交活跃、换手率较高、而股价涨幅不大（设定标准为阶段涨幅小于50%，最好为小于30%）的个股，通常为庄家吸货。此间换手率越大，庄家吸筹越充分，投资者可重点关注"价"暂时落后于"量"的个股。我们的经验是换手率以50%为基数，每经过倍数阶段如2、3、4等，股价走势就进入新的阶段，也预示着庄家持仓发生变化，利用换手率计算庄家持仓的公式如下：

庄家持仓量＝个股流通盘×（个股某段时期换手率－同期大盘换手率）÷3　（3）

式（3）的实战意义是庄家资金以超越大盘换手率的买入量（即平均买入量）的数额通常为先知先觉资金的介入，一般适用于长期下跌的冷门股。因此，庄家一旦对冷门股持续吸纳，我们就能相对容易地测算出庄家手中的持仓量。

第四步，为了确保计算的准确性，将式（1）、式（2）、式（3）的结果进行求和平均，最后得出的就是庄家的持仓数量。

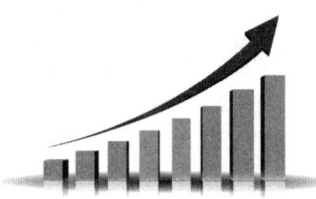

第二章

洗盘中的买点

按照庄家洗盘手法来分,庄家洗盘有一个两字秘诀:"打"字诀与"磨"字诀。此为庄家秘而不宣的洗盘真言。即"时间"与"空间"的艺术。

一、时间的艺术

庄家在洗盘时很讲究时间节奏,若时间太短,则不能清洗干净;若时间太长,不可能招来市场新的投资者抢争地盘。洗盘时间的长短与其市场氛围、庄家实力、操盘风格等各要素有着密切的关系。

长期的操盘我们有以下的观察:底部吸货过程中的洗盘和K线洗盘一般为两三天的时间,K线组合为1周左右,形态洗盘短的则1个月左右,长的则3个月至半年。拉升过程中的洗盘一般为1周左右,快速洗盘只需要两三天,以形态方式洗盘则在3周左右。

二、空间的艺术

洗盘空间是指庄家洗盘时股价的振荡幅度。在底部吸货阶段的洗盘,回调幅度可以到达前期最低价附近,即等同于吸货空间。股价脱离底部后的洗盘,股价回调的幅度通常是前期拉升的$\frac{1}{3}$价位或者$\frac{1}{2}$价位。如果股价经过整理后快速拉升,洗盘幅度在10%以内。以大幅振荡上行方式进行边洗边拉的洗盘，幅度最大可为50％。此处可以与我们在第一章中讲的波浪理论相互印证使用。

庄家是如何通过"时间"、"空间"的"打磨"实现洗盘吸筹的？下面我们将就实现"时间"、"空间"转换的具体操作模式作出详解，通过我们第一章讲的"k线"、"均线"、"量能"等特征，并结合"切线""波浪"等技术分析手段，找出其中的"买点"与"卖点"，期望对读者朋友们的操作能有所帮助。

第一节　打压式洗盘中的买点

打压式洗盘方法的好处在于"快"和"狠"，采用时间较短，而洗盘的效果较好。一般讲来，采取打压洗盘的庄家实力雄厚，此时已收集到足够筹码，有力量控盘；否则，既无较多筹码打压，下档也无资金接盘，反而会使局面变得不可收拾。

图2-1　打压式洗盘中的买点

图2-1是平安银行2014年9月至2015年1月的走势图，平安银行这只股经过一年多的横盘整理，完成筹码的收集，经过短暂的试盘步入回调洗盘的阶段，四连阴的走势几乎破坏了股票的走势，但我们注意下面的量能并未有效放大，而之后的K线连阳及长阳突破压力线，都证明这只是一次强烈的洗盘。

从图2-1中我们可以看出打压式洗盘的特征：

一是，多发生在建仓完成，股价拉升前夕。此图对应的也正是波浪理论里的二浪。

二是，K线特征多以大阴、连阴为主。均线黏合或向多头发散，但K线阴线以破线为特征，对于深度击穿均线系统的，也有人称之为"黄金坑"。

买点：

在图2-1我们为了使读者更清楚地看出买点，我们绘制了一些辅助线，支撑线、压力线，同时也可以看做波浪理论里的一浪和二浪。

（1）有效突破压力线是为一个很好的买入点。针对有效性的问题我们在以后的章节会有讨论。

（2）均线多头发散，K线展现为"步步高升"形态，我们视为一个很好的买点。

（3）波浪理论的二浪是一个很好的买点，在图中我们标出了一浪、二浪，读者朋友可以在此基础上画出你们认为的三浪、四浪甚至于五浪。通过以后的大盘走势去印证，增加大家对股市的理解。

最后，有的读者可能看到买点中的回调买点可能会觉得有疑问，毕竟从K线来看，是有个大大的乌云盖顶的。其实这也是我们从多个方面去研判股票走向的理由，在股市里任何一个单一的理论都有其局限，K线有很强的灵敏性，而均线可以让我们更好地看清大的趋势，波浪让我们理解股票所处的位置，而通过切线我们才好确认我们认识的对错。认识、理解、印证、修正是我们认为必不可少的。

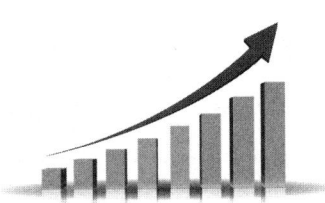

第二节 横盘筑平台洗盘中的买点

横盘筑平台洗盘将"磨"字诀手法运用到了极致。在拉升过程中突然停止做多,使缺乏耐心者出局,一般持续时间相对较长。这种洗盘方法也是所有洗盘方法里耗时最长的一种。一般的大盘绩优股的中级洗盘,往往要耗时3~6个月,有时甚至1年不等。如此长时间的洗盘也为后面的拉升奠定了坚实的基础,正所谓"横有多长,竖有多高"。此类洗盘方法多适用于大盘绩优白马类个股。

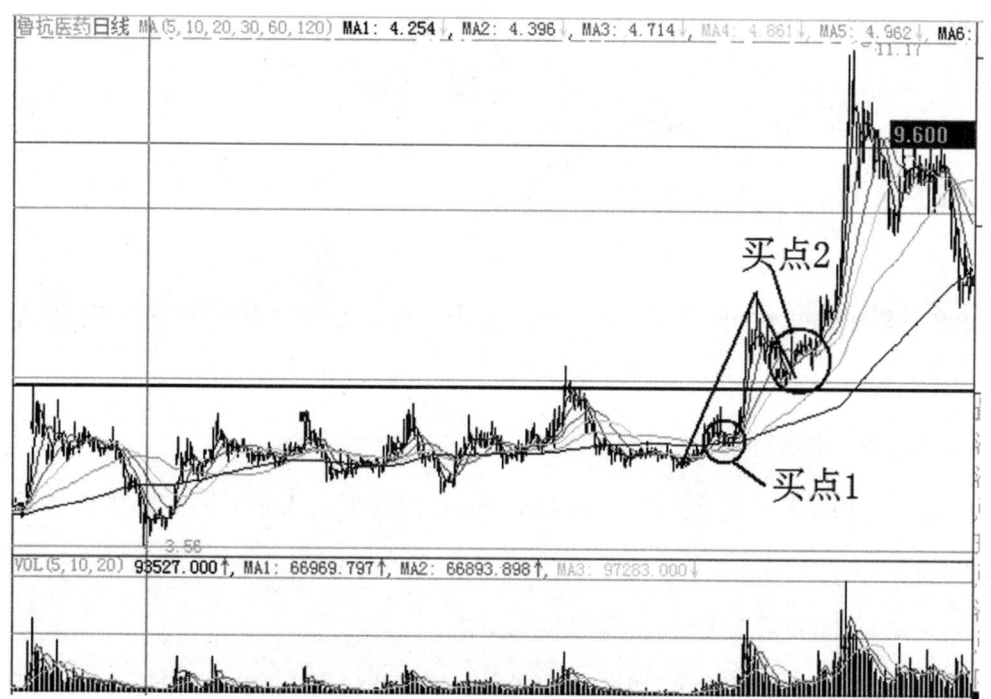

图2-2 横盘筑平台洗盘中的买点

图2-2是鲁抗医药从2013年3月至2015年1月的走势图,从鲁抗医药7月份上涨算起在这个平台的整理时间近1年零4个月,而上涨的空间从"买点1"时的5元左右到最高时的11元也走出了翻倍的行情。

横盘整理的最大特征就是"长时间"、"窄震荡",对于散户来说这是一个难熬的过程,与此相对的收获时的回报也是相当可观的。

那么横盘整理下的买点在哪?在图2-2中我们同样标示了买点,也给出了压力线。为了更能说明问题我们对"买点一"进行了放大,如图2-3所示。

图2-3 横盘筑平台洗盘中的买点(放大图)

从图2-3中我们可以清晰地看到"买点一"信号的明确:

(1)均线扩散、多头向上,对K线的支撑强烈,无量大阴震荡强洗特征明显。

(2)双底反转形态已成,颈线支撑明显。

在图2-3中,我们也可以看到小一浪的二浪调整和大一浪的二浪调整,波浪理论的"浪里有浪"在此处得到了很好的体现。我们是否可以做更大胆的假设,看图2-2更大一级的二浪调整(鲁抗医药污染事件:利空)。假设:历史会重演。

最后,想跟读者朋友们说的是:空仓也是一门艺术!

第三节　边拉边洗中的买点

边拉边洗式洗盘是将洗盘寓于拉升之中，拉升和洗盘非常艺术地融为一体，是庄家在股价涨升中将吸筹与洗盘同时进行所采用的一种方式。这种手法与坐庄后期拉升阶段中的手法有很大的交集，多发生在单边上涨行情中。

图2-4是深深宝A在2014年6月至10月的K线走势，这幅图就是边拉边洗手法的典型反映，K线多小阴、十字形。而盘中的股价震荡一般就非常激烈，跌宕起伏，成交量也非常地不规则，在盘面的走势图上股价往往会直线下跌或上涨，让人十分难以琢磨。

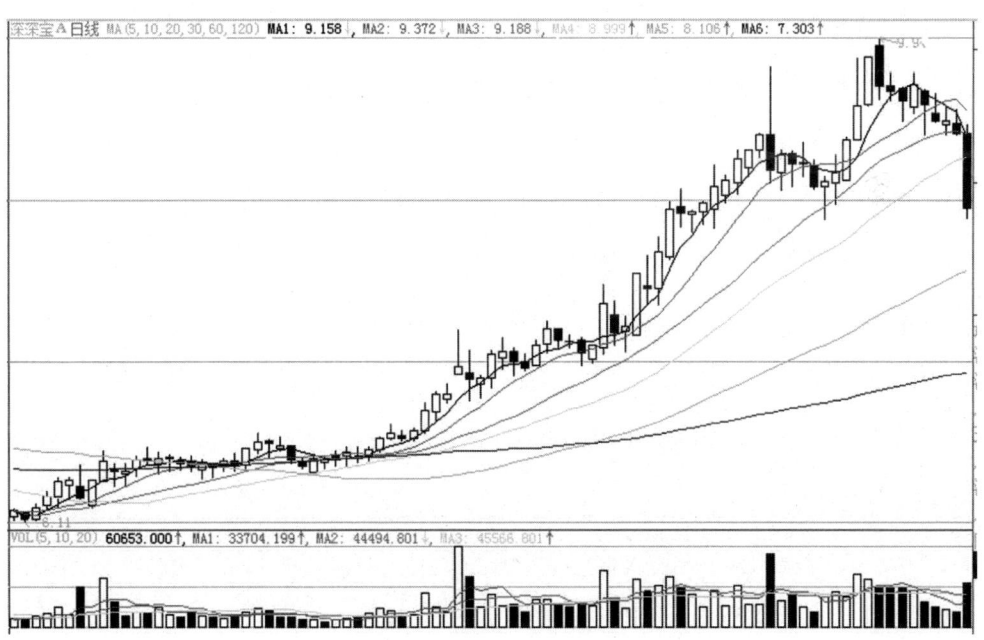

图2-4　边拉边洗中的买点

边拉边洗模式一般具有以下特征：

（1）洗盘整理一般是在股价的10日移动平均线上并远离10日移动平均线时开

始的。

（2）10日均线、30日均线和60日均线维持多头排列。即使股价跌穿10日均线，也在其附近徘徊，不会太深，一般不破30日均线，即便破了也很快会升回来。

（3）洗盘初期一般成交量放大，到中间，浮码洗净，成交量因惜售萎缩，到后期，庄家补仓和拉抬，价格上移，成交量放大。

（4）在边拉边洗式的单边上涨行情中，对散户来说最好的方式就是"分批建仓"和"持股待涨"。

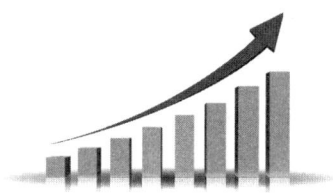

第四节 T字板的买点

在前面我们讲的边拉边洗式洗盘中,有一种形态相对特殊一点,即人们常说的T字板,(即T形涨停)。它同样是集洗盘拉升于一体的操盘方式,也是庄家献给散户的一份"收益快餐",勇敢的投资者追进无异于搭上了登天直梯,可以一步登天。

散户与庄家博弈,你吃肉我喝汤。如何才能做到?在T字板中,此时庄家的拉升意愿极为坚定,那么怎样在拉升的途中进行洗盘,与此同时又不希望通过太长时间的调整消耗散户的追高热情。当日洗盘变成了最好的方式。其主要手法为:当天股价大幅高开甚至以涨停开盘之后直线下挫,给意志不坚定的人巨大的心理压力,有效清理浮筹。此种形态成交量会同时放大。

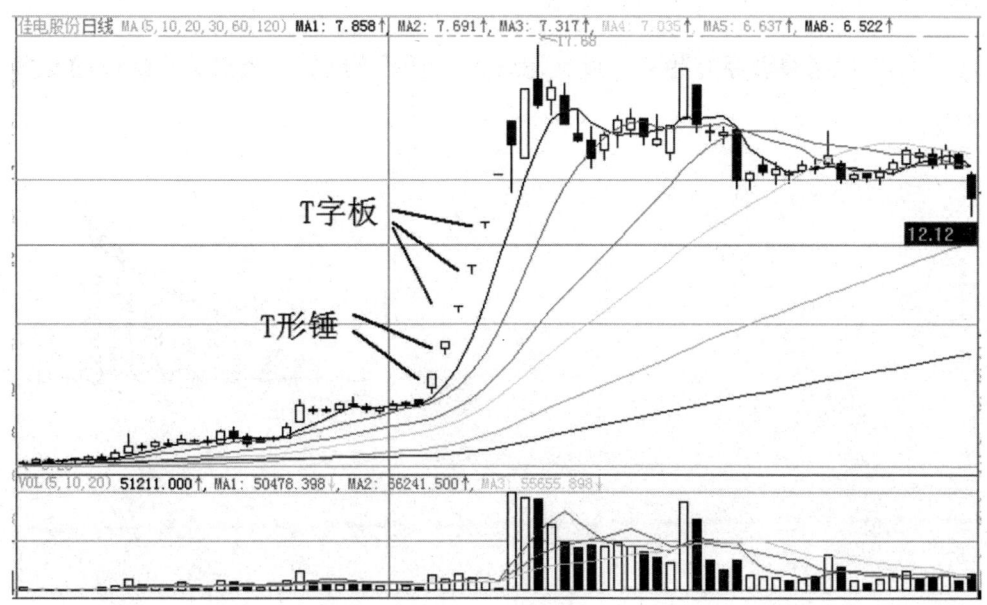

图2-5　T字板的买点

图2-5反映的是佳电股份2014年7月至10月的走势，股价在前一个平台做短暂的调整后，以T形锤、T字板的方式直线拉升七个涨停板。股价也从平台期的不足8元到高处的16元以上，走出了翻倍的行情，而所用的时间不足10天。相信所有的股民朋友们看到这样的走势，都会埋怨自己持有的股票不是这一只。

那么这样的股票如何才是你我手中所持有的股票呢？无非有以下两种情况：一是，早就买到。这个在我们看来真的就是股民朋友们的人品爆发。人品好收益高！二是，半路搭车。这个也就是我们想跟读者朋友们讲的：分我一杯羹！

在图2-5上，我们标出了T字板及其变形T形锤，这就是我们指出的买点。但追高绝不是简单的买进卖出，在此处我们就告诉读者朋友们此操作的要点：

（1）追T字板的目的是为了以后连续涨停时获取暴利。高收益对应的是高风险，因此并非每个T字板都可以追入。这种形态的追涨只针对强势股，且大盘环境较佳，市场活跃时才可使用。

（2）第一个涨停安全性较高，越往后风险越大。

（3）这种形态下的追涨必须保持短线思维，逃顶同样重要；否则，被庄家留在山顶。今夜晚风凉！不知到何时！

（4）股票突破原有趋势，成交量放大，但不是巨量。重点关注缺口的支撑意义。

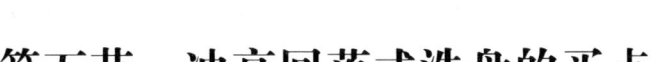

第五节　冲高回落式洗盘的买点

在庄家经过了一段时间的建仓之后，手中掌握的流通筹码依然不是太多。此时由于市场上看好的散户投资者众多，大家蜂拥而来抢夺筹码，在低位上的流通筹码已经很难收集到。于是，庄家将股价直接拉抬到一个相对的高度，突破了前期整理平台的最高价。让原来持有低廉股价筹码的散户投资者获得一定的利润。然后，随着股价从最上方回落下来，人们在无法迅速摸清真实情况之下，只能跟随着庄家的方向引导，纷纷套现离场观望。这就是冲高回落式洗盘模式。

在所有庄家洗盘手法中，冲高回落的手法一般是散户投资者最容易接受的，对市场的冲击也较小。只要不是收出巨阴K线，都不至于影响到图形形态。

在实战过程中，一般在刚刚突破整理平台后出现的冲高回落式洗盘，一旦股价创出近期的新高之后，洗盘整理的时间周期一般多不会太长，多在5~7个交易日就会结束，最长的时间周期最多也不会超过13个交易日。股价依然会沿着原来的趋势迅速继续涨升。

图2-6是深中华A2014年5月至9月的K线走势，此图很典型地给我们呈现了冲高回落式的洗盘在这只股票中的操作，同时集洗盘与吸筹为一体。所以在K线图上可以看到大阳线下面伴随的是成交量的放大。调整不改变股票原有的走势。大家也可以数一下回调的时间，看与我们讲的是否相同，也可以通过别的股票验证。在股市里每个人都希望挣钱，但如果自己都不愿去了解股市，股市又怎么会回报各位呢？因与果的相生，缺一不可！

那在这种洗盘模式下买点又在哪里？在图2-6我们同样作出了标示，为什么在这里，具体分析如下：

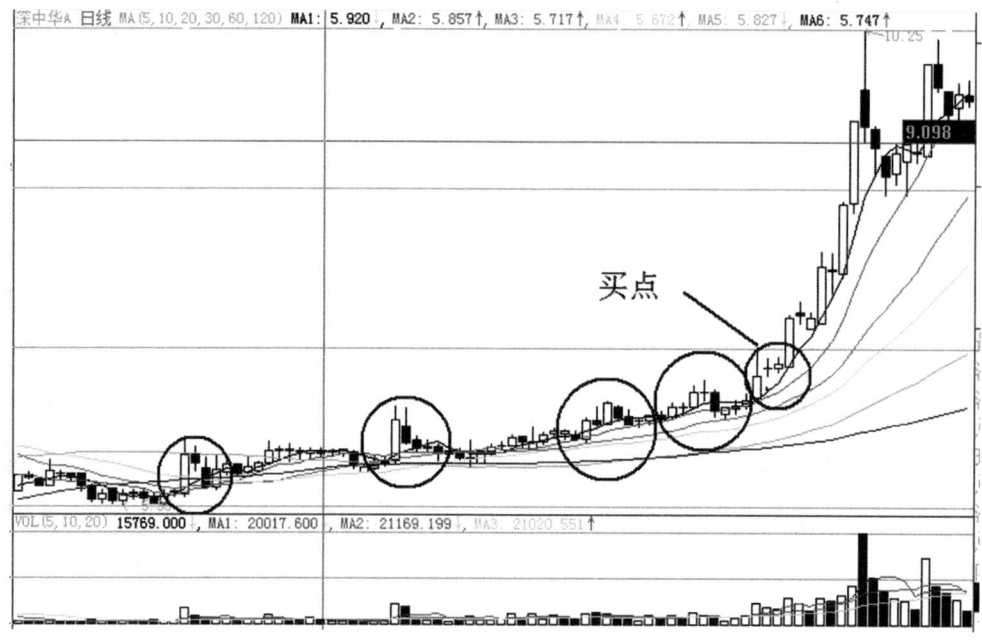

图2-6 冲高回落式洗盘的买点

（1）突破有效性。冲高的过程是一个突破原有平台的过程，在图2-6中我们可以清楚地看到，在这个过程中有数个冲高的过程，而我们把买点定在图中标示位置的原因是什么呢？这就是股市中常说的有效性的问题了。有效突破一定是突破而获得支撑的过程。没有支撑的突破只是假突破，甚至于是所说的骗线（这在第七章涉及出货时会谈到）。

（2）时间成本。这个就回到我们之前所说的洗盘里的"时间艺术"了。经过漫长时间的横盘，看着其他股票的涨跌，而自己手中的股票却"纹丝不动"，就会动摇人们的持股信心，而再一次的冲高回落可能就让自己对股票彻底死心，另"娶"他股。想不到的是此时正是黎明前的黑暗，随着这一波的冲高回落，庄家完成建仓洗盘，拉升随之而来。悔之晚矣！

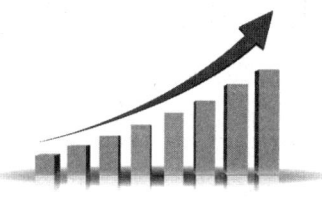

第三章

空头陷阱中的买卖点

庄家利用空头陷阱的洗盘模式，通常是多种手法的综合运用。例如，庄家在制造空头陷阱时，有可能是利用外部的利空消息来营造一个满地荆棘的陷阱气氛，并同时使用打压式洗盘或者其他操盘手法来完成形态的破位，以形成骗线的效果。

空头陷阱不是空头市场，如果投资者误把空头市场当做空头陷阱或把空头陷阱当做空头市场，都会作出错误的决策。庄家在设置陷阱时，总是尽力掩饰，让散户难以察觉。例如，庄家在设置空头陷阱时，往往将其营造得像空头市场，等中小散户陷进去后才明白过来时，已经于事无补了

其实，如果散户把眼睛擦亮的话，正常识别空头陷阱的特征，是可以识破庄家设置的空头陷阱的。就空头陷阱来讲，它有以下一些特点：

（1）股价前期出现过大幅下跌，成交量极度萎缩，屡创地量。

（2）上升时成交量放大，下跌时成交量缩小。

（3）技术指标严重超卖，空头陷阱会导致技术指标下出现严重的背离特征，而且不是其中一两种指标的背离，往往是多种指标的多重周期的同步背离。

（4）庄家向下轧空时，也会出现适度放量的局面；跳空下挫，跌势较猛；大盘一旦回头，攻势凌厉，幅度很大，一般都以长阳线报收，追风者成本较高。

（5）近期均线形态开始向好，上升趋势已经初露端倪，但均线系统在修复过程中局部又遭到破坏（指短期均线走坏）。

（6）空头陷阱在K线走势下的特征，往往是连续几根长阴线暴跌，跌穿各种强支撑位，有时甚至伴随向下跳空缺口，引发市场中恐慌情绪的连锁反应。

（7）在形态分析下，空头陷阱经常会故意制造技术形态的破位，让投资者误以为后市下跌空间巨大，纷纷抛出手中的持股，从而使庄家得以在低位承接大量的廉价筹码。

庄家设置陷阱，主要是利用技术分析中的重要技术关口、典型技术形态、波浪理论和技术指标来完成。如果要设空头陷阱，庄家会故意把股票形态做成看空的样子，以吓唬胆小没有经验的股民，让他们在惊慌失措夺路而逃时掉进庄家布好的陷阱中。

第一节 技术关口空头陷阱的买卖点

熊市之末,庄家会通过各种方式制造恐慌气氛,让市场感到大盘守不住了,当投资者纷纷斩仓出逃,庄家会制造逼空行情。牛市之初,指数面临整数位、前期高点颈线位和密集成交区的重要技术关口,市场人士及中小投资者普遍认为大盘难以突破时,庄家往往借助资金的优势,坚决突破,使得持股者纷纷下马,而场外资金则见风使舵,跟风追涨。有的投资者退场后反身杀入,充当抬轿者,庄家乘机扩大战果。

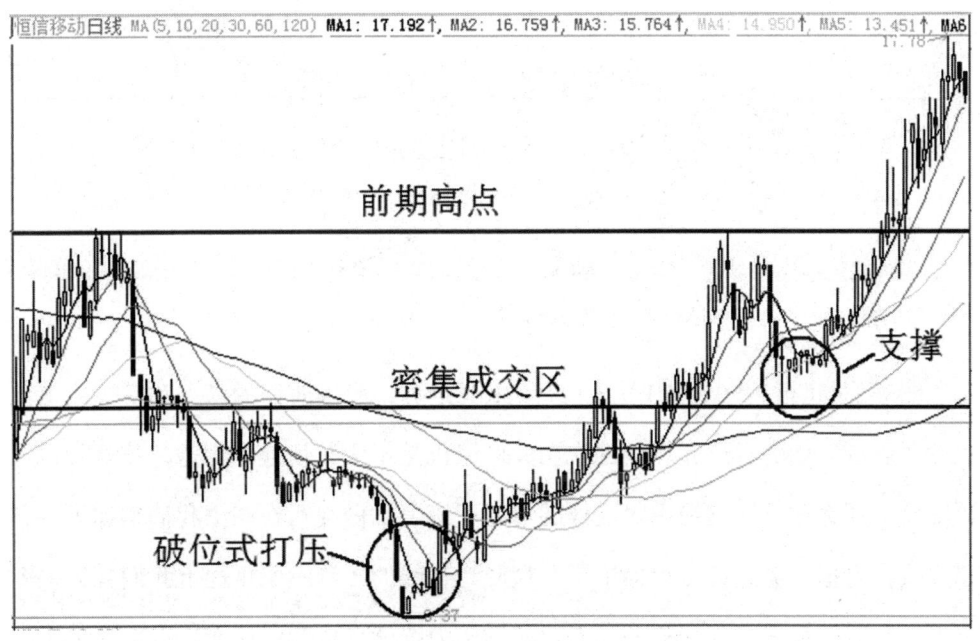

图3-1 技术关口空头陷阱的买点(一)

图3-1是恒信移动2014年1月至9月的K线走势。在图中我们可以看到庄家利用技术关口进行洗盘而布下的空头陷阱。首先,庄家利用一连串的大阴线破位式打压,手法凌厉而凶狠使小散户们短期出现巨大的损失而不得不割肉离场。这样做

同时也为庄家的低位吸筹打开了空间。其次，在随后的股价运行中，我们又看到庄家利用密集成交区、前期高点等重要的技术关口进行深度洗盘制造空头陷阱。庄家的每次操作都是以大阴K线深度击穿均线为特征的，对散户的杀伤力可以想见。而密集成交区、前期高点都是非常重要的技术关口，庄家利用这些技术关口布置空头陷阱，洗盘也就不作为奇了。

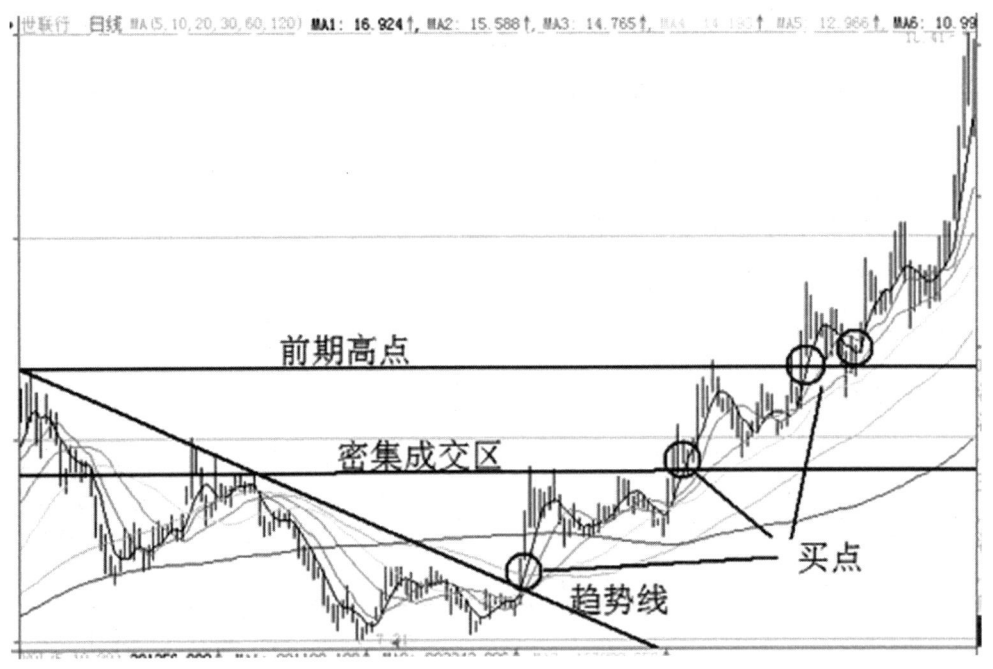

图3-2　技术关口空头陷阱的买点（二）

图3-2是世联行2014年1月至12月的K线走势，股价前期的高点和密集成交区仍然对股价后期的运行起压制的作用，庄家也是不厌其烦地利用这些技术关口一再洗盘。那么散户朋友在面对这样的情况下该怎么做呢？在图中我们增加了一条趋势线，也把相应的买点给标出了。摆脱趋势线的压制、股价向上我们视为一个买点，此时密集成交区和前期高点对应的压力线就会成为我们卖出点位的参考。当股价突破压制，这些压力线又会转变为支撑线，支撑的有效性又会成为我们买入的参考点。而不同压力位的价差就是我们的利润空间。

第三章 空头陷阱中的买卖点

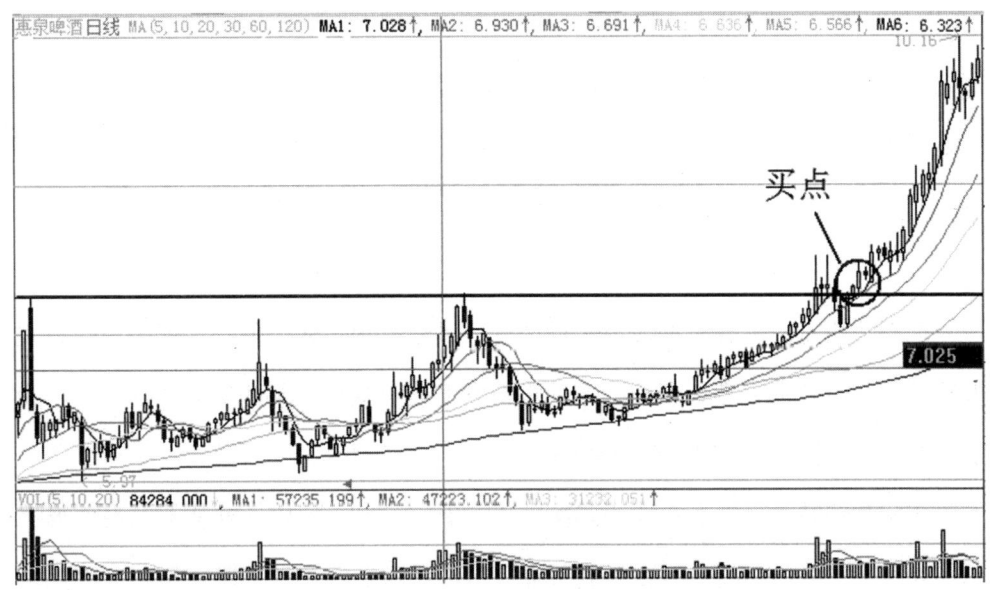

图3-3 技术关口空头陷阱的买点（三）

图3-3是惠泉啤酒2014年2月至10月的K线走势。在图中我们画了一条压力线，这条压力线对所有的技术派无异于泰山压顶。若股价能有效突破，该股的上涨空间广阔；若不能有效突破，则陷入无底深渊，只能从头再来。同时，对这条压力线主力资金也是心知肚明，有压力他就反其道而行，骗线洗盘。当2天连续阴线和前2天的长十字线和长上影，都预示着这次的突破无效，回调就在眼前。散户纷纷离场。而在其后1天又收出了一根大阳线，阳包阴，继续看好。此时又有多少刚刚离场的散户会再买回来。即使买回也因提高了成本，与主力资金无害不会妨碍拉升。在这个时候我们推荐的买点，仍然是买回，如图3-3所示。在股市里，理智是要大于感情的。买卖股票的标准就是：看涨买，看跌卖。别无其他！

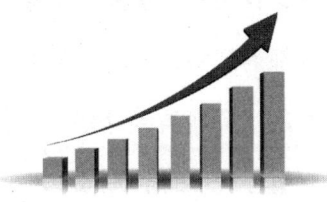

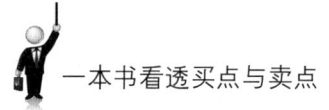

第二节 技术形态中空头陷阱的买卖点

形态分析是技术分析的重要组成部分，其中有很多典型的技术形态对于研判股价走势很有帮助，有许多技术派人士把它们当成买卖股票的重要依据。正因为这样，它也成了庄家用来制造陷阱的工具。

庄家利用技术形态布设空头陷阱的方法有三：其一，将一些典型的底部形态（如W底、头肩顶、圆底）改变成下降途中的整理形态（如下降三角形、下降矩形、下降旗形、下降楔形）。例如，在底部时，庄家为了震仓洗盘，可以把W底改变为下降三角形，迫使一些筹码割肉潜逃，如果换手充分，庄家反手拉升，使下降三角形变成三重底。

其二，在拉升中途故意制造出一些典型的顶部形态，如M头形态、圆顶形态等，吓走胆小的投资者。

其三，是在走势图上制造一些典型的具有看空意义的K线形态，时而满天"乌云盖顶"，时而"三只乌鸦"，时而"黄昏之星"，让人看了不寒而栗，谁还敢恋战呢？

简言之，庄家凭借资金大的优势，通过影响盘面、K线、均线使其显现出明显疲弱的形态，诱使散户得出股市将继续大幅下跌的结论，并恐慌性抛售的市场情况，目的同样是洗盘吸筹。例如，在K线形态中，一些特殊的K线形态往往预示着顶部的到来，如乌云盖顶、射击之星、上档倒T字线、十字星等，这时懂得K线形态的投资者看到这些形态的K线后，纷纷撤离，这可能正中庄家下怀，踏入了庄家精心设计的空头陷阱之中。

图3-4是博信股份2014年7月至12月的K线走势图。大家从K线图上就能清楚地看出什么是空头陷阱："骗"。"骗"的精华在此处被表现得淋漓尽致。整个拉

图3-4 技术形态中空头陷阱的买点

升、洗盘、出货尽在"骗"局下。

从图中我们可以看出同样的K线形态在不同的位置，其存在的意义是不同的，对我们释放出的信号也应当是不同的，这也是我们坚持多种分析手段综合看盘的理由。通过盘面我们还是发现以下不同：

（1）K线由前期的"骗空"空头陷阱在10日线上方洗盘慢慢下探直到后期的有效跌破30日线。

（2）K线由连阳形态向连阴形态转化。

（3）上方支撑线转化为压力线，下方支撑线由支撑强力到考验支撑。

（4）最后的突破没有得到支撑是为假突破，骗线。

遇到这样走势的股票时，买入要确认均线的支撑，当均线不能有效支撑时就要及时卖出；也可以依据趋势线的上轨和下轨来作为买卖点，下轨买，上轨卖，而当有效跌破下轨时就要坚定离场，如图3-5所示。

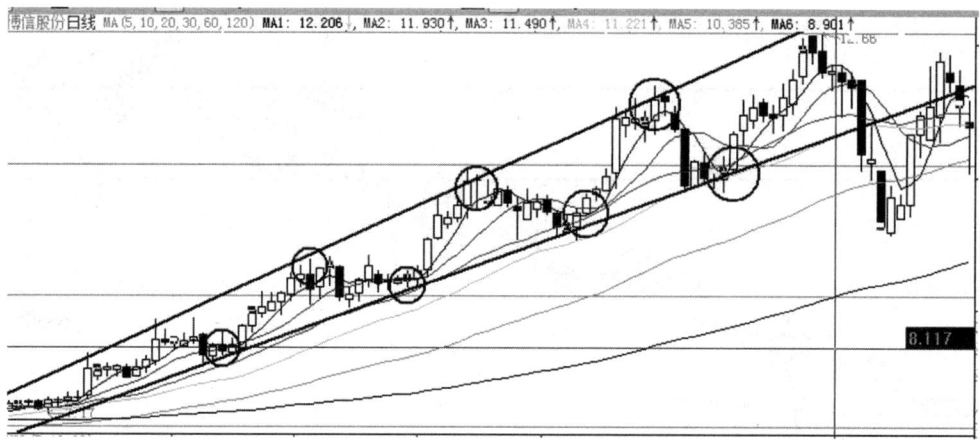

图3-5 技术形态中空头陷阱的买卖点

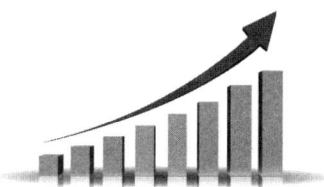

第三节 波浪理论空头陷阱的买卖点

波浪理论将股市的一波行清划分为两部分：上升浪和调整浪。其中上升浪共包括5浪，调整浪共包括3浪。波浪理论总是大浪中间含小浪，浪中有浪。如果没有过硬的功底，很难对其进行准确划分，庄家正是利用这一点，布设波浪陷阱，捕杀容易上当的投资者。在需要吓走胆小的投资者时，庄家会利用其技术优势作出最具杀伤力的C浪调整，等投资者落入陷阱后才发现，所谓的C浪调整，只不过是主浪中的一波小浪调整，现在才明白过来已经太晚了。

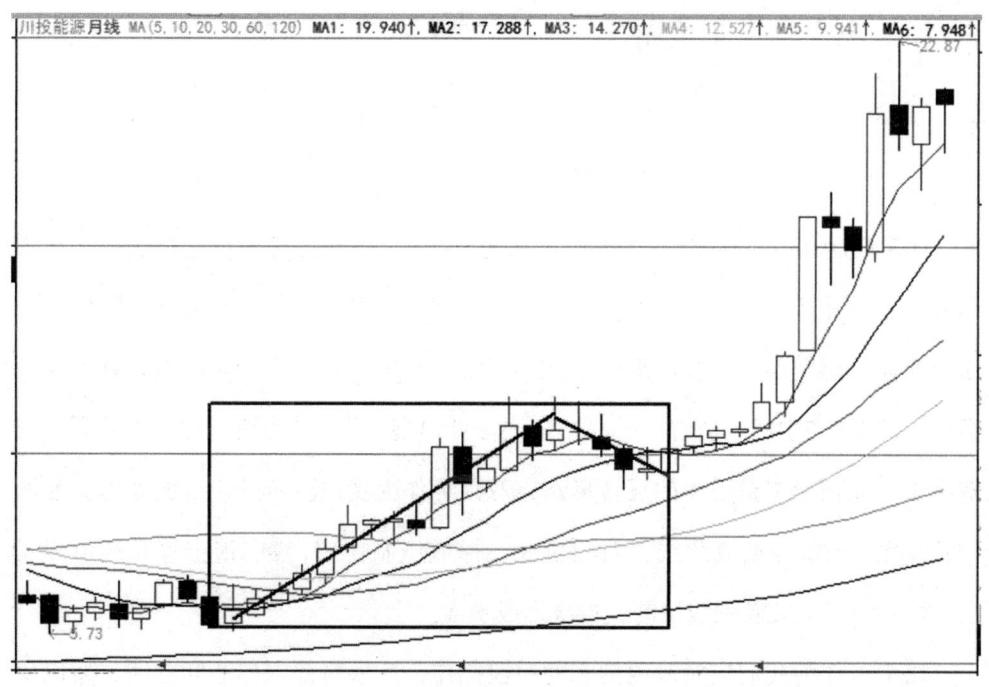

图3-6 波浪理论空头陷阱的买卖点

图3-6是川投能源2011年11月至1月的月线走势。月线级别的K线走势清晰明了，大家都能清楚地看到股价所在的位置，在图中我们也把月线级别的1浪和2浪

做了标示。为了使大家更清楚地看到庄家利用波浪理论布置的空头陷阱，我们对1浪和2浪做了放大处理。

图3-7　波浪理论空头陷阱的买卖点（放大图）

图3-7即图3-6的周线放大形态，在图3-7中，中我们对股价运行进行了波浪划分，在图中大家可以看到C浪的所处的位置，以及对应的C浪卖点。股价突破压力线向上运行形成了波浪理论中8浪的1浪，其中突破压力线及回调确认可作为买点，即图3-7中标示位置。3浪拉升，5浪处出现高点，与B浪反弹高点共同组成双头顶。双顶形态是重要的反转形态，双顶可作为卖出点位的重要的参考。在图中，A浪回调低点形成颈线，对股价起支撑或压制作用，当C浪击穿颈线形成卖点，反弹时不能突破颈线压制，再次形成卖点。

以上可作为我们应对双顶形态的一般操作，庄家对此同样心知肚明，所以反其道而行。利用这点布置空头陷阱。如图3-7所示，在我们认为卖点已出现的时候，庄家通过快速拉升，股价反抽反而构成另一个双底形态，并突破颈线压制，回调确认，开启一段新航程。

那么此时作为一个小散户应该怎么办？在下面我们会有单独讲解对策的章节，现在大家也可以回到图3-6，一个新的买点就在大家面前了。散户相对庄家的最大优势就是"船小好掉头"。对此，散户没有理由不好好利用的。

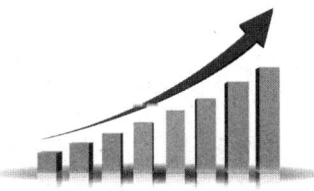

第四节　识别空头陷阱及对策

能否正确判断和识破个股拉升前的空头陷阱，是股市中能否骑上黑马的关键技巧。常言道："多头陷阱布满鲜花，而空头陷阱却异常恐怖！"要预先判别也许非常不简单，但也不是不可能的。识别它的要素很多，最重要的是细心研判蛛丝马迹，发现恐怖的"异常"之处和股价的位置趋势的综合辩证关系。

一、空头陷阱识别要素

在实战中，对个股的分析，我们可以采取以下八条简单的要素：

（1）结合大势及个股的现实和历史情况，判断目前股价所处的相对位置趋势是首要条件。

（2）庄家向下洗盘时，在动作发生前后往往伴有成交量的放出，而且在图形的语言表达上也多用震慑力较强的大阴线和中阴线。

（3）技术指标上出现严重的背离特征，而且不是其中一两种指标的背离现象，往往是多种指标的多重周期的同步背离。

（4）在股价的下探中，伴有利空消息出台。利空被异常放大，市场也相应表现得极度恐惧。

（5）走势相对独立，破位后，往往能够在相对较短的时间里（几天）再度走高，并大多采用V形反转结束洗盘。

（6）在震荡的幅度上往往表现得比常规调整更加剧烈，让投资者在恐惧的同时又有一点感觉"过分"。

（7）个股的题材兑现在时间和空间上有了不可回避的紧迫感："借利好出货"。

（8）前期的低位到目前没有超过30%的上升幅度，而该股前期也没有放量

"建仓"或出货现象。

二、实战应对策略

面对庄家这样的表演，我们在投资策略上也应该作相应调整，主要方法有以下几个：

（1）在盘底形态或筑底过程中，宁可保持观望的态度，在股价运行没有作出方向选择时不宜介入。

（2）能够正确把握庄家成本和目标的就采用"石佛战法"，咬定青山不放松，坚决守仓！

（3）在对大盘研判已经基本见底，而个股表演快要乏力的时刻，选定个股，底部张网，逐步建仓，博取差价。

（4）最后，三十六计第一计：走为上。

学会用"空头陷阱"选股，不仅需要理性的观察，还需要较大的信心和勇气。以上只是原则性地探讨了一些方法，如果股民朋友们能仔细体味和研判，必有斩获。

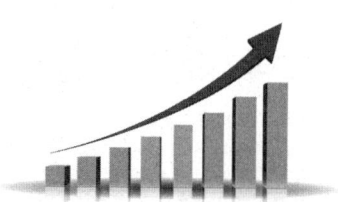

第四章

整理形态中的买卖点

股价经过一段时间的快速变动后不再前进,在一定区域内上下波动,使趋势暂时停顿,开始进入休整状态。这是因为随着多空双方对峙状态瓦解,一方猛攻,另一方逃跑,而当得胜一方穷追猛打到一定程度,必须补充弹药休整形态。

在股市里,多空双方不会是一方始终占上方,市场必须用一定的时间稳定某一股价,然后向实力强的一方倾斜。在股价变化过程中形成的这种过渡图形,即为整理形态。

第一节　三角形形态中的买卖点

在股价运行时，当股价上升到某一位置区域时，股价在庄家的打压下或者获利回吐的压力下，开始震荡回调。在股价下调到一定幅度后，卖方的抛压逐步被买盘所消化，股价止跌回升，但是在股价回升到前期高点或者未到前期高点时，再次遇到庄家的抛压或者获利回吐的压力，股价二次回探，在第二次股价回调的时候，由于庄家的护盘行为或者在新增资金的介入下，股价在达到或未曾达到前期低点的时候，股价第三次回升。这样股价高低点之间的波动幅度逐渐收敛，震荡区域也越来越小，促使买进和卖出的价位越来越近，使上档的卖压和下档的买力逐步逼近，在形态内进行低吸高抛的短线客，也逐渐无利可图。

该形态至少有两个高点和两个低点组成，我们把该形态的两个高点互相连接后形成一条直线；把该形态的两个低点也互相连接，也形成一条直线；而这两条边线最终交会与一处，形成一个三角形的形态。它又可细分为：上升三角形形态和下降三角形形态

一、上升三角形形态的买卖点

图4-1是保利地产在2014年9月至2015年1月的K线走势，从图中我们可以清楚地看到股票在上升图中做的一次三角调整。经过一段时间的上涨，庄家为了进一步迫使那些低位廉价筹码出局，展开了短暂的三角形形态整理，以消磨散户投资者的耐心。一些意志不坚定的人虽然很侥幸地过了前面底部区域的盘整，却很难再坚持过这个整理形态。

在三角形形态的调整中，我们认为最好的买点是在突破上压力线时，此时买入是时间与利润、收益的最大化。由于三角调整形态是一个逐渐收敛的形态，相

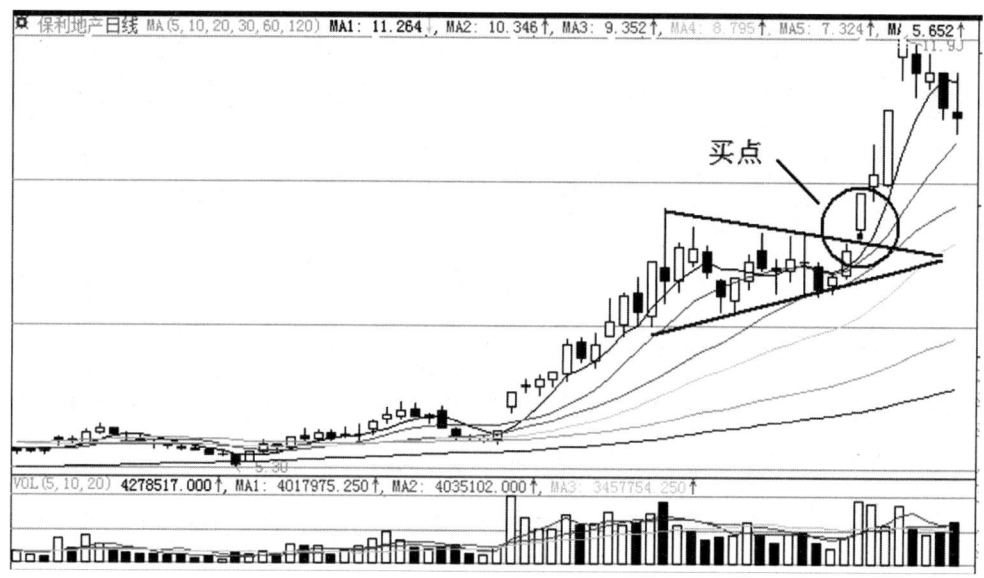

图4-1 上升三角形形态的买点

对做短差的难度会比较大。一般而言，三角形形态整理有以下特征：

（1）上升三角形通常在上升势途中出现，向上突破的机会往往较向下突破的为大，属利好整理形态，以收盘价突破上升三角形上边线的3%作为形态的结束标志。

（2）量度升幅：量出上升三角形最宽处的垂直高度，从突破点起向上量出相等距离处的价位就是目标价位。一般实际的升跌幅度均大于预期的。

（3）上升三角形有时也出现在底部形态，即在下降趋势的末期出现上升三角形。此时，股价对上升三角形的突破标志着底部形态的结束和上升行情的开始。

图4-2是北京银行2014年1月至9月的K线走势。在图中我们可以看到两个特征，底部抬升，突破三角上沿。上升幅度也是远远大于垂直高度的。这是三角形形态在底部的反转标志。但并不是所有的类似形态都是反转形态，需要综合来判断。有效突破在别的形态里同样有效，底部抬升的正确性更大。

值得一提的是形态之间是可以相互变形的，如三角形形态变旗形形态、三角形形态变箱型形态和楔形形态变旗形形态等。下面我们看一个上升三角形形态到下降三角形形态的变换。

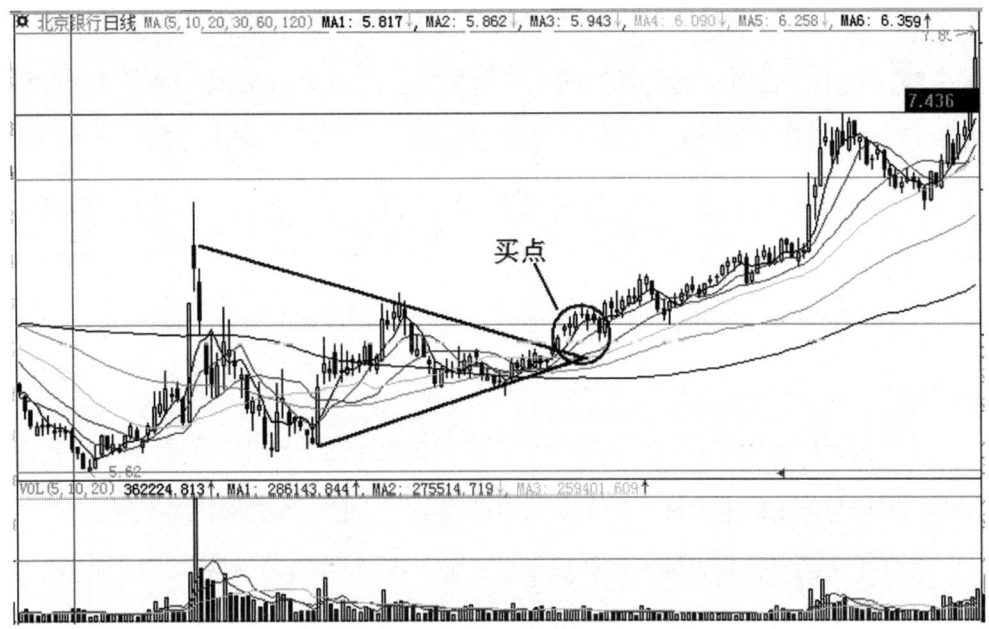

图4-2 三角形形态在底部反转的买点

二、下降三角形形态的买卖点

下面我们看一个在下降趋势里的三角形整理形态。在图4-3中，我们也可以看到同为三角形却因所处位置的不同、突破方向的不同，发出截然不同的买卖信号。

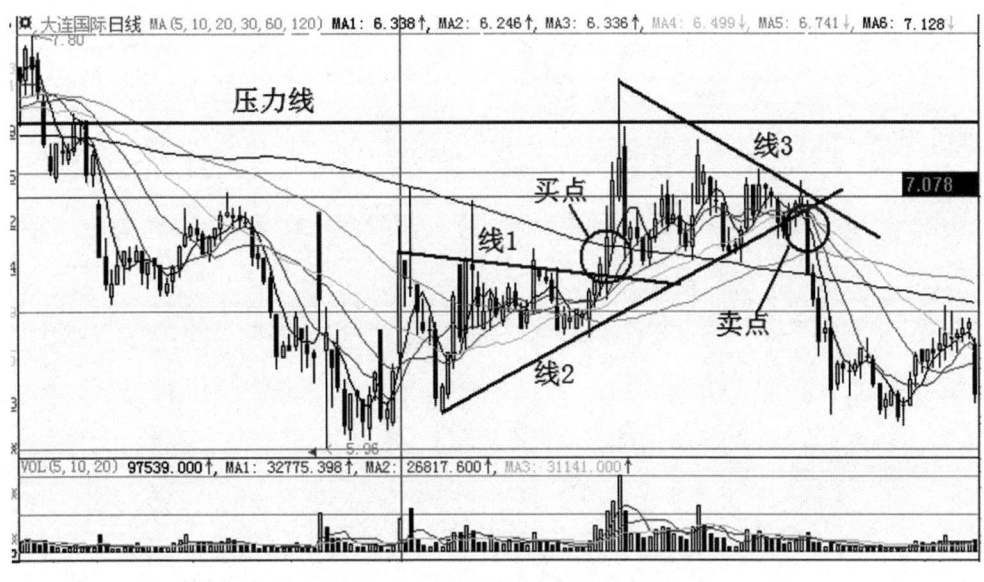

图4-3 下降三角形形态的买卖点

图4-3是大连国际2013年4月至12月的K线走势。此时股价正处于一个漫长的下降过程中。在图中我们找到两个三角形态，发出的指示却不同，具体分析如下：

（1）线1和线2做成了一个下降通道中的上升三角形态，并且突破三角形上沿，发出强烈的买入信号。

（2）线2和线3做成了一个下降通道中的对称三角形，突破支撑，发出卖出信号。

从大连国际的走势我们可以看出股票走势的复杂性，所以我们会不停地告诉读者：印证与修正的重要性。"条条大道通罗马"，但一条道就只能走到黑。

股票走势的复杂是否就一点依据也没有呢？我们在图4-3中做了一根压力线。从这根压力线我想大家就可以直观地看到，股票没有向上而向下的原因了。我们又要说的是多种分析方法的重要性。多说无益，重复有理。

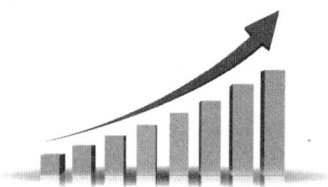

第二节　旗形整理形态中的买卖点

旗形被公认为可靠的整理形态，在指示方向及量度目标方面，准确性较高。旗形顾名思义，旗形整理的图形就像一面挂在旗杆顶上的旗帜。

旗形形态经常出现于上升或下降中段整理之中，由一根旗杆和一块旗面构成。它与矩形相似，上方的压力线和下方的支撑线是平行的，但却不是水平的。旗形形态也被人们经常称为平行四边形。这种整理洗盘形态如果出现在上升途中，一般预示着涨升行情进入了中后期；如果出现在下跌途中，经常暗示下跌行情才刚刚开始。

形成旗形走势的原因如下：

（1）受到某些利好（空）消息刺激，价位急剧上升（下降），形成旗杆。

（2）利好（空）出尽，于是有人获利回吐（抢反弹），形成旗面。

（3）庄家想要低（高）位时多吸（出）货，却引起少数精明散户的注意，因而跌（涨）幅不大。

（4）最后利好（空）消息终于兑现，价位也跌不下去（涨不上来），就形成向上（下）突破。

（5）上升（下跌）之后，往往是最后一波，很快就会急速回落（上升）。

一、上升通道里的旗形整理

图4-4是金马股份2014年7月至9月的K线走势。从K线图中我们可以看到旗形形态及其特征：

（1）成交量：在旗杆上升时，明显放大，随着形态的继续发展而递减，即旗面阶段成交量应大幅减少。在突破旗形时，交量大幅增加。其过程是"大、小、大"，若不符合升跌韵律，小心属失败形态。

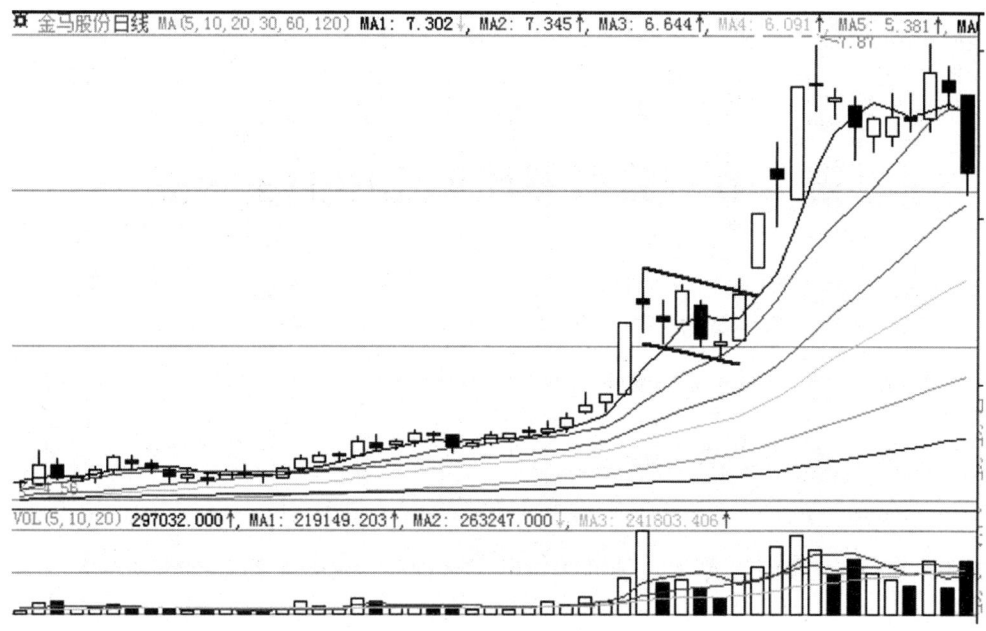

图4-4 上升通道里的旗形整理

（2）波幅：在上升旗形中，旗面的最高点至最低点的跌幅不宜接近旗杆升幅的一半；否则，跌幅过大，会破坏形态。上限和下限的变动幅度，不超过一个停板价。

（3）调整时间：调整的时间较短，在旗形形成之后，通常调整时间不应超过1个月，否则会失败。一个有力的上升旗形，整理只需要一两周。

最后旗形调整下的买卖策略是：趁低进货。突破上升旗形后，至少升幅是从突破点起，向上量度出与旗杆相同的垂直长度。在图4-4中，我们可以直观地看到突破后的拉升迅速和短时间的财富效应。同时要注意，回落也要抓住时机出货。

二、下降通道里的旗形整理

下降通道里的旗形整理具有很强的迷惑性，很多股民朋友们会就此认为股价摆脱了均线的压制，步入了一个上升通道，岂不知下跌才刚刚开始。下降通道里的旗形整理就如庄家精心布置的一个"多头陷阱"，吸引散户纷纷跳入，帮助庄家完成出货大业。

在图4-5中，我们标出了卖点，在卖点处大家也可以看到一根长阳线，试想有多少股民朋友们会在当天买入，前期相同位置的长阳会引诱着多少投资者。而那不过是庄家早就留下的"伏线"，伏千里之外的"骗线"。而如果买入的股民朋友们没有在当天的大阴线或第二天的小阴线处割肉离场，套牢的血腥与折磨将久久相伴。

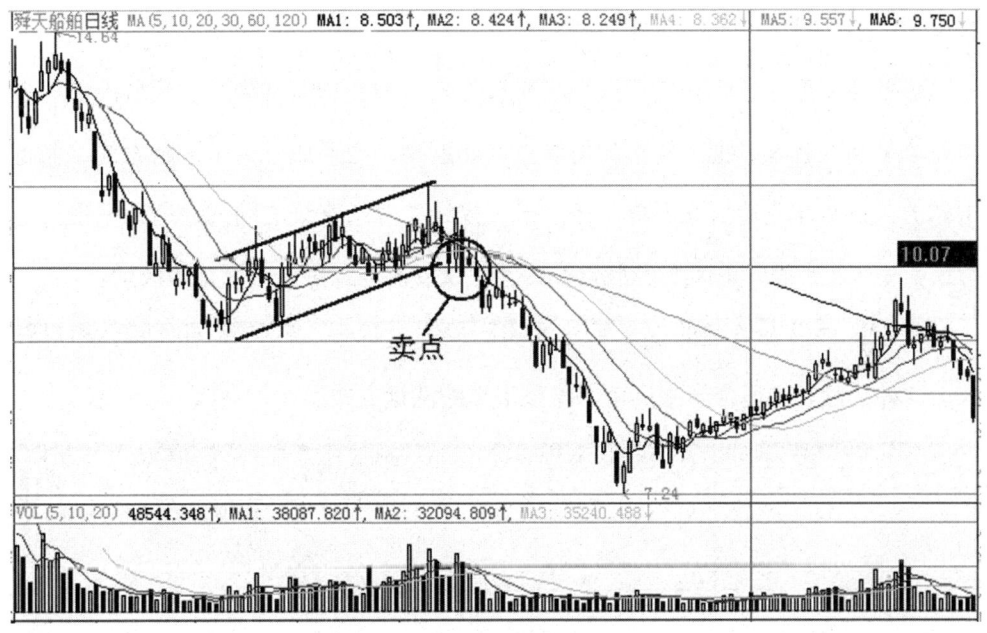

图4-5 下降通道里的旗形整理

在此，我们仍然谈两个问题：

（1）空仓也是一门艺术，一门很重要的艺术！

（2）破线坚决离场。股票未必是自己的，钱财才真是自己的。

第三节 箱形整理形态的买卖点

箱型整理形态亦叫长方形或矩形整理形态，即股价上行到某个区域内出现多空完全平衡的状态。把上档形成的高点互相连接，会形成一条水平阻力线，而把下档的低点相互连接后又形成一条水平支撑线，两条直线之间的通道几乎平行地形成了一个箱形整理的走势，股价在区间反反复复地震荡，上下错落波动。

采用这种形态整理的洗盘手法在实际操作过程中，其持续的时间会相对较长。这种洗盘方法适合于牛皮市、盘整市里的洗盘方式。

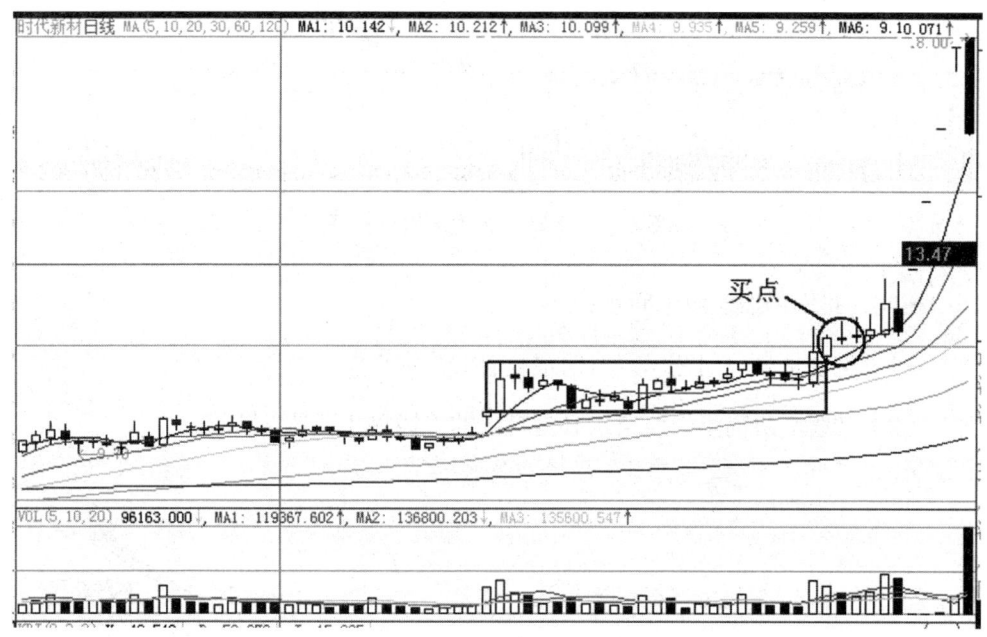

图4-6 箱形整理形态的买点

图4-6是时代新材的K线走势。该股经过漫长的横盘，继而箱体震荡，在突破箱体上沿后，经过短暂的洗盘，以"一字板"的形式一飞冲天，给坚定追随的投资者以丰厚的回报。在这只股的操盘中，庄家把"磨"的工夫发挥到了极致，让

无数的投资者半途而废,最终登顶的真是少之又少。

在箱形整理的形态中买卖的点位,说出来就四个字"低买高卖"。在卖的时候应关注下轨的支撑,最好等到股价突破上轨、回调支撑确认时买入(即图4-6所示的买点),感受拉升的快感。

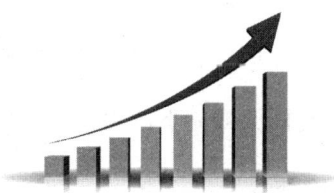

第四节　楔形形态的买卖点

楔形形态与对称三角形在形态上有些相似，不同之处是楔形形态的两条趋线同时向上或向下倾斜，只不过两线的角度大小有别，而对称三角形形态的方向是水平的。

一般来说，楔形形态的方向与股价的趋势方向相反。也就是说，上升趋势中的楔形形态是向下的，而下降趋势中楔形形态是向上的。或者说，向下的楔形形态后市看涨，向上的楔形形态后市看跌。

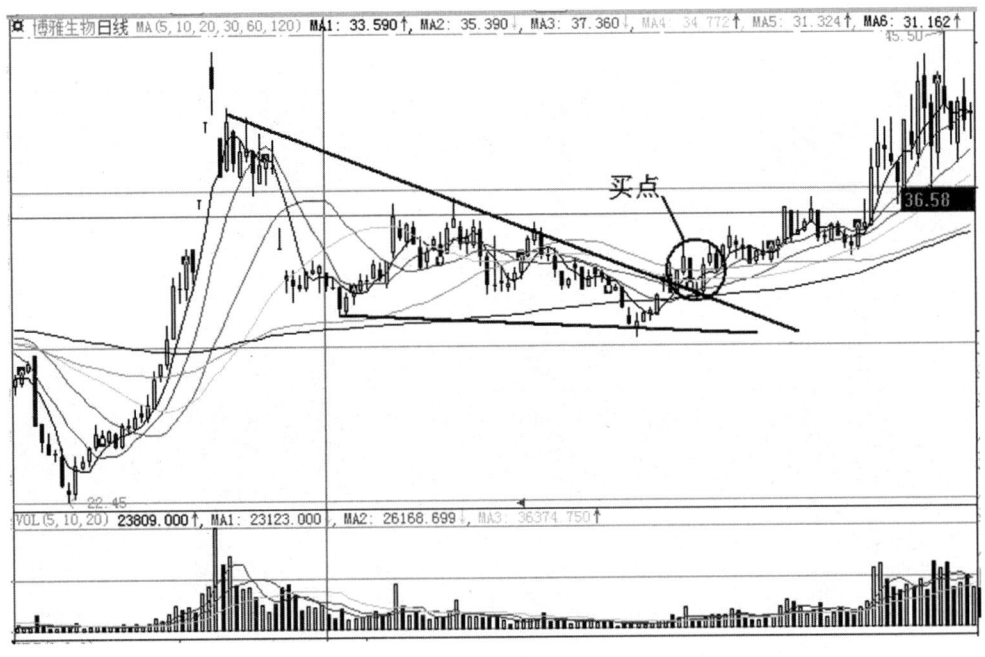

图4-7　向上的楔形形态

图4-7是博雅生物在2012年9月至2013年7月的K线走势，图中所示就是一个在上升趋势中的楔形整理，不改变原有的股票走势，但与下降的楔形本身趋势相

反。在下跌楔形中有几点值得关注：

（1）在下跌楔形中，股价突破最理想的位置，是以形态内第一个高点开始，移至楔形尖端这段距离的 $\frac{2}{3}$ 左右的地方。

（2）当股价向上突破其阻力线时，成交量放大，属可靠的利好买货信号。

（3）形态突破后，无量度升幅测算方法，在股价以大成交量突破下跌楔形阻力线时，应第一时间追入买货，以返回起点为初步目标，但事实上实际升幅往往大于预期。

（4）楔形形态的时间规模通常在1～3个月，属于中等形态规模。在下跌楔形中，成交量需要明显萎缩，成交量愈小，对将来反弹越有利。

楔形形态有时也在顶部或底部出现，股价在低位，如果出现向下的楔形，则标志着底部形态的完成，紧接着将是一轮上升行情；股价在高位，如果出现向上的楔形，则标志着顶部形态的完成，紧接着将是一轮下跌行情。下跌楔形则出现在空头市场即将结束之前，而上升楔形一般出现在长期多头市场的末期。

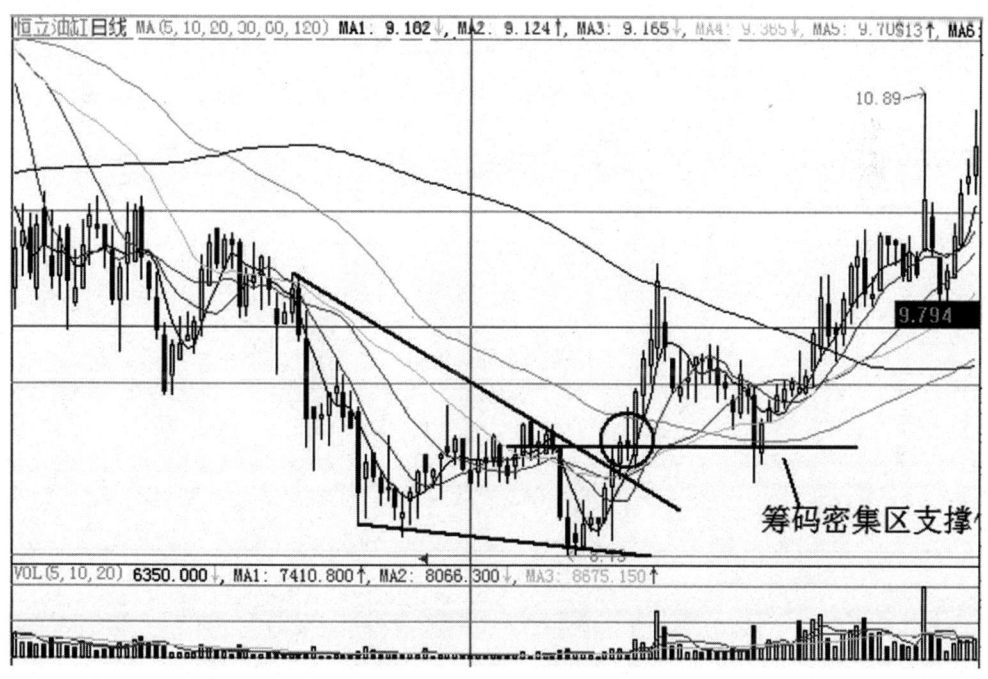

图4-8　向下的楔形形态

图4-8是恒立油缸2014年3月至9月走出的楔形反转K线。在这种形态突破中需要注意的是突破的有效性，在图中我们添加了前期密集成交区支撑线，在得到支撑确认后，才是为形态好转，因此此时的买点更为有效。

密集成交区支撑的意义在于筹码的堆积，筹码非散户所有即为庄家所有，在此处得到支撑可以确认筹码在前期的拉高吸筹中为庄家所得。从量柱的放量上我们也可以得到同一结论，且此支撑价位即庄家持股成本价位。

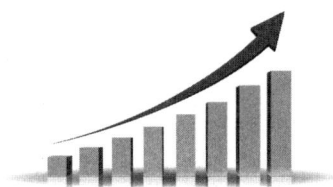

第五章

消息面下的买卖点

每天我们打开网页都会有无数个消息跑到我们的视线里,欧洲北美、亚洲非洲世界各地,时政财经、文化娱乐多种多样。哪些消息是可以影响我们生活的呢?因人而异,因时不同。你关心这个我关心那个,互不相干,各诉衷肠。

但在这里我们不谈论你关心的或我关心的人和事了,我们去关心一下股市和股市里的股票关心的事和事后的人,股市因何人而动、何事而行,股票因何人而上、何事而下。

第一节　借大势洗盘的买卖点

庄家在洗盘的时候，必须要考虑外部环境因素的影响，需要参考市场的大环境形势来综合考虑，也就是需要考虑大盘指数的波动状况来综合进行，如果指数正在不断的上涨形成了牛市行情，但是庄家偏偏要在场中进行洗盘操作，那么在股价低点形成的时候，必然会有大量的投资者在低点进行建仓操作，这样一来，不但没把投资者给洗出去，反而让投资者有了获利的机会，庄家的洗盘操作也就达不到目标了。

一般庄家在操作个股的时候，往往会选择指数同期出现下跌或是调整走势时进行洗盘，因为一旦指数下跌，投资者就会感非常害怕，从而不敢在低点买入，这样一来庄家的洗盘才会起到作用。所以，在分析庄家洗盘行为之前，投资者一定要对指数的波动状况进行细致的分析，只有这样，才可以将庄家洗盘留下的低点作为获利逢低买入的好时机。

一、利用上涨途中的回调洗盘

大盘指数无论形成什么样的牛市格局，也不会一个劲地上涨，总是会在上涨一段时间以后出现正常的调整走势，这就好像人跑步一样，跑累了休息一下才会跑得更远。所以，在指数上升过程中，出现调整走势是非常正常的现象，但是盘中却会有大量的庄家借助指数的调整而进行洗盘的操作。

图5-1是上证指数2014年8月以来的K线走势，在大盘突破2000点这个平台后，大盘出现连续调整，先后跌破20日线、30日线，5日线与10日线形成死叉，图形形态非常难看，技术形态上似乎已经形成了向下的破位。但我们仔细分析可以看出，在指数调整时候，成交量出现了萎缩的迹象，这种量能变化说明资金并没有在盘中进行出货操作，如果是资金在出货成交量怎么可能不放大呢？所以，从

图5-1 上证指数的K线走势

量能上来看指数并未见顶，指数未见顶也就意味着盘中的绝大多数个股也没有形成顶部。所以在这个时间段内，只要个股出现了下跌的走势，那就意味着庄家正进行洗盘操作的可能性较大。从随后的上证指数走势中，我们就可以验证到了这一点，随后的几个月指数一路上扬，涨势喜人。

在此期间，其他股票的K线走势如图5-2所示

对比图5-1和图5-2我们会发现有时个股与大盘走势的惊人相似，图5-2是个股及时利用大势洗盘的典型。在人们普遍不看好大盘的预期下，个股就势完成了洗盘。大盘企稳后再次快速上涨。从成交量可见，庄家没有在这段时间进行出货操作，指数的波动反映了盘中绝大多数个股的波动，因此，在这个时候对于庄股股价的回落，投资者应该敢于进行逢低的建仓操作。

当个股的波动和大盘指数的波动呈现一致性时，我们对大盘的理解是有助于我们对个股的操作的，此时个股超跌的空间就是我们利润的空间，股民朋友们要

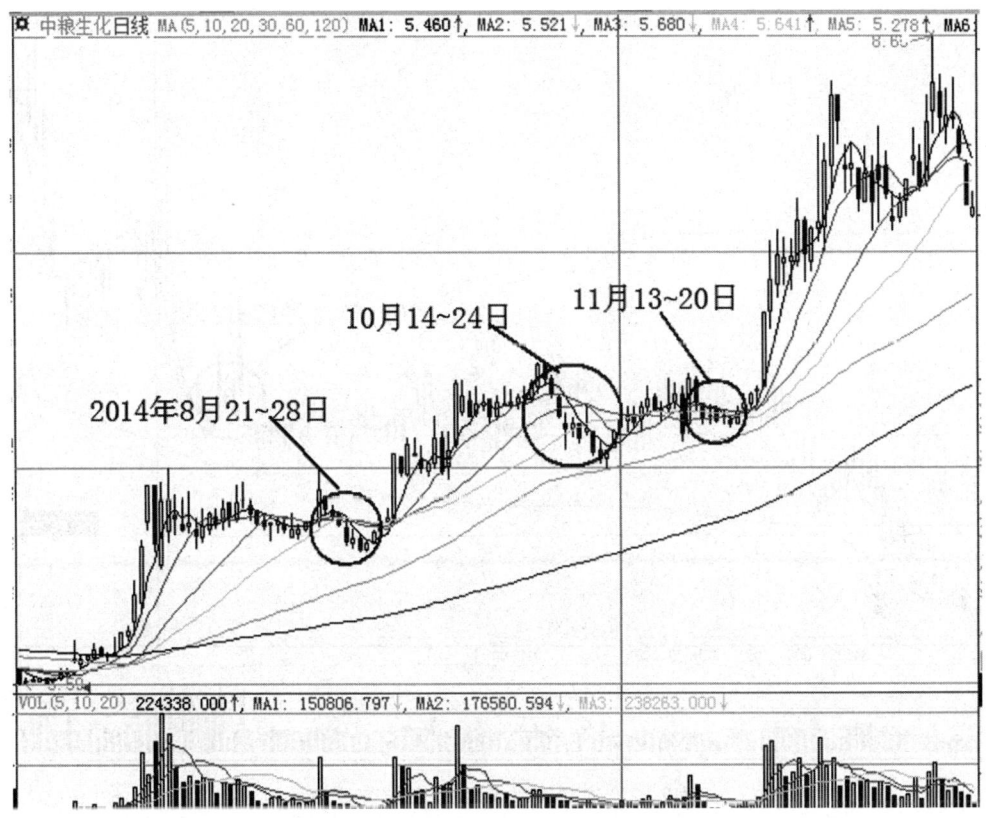

图5-2 其他股票的K张走势

把握住机会。由此延伸出来的因大盘的上涨而带来的个股的补涨机会，在此轮行情中可谓是大放异彩，利润丰厚。

二、逆势强势股借大势震荡洗盘

逆势强势股主要是指这类个股在大盘表现较弱的时候能够逆市上涨，表现较为强劲，强庄介入迹象较为明显，而当大势处于调整的末端，此类个股却在短期内出现大幅下跌，但是在经过快速下跌之后，股价随即企稳，并随大盘出现大幅反弹，力度超过大盘反弹的力度，并配有此时成交量也明显放大，如5-3所示。

其图形特征如下：

（1）在大盘阴跌过程中，股价持续上升，逆市建仓迹象明显。

（2）大势处于下跌的末端，股价在极短的时间内出现大幅下跌，成交量快速萎缩。

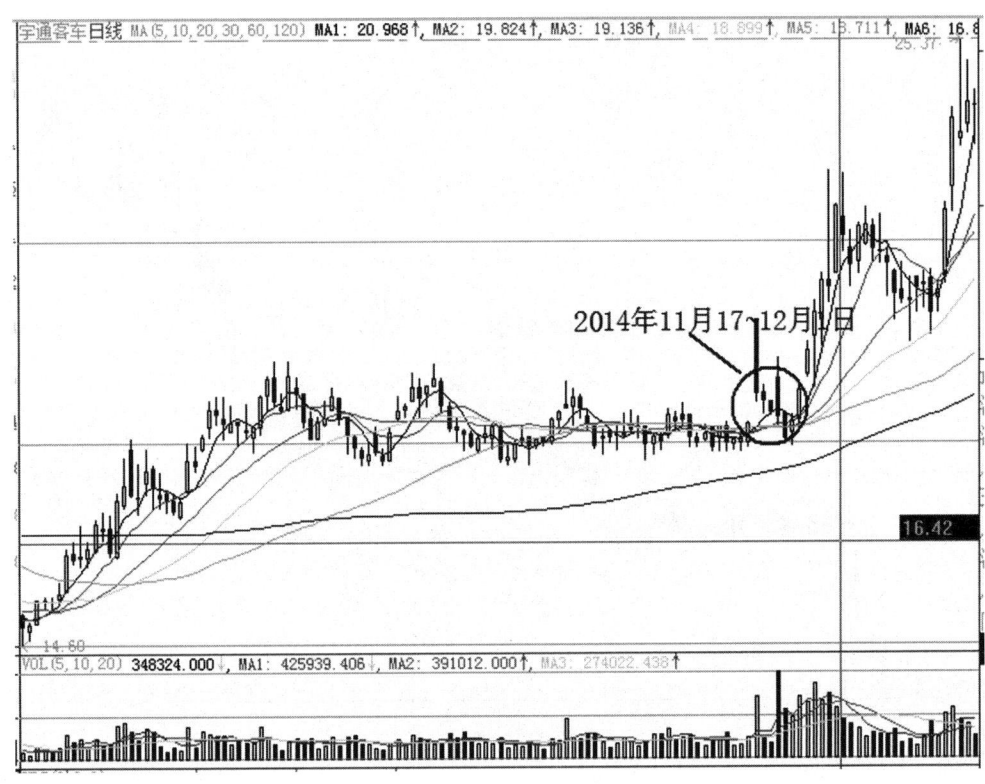

图5-3　逆势强势股借大势震荡洗盘

（3）随即借大盘反弹之力快速上升，涨幅巨大。

对于该类庄股的操作策略是：

（1）对逆市走强的个股应多加留意；补跌之后，成交量萎缩至地量时介入。

（2）该类庄股洗盘凶狠凌厉，且无任征兆；在洗盘期间，没有出现放大量拉升之前均为安全介入期，出现快速上升追高风险大。

（3）逆势强势股先于大盘启动，先于大盘见顶，在大盘低迷时往往有着不错的表现，走出独立行情。

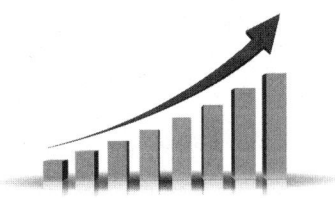

第二节 借利好洗盘的买卖点

时代在发展,市场上的投资者变得越来越专业化。庄家利用利好出货被反复使用之后,该出货手法已逐渐被市场上部分资深的散户所看透,"利好出尽是利空",有时候利好一出,散户跑得比兔子还快。道高一尺魔高一丈,"借利好出货"有时候会被庄家反其道而行之,变成了"借利好洗盘"。

一、"港沪通"、"降息"利好/利空

有一个刚发生的例子,可以帮大家回忆一下,利好对股市的影响。而刚好内幕也在,我们就顺便一起打包了。

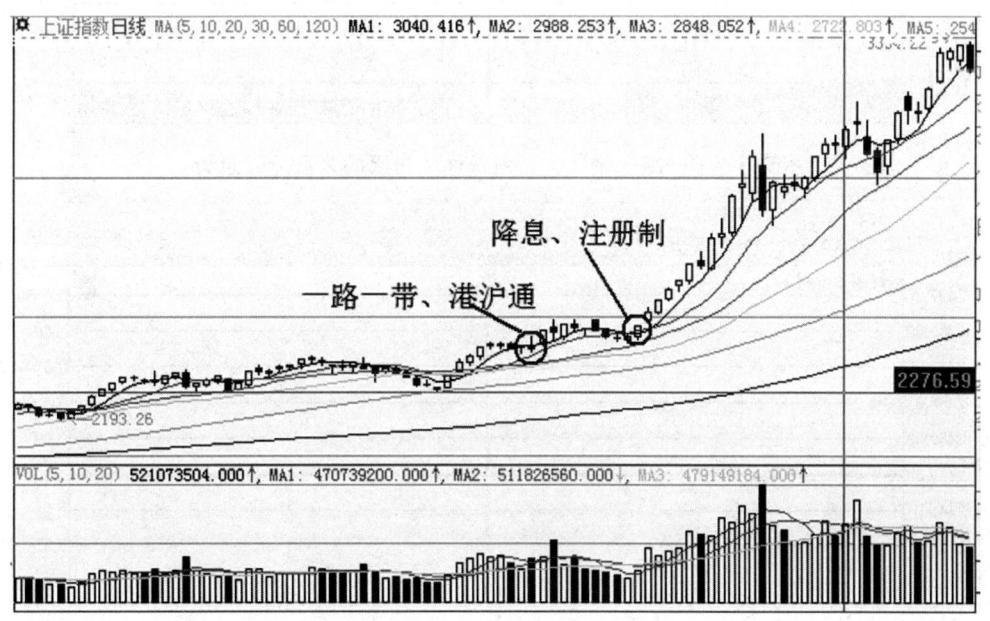

图5-4 大盘的K线走势

相信大家对图5-4所示的走势是非常熟悉了,它是大盘在2014年8月至2015年1月的K线走势。我们选择大盘作为分析的对象的原因是:大盘的走势是更多资金的博弈，相对个股受到庄家的影响会小一点，但在其中我们仍然可以看出在不同阶段大盘对小事的反映是不同的。

首先，我们要肯定的是这两天的消息都是利好，区别只是当天走势和以后的走势不同而已。其次，我们将对这具体的两天进行分析，分析当天以及以后的走势，并且我们将作出一个假设：没有这些消息面的影响大盘将走向何方！

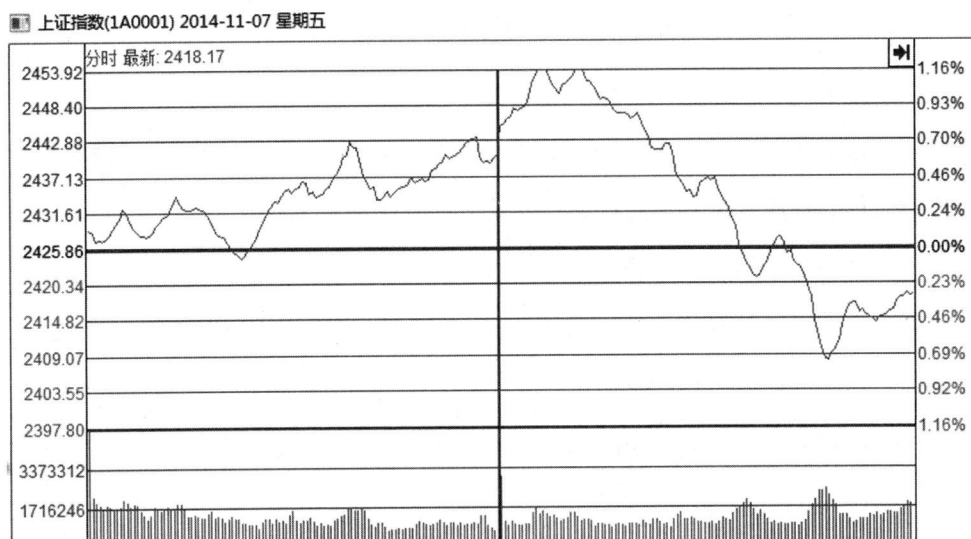

图5-5 "一路一带"、"港沪通"当天的大盘分时走势

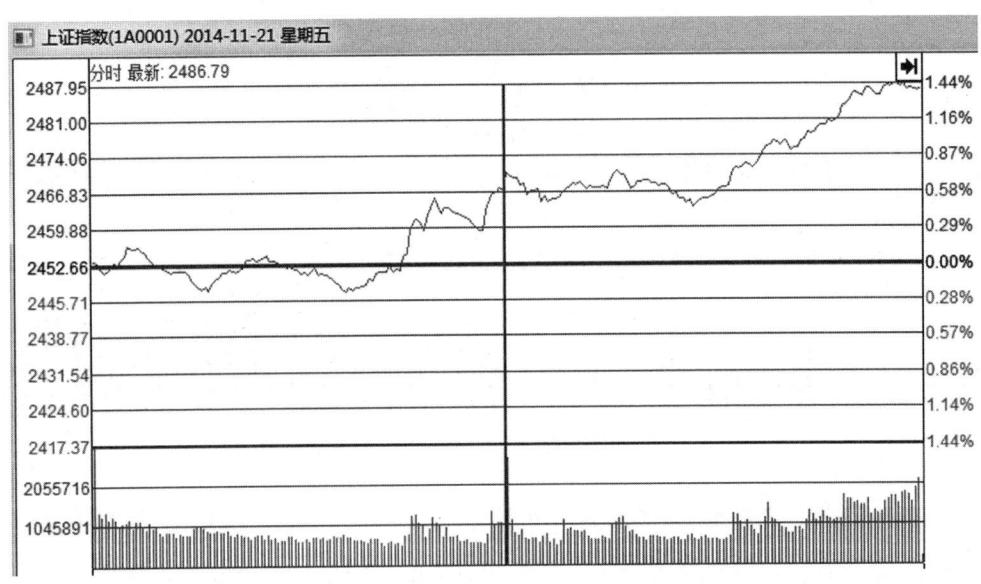

图5-6 "降息"、"注册制"当天的大盘分时走势

图5-5就是对应的"一路一带"、"港沪通"当天的大盘分时走势。图5-6对应的就是"降息"、"注册制"当天的大盘分时走势。

大家在图中可以看到大盘对利好消息的不同反应了,一个拉升、打压,另一个单纯地拉升。现在我们回头看的时候,拉升、打压的意义就不言而喻了,同是为了吸筹,只是多了洗盘。从各自对应时间后的K线图我们仍然可以看出。

为了更说明问题,我们绘制了图5-7。其中我们可以看到"港沪通"消息的第二天大盘走出了光头阳线,这可以看做是对该利好的正面反应,但第三天大盘高位震荡,并放出天量,在盘面中是伴随着大量股票的跌停收盘的。在以后又是一系列的洗盘。现在大家明白这是洗盘就很容易理解了。我们想跟大家说的是:巨量的存在必然伴随着主力资金的动作。这时就有评论说:大盘将面临中期回调。如果说这不是误导大家的话,就只能说明:它不知道中期回调时一种什么级别的回调了,这个在下面的章节我们也会告诉大家。

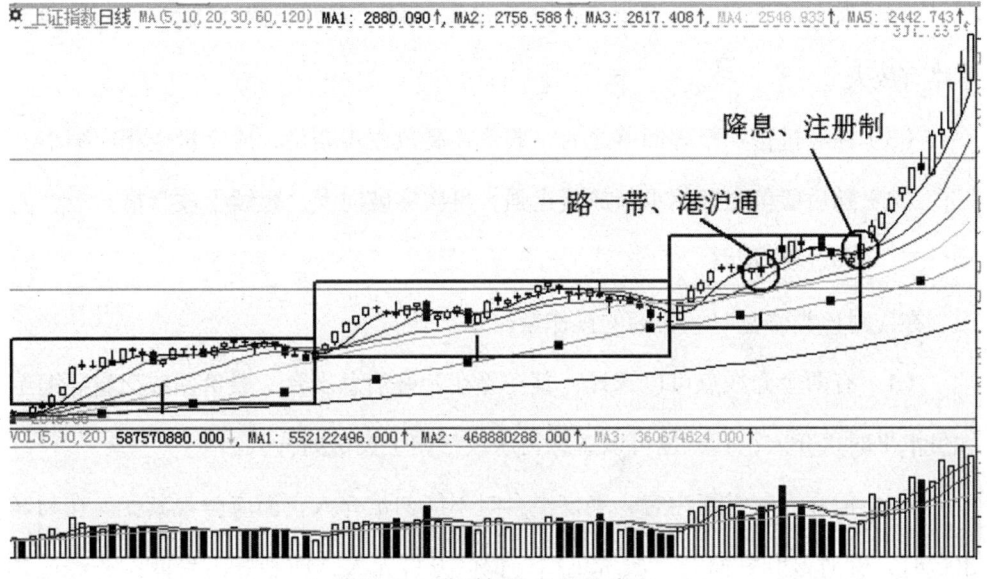

图5-7 借利好洗盘的买卖点

在图5-7中我们同样做了一些辅助线,大家可以看到大盘在缓慢抬升,联系前面矩形框内K线的走势,我们做的假设是没有这些消息面的影响,大盘将会怎样运行?洗盘还是洗盘?拉升还会拉升?

（1）在技术派的眼里K线的走势会反映所有的消息。这也是我们前面讲的庄家的操作也讲究"天时"、"地利"、"人和"的原因。

（2）庄家对股票的操作不会改变其原有的趋势，只会加快或减缓此趋势。

这个就是我们对待基本面消息、内幕，甚至于"黑天鹅事件"的基本态度。经济基本面的向好、企业业绩的提升并不是发生在公告的当天，而是早就发生的事，散户只是难以提前知道而已。庄家有更专业的知识、更灵敏的消息来源会提前布局。在K线上就会反映这些基本面。而当这些消息以突发的公告显示出来时，只是加速了这种趋势。相对的"利好出尽"、"靴子落地"我们在以后的出货环节也会讲到。

二、借利好洗盘的图形特征

借利好洗盘的股票一般具有以下图形特征：

（1）股价持续了一段时间的扬升达到相对高位，但成交量未明显放出。

（2）利好出台后，股价高开低走，给人一种"利好出尽"感觉，但此时成交量略有放大。

（3）在经过短期整理回落之后，股价在高位逐步企稳，成交量也相应缩小。

（4）随后股价在开始重新放量走强，再次突破向上，延续上攻行情。

三、实战操作策略

在应对该类洗盘时，我们的操作策略是：

（1）有两个介入点可以选择：其一是在利好消息出台、股价回成交量萎缩至地量水平时再介入；其二也可以选择再度放量向上突破时介入。

（2）但介入时需要注意，利好出台时不能匆忙介入，而应静观其变。在利好出台时，针对该利好而言，股价仍属严偏低方可介入，即利好出台前没有经过大幅的炒作；如果股价已完全反映了该利好，则不能介入。

第三节 借利空洗盘的买卖点

兵者，诡道也。庄家在与散户的博弈过程中，深谙"诡道"之妙用，常常出其不意地制造各类陷阱，引诱散户一步步走进圈套。消息发布是庄家设置陷阱常用的一种工具，庄家在坐庄之时往往会散布各类真真假假的消息作为烟雾弹，以掩护自己的真实意图。

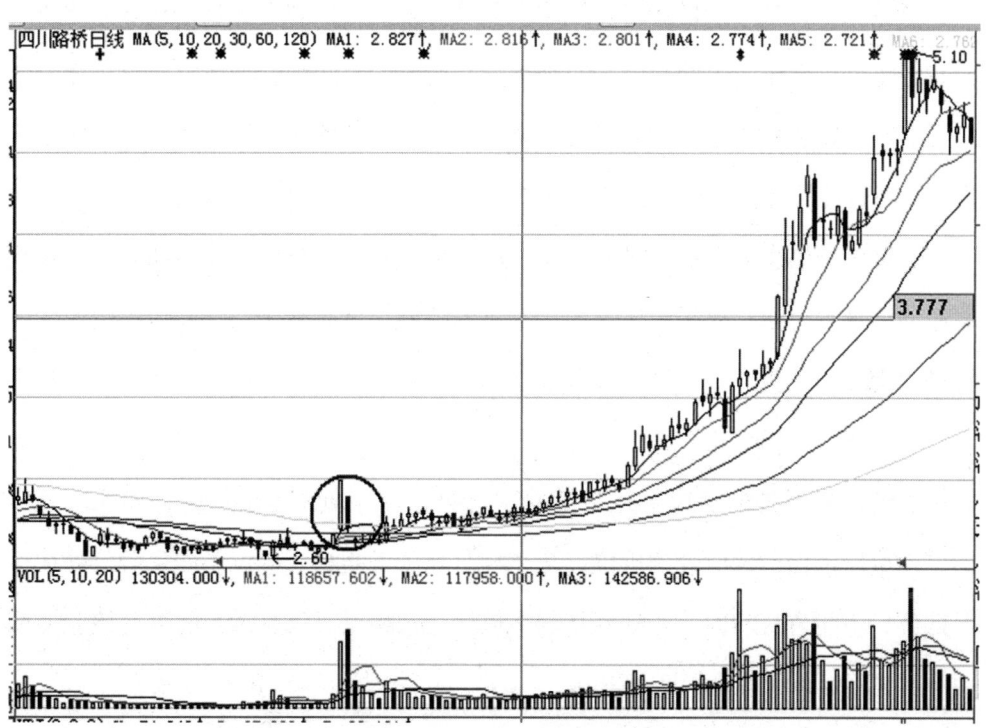

图5-8 借利空洗盘的K线走势

图5-8是四川路桥在2014年4月至10月的K线走势。图中有两天的走势非常显眼。2014年6月18日，四川路桥收出了一根大阳线，伴随巨大的成交量。而在第二天（6月19日），股价却低开低走收出一根中阴线，完全吞噬了昨天上涨利润，伴

随的是更大的成交量，K线形态完全反转。

我们对这两天反常的走势进行了探究，发现正好对应着如下两条消息：

（1）6月18日：石墨烯概念异动，四川路桥参股公司拥有石墨烯资源。随后有分析：该股勉强沾边石墨烯概念，炒作迹象明显，股价回落风险较大。

（2）6月19日：公司作出澄清，原文在此就不多说了。主要的意思是：一是，参股西石墨烯公司；二是，参股公司问题多多，包括资源储量、环保、运输等。如问题不能解决，会造成公司收益不达预期，公司则终止合约。三是，公司仅投入前期一些费用和中介费，不会对公司造成重大影响。

6月19日的大跌也就如大家看到的。我们现在再回过来看，所有的事情就变得一目了然：主力第一天借传言利好拉高吸筹，第二天借利空洗盘，从下方的成交量我们也可以看出主力的出没。两则消息和两天的时间，就让散户交出了廉价的筹码。随之股价稳步抬升，后期的小十字星仍然看到庄家吸筹的痕迹。当庄家吸筹完成时迅速拉升，走出了翻倍行情。

股市中的消息大大小小多多少少。那么作为一个散户在股市中如何应对真真假假的消息呢？散户要识破庄家消息发布的骗局，就必须辨别各类传媒舆论发布消息的真假。

一、判断股票所处阶段

分清庄股所处的阶段，是庄家的建仓期、拉升期还是出货期，如无法分辨的，则可以依据股价所处的价位，是在相对高位还是相对低位。如果股价处在相对低位，不能盲目割肉，否则容易割在地板上；相反，没有参与的可对该股多加关注，说不定该股就是一匹大黑马。

二、从市场性质去研判消息

利空消息在多头市场中就会形成一个良好的介入机会，由于多头市场人气鼎沸，强劲的购买欲一时很难平息，因而利空只造成短线客的出逃观望，不会造成大的下跌。同理，在一个熊市的初期，任何利好都会构成出货机会。因此，趋势对消息的影响是至关重要的，趋势会改变消息对市场的作用力。

三、从权威媒体验证消息

如果有些消息是源于基本面而言，可以在权威的新闻媒体上得以证实，如从近期的《人民日报》、《经济日报》、《经济参考》或者有关专业性杂志上得出结论，减少盲目性，也可以直接从互联网上查询消息的来源。

四、从股价的走势判断消息的真伪

散民的操作多以媒体为依托，但总有一种"迟来的爱"的感觉。一旦被大幅拉升过的个股，如遇到利好不涨反跌或小幅盘上，均为出货信号；而在一个利空消息出台时，股价不跌反涨，应视为庄家的吸货行为。

五、以快制胜

听到消息买进，消息证实卖出的炒作股票原则是："以快制胜"。当你无法确认谣言真伪时，可以在市场刚传出此类谣言时立即少量买入，并密切关注。一旦有拉高放量出货的迹象，不论是否获利，也应立即平仓，消息证实时即使被浅套，也应割肉。

突发性利空消息只能短期改变个股即时走势，而无法改变个股的原有趋势，这样就能说明许多上升通道中个股在利空消息出台之后，股价仅短暂下跌即快速企稳。而许多下跌通道中的个股利好出台仅略微反弹便又反复下行的原因了。

总之，作为广大中小投资者的散户，就应该小心谨慎，随机应变，用游击战之方式来对付庄家险恶的诡计。

第六章

拉升前的买点

经过建仓期的精心喂养、洗盘期的残酷训练,小牛儿一天天长大了,终于要撒开蹄子跑了!庄股进入拉升期了!任何一位散户都希望在股价平地惊雷即将爆发的关口,搭上顺风车,舒舒服服地享受拉升的暴利。但大家不要忘了,就算是拉升的过程也会有洗盘。"洗盘"这个噩梦般的字眼在庄股里如影随形。

我们以图6-1来回顾一下这只"牛"是怎么炼成的。

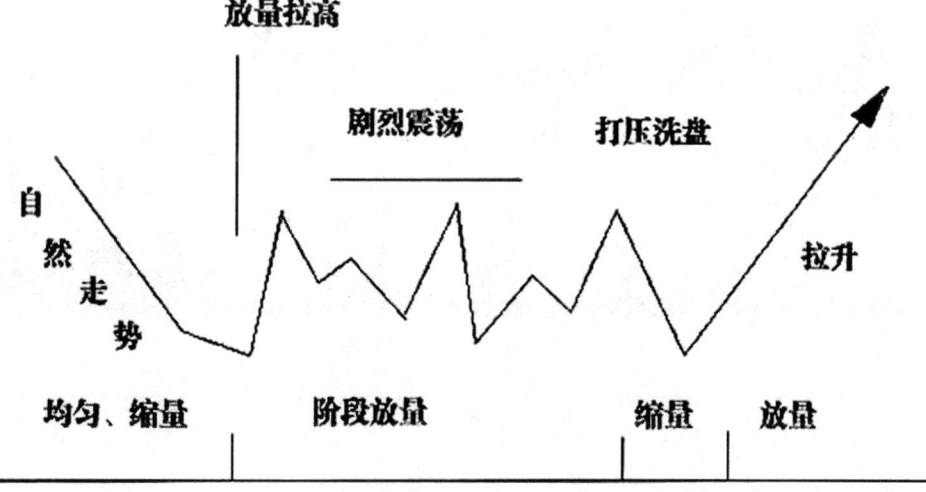

图6-1 拉升前的牛股

（1）在股价走势的相对低位，庄家介入突然放量拉高股价。

（2）在拉高的大阳线后，突然出现反叛线，使追涨资金套于高位。

（3）在剧烈震荡中股价再次接近第一次震荡高点，然后又快速下跌甚至创出新低，使场内持股者的持股信心大受打击，在多种市场心理下筹码极度松动。

（4）当股价第三次接近前期高点时，所有的场内前期被套筹码几乎一致选择了出局，从而达到了庄家强收集的目的。

（5）随后庄家进行拉升前的最后打压、洗盘，为拉升创造条件。

（6）几乎在所有的控盘庄股中，都表现了拉升初期筹码高度集中与稳定这一共性。

我们以图6-2所示的个股K线走势来说明问题。

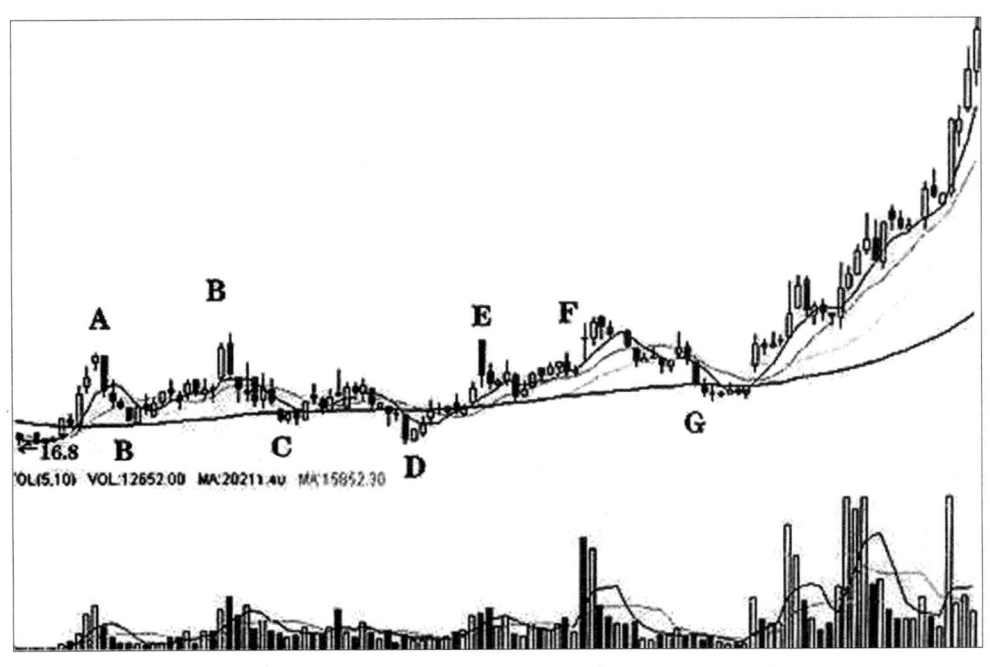

图6-2　牛股的K线走势

（1）从图中A处大阳线后的不断跳空高开可以看出，当时大盘背景极好，股民追涨意愿较强。在第二个跳空高开中表现了量能进一步放大，显示短线获利盘不断增加，庄家利用借势打压造成股价在高位出现穿头破脚的大阴线。但在随后的几天下跌中，一是阴线很小，二是量能快速萎缩，说明股民惜售心理。这就就决定了庄家在未来吸纳增持筹码中必须有效地利用形态技巧，不断强化持股者和场外持币者不能追高这一心理思维定式。

（2）在前期高点位置B处，庄家再次拉出大阳线后，出现大阴线，有效制造了不能追涨的思维定式。并且庄家在C处和D处刻意击穿均线，给予高位没有出局者强大的心理压力。

（3）在随后的E、F处，庄家巨幅高开向下和大幅的星线震荡，极其巧妙地对前期心理定式作出有效呼应，在此思维定式下，场内大部分筹码被快速收集到庄家手中。

（4）拉升段要来了，庄家在拉升前在G处打压洗盘。此时筹码空前集中和稳定。

从理论上讲，G处是拉升前的最佳买点，原因在前面关于洗盘的买点的章节中已有说明。但在实盘操作中，这个买点却是最难把握的。本章我们将绕开这个买点，从突破、缺口、天梯三个技术形态讲解买点。

第六章 拉升前的买点

第一节 突破中的买点

在讲突破的时候我们要理清两个问题：第一，突破的是什么？第二，什么样才是突破？

首先我们回答第一个问题，突破的对象包括：平台、趋势线、均线、高点、颈线、筹码成交密集区、大阴线的顶部等。其次回答第二个问题，有效突破包括三个方面：幅度、时间、成交量。即幅度3%、时间3天，概括起来就是"三三原则"。其中，幅度3%以收市价作为参考，当然幅度越大越好。成交量配合需要注意的是：向上突破须有成交量的配合，向下突破则不需要。成交量有时的放大是通过对倒放量，利用放量吸引跟风盘，营造量价齐升的和谐关系。所以放量太大不太好，放量太小也不好。

在选择突破方向后，被突破的对象会发生反向变化。压力变支撑，支撑变压力。在突破后的回踩中需要注意这些支撑或压制的作用，这也是我们需要3天时间确认的意义。在主力突破以后回踩也可以洗掉浮动的获利筹码，释放抛压，当然也存在很多不回踩直接突破的情况。可以实时追进。

图6-3是岭南园林2014年3月至8月的K线走势，我们在其中画了两条压力线，依据是高点。大家在参考的时候也可把压力线2上移到最近的高点后前期大阴线的顶点。压力线1也可以上移到上影线的位置。股票在突破的时候可能需要突破的是一系列的压力线。当然突破以后获得的支撑就更多。

在图6-3中的买点处，我们也可以看到3天的有效性，量能放大，第二天的下影线洗盘强烈，对应的是缩量。经过当天的洗盘大盘抬头向上，连拉两根大阳线。此时，压力线1和压力线2转换为支撑线，对这时的洗盘会去支撑意义，在图

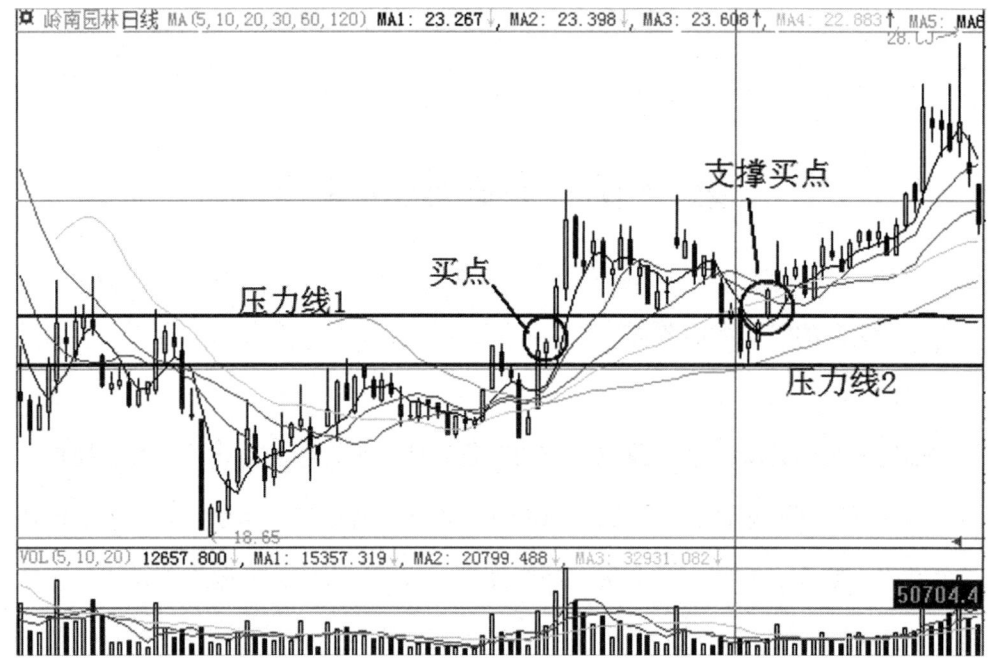

图6-3 突破中的买点

6-3中,我们也可以看到压力线2的支撑作用。而如果股民朋友们只是看到了压力线1而没有看到压力线2的存在就会怀疑压力线的作用。致使走入"买入→套牢→割肉→上涨"的股市怪圈。

在压力线2处获得支撑同样为我们赢得了图6-3中的支撑买点。当然我们还可以在压力线1的上方在画出一根压力线,在其上大阳线的上影线处,大家可以看它的压制作用。

下面我们看一个平台突破的案例。

图6-4是浦发银行2014年8月至12月的K线走势。该股的股价在9.5~10元的区间平台整理了3个月。最后在经过深度洗盘后,该股以一根中阳线突破平台整理,成交量放大。在图中,我们可以看到在突破后就以4根小阴线的方式又一次洗盘,伴随的是缩量,并没有跌穿有压力线转化而来的支撑线,随后股价继续上攻。

股价在支撑线上方没有跌穿支撑线并获得支撑,回头向上时就构成了一个很好的买点,而图6-4中买点2的获得是由均线的支撑获得的。当然我们也可以在突破时的中阳线顶部画上一根支撑线,此支撑同样有效。

第六章 拉升前的买点

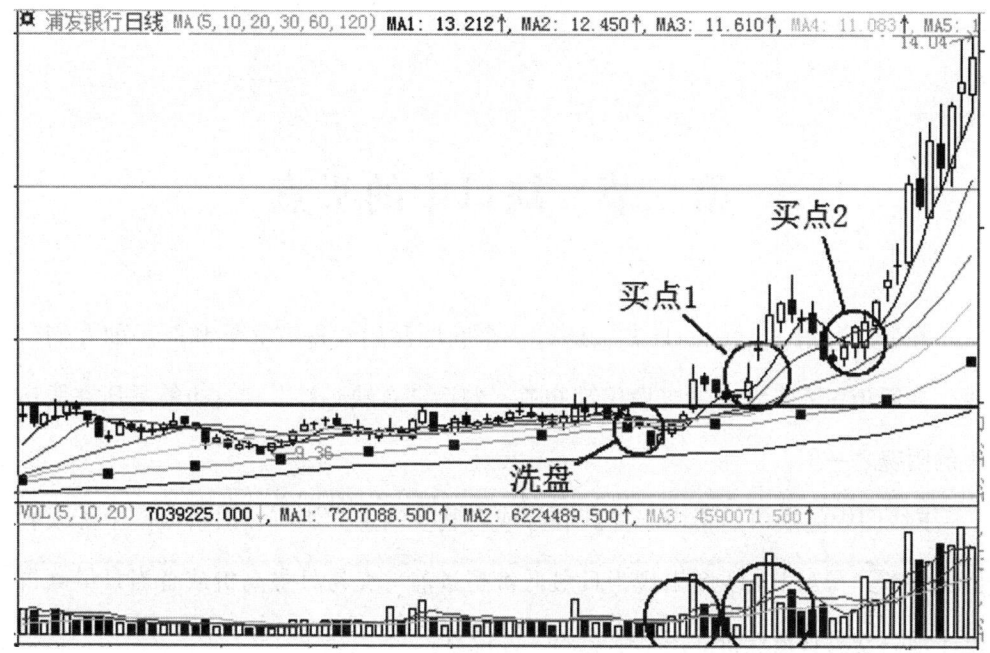

图6-4 平台突破的买点

在股价向上突破时，我们都可以看到成交量的上升，体会到压力变支撑的重要性。在此，我们再次强调突破的有效性：股价2%～3%越多越好；时间3天，支撑有效；量能配合，有效放大。

随笔：

我欲乘牛而去

又恐小牛漫步

我若弃之不顾

又恐绝尘而去

叹叹叹

难难难

安能同行共白首

与股民朋友共勉

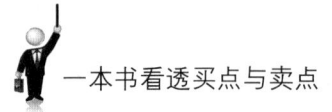

第二节 缺口中的买点

在股价拉升或打压的环节，还有一个问题我们觉得有必要和股民朋友们讨论。在股市里有点资历的老股民都知道一句话"有缺必补"，这也算是压在股市上的阴魂之一了。

K线图中的缺口是指由于受到利好或者利空消息的影响，股价大幅上涨或者大幅下跌，导致日K线图出现当日最低价超过前一交易日最高价或者当日最高价低于前一交易日最低价的图形形态的一种现象。

缺口可分为：普通缺口、消耗性缺口（竭尽缺口、衰竭缺口）、持续性缺口、突破缺口。

一、普通缺口、消耗性缺口的买点

普通缺口：一般在横盘整理中偶然出现的跳空，并且很快就会被补回来，对趋势研判作用不大。

消耗性缺口：大多在恐慌性抛售或消耗性上升的末段出现。在急速的上升或下跌中，这时价格的跳升（或跳空下跌）可能发生，此缺口就是消耗性缺口。所以此缺口也叫竭尽缺口或衰竭缺口。

普通缺口和消耗性缺口往往会在短时内回补，会存在着一些短线的利差，投资者可以关注。

图6-5是乐视网的2014年6月至2015年1月的K线走势，在图中我们可以看到走势中的消耗性缺口及其被回补的情况，也可以看出该缺口多发生在恐慌性抛售中和上涨的末端。这类缺口往往会成为短期抢反弹投资者的目标位。需要注意的是，抢反弹是短线行为，不要未抢到反弹而被深套。

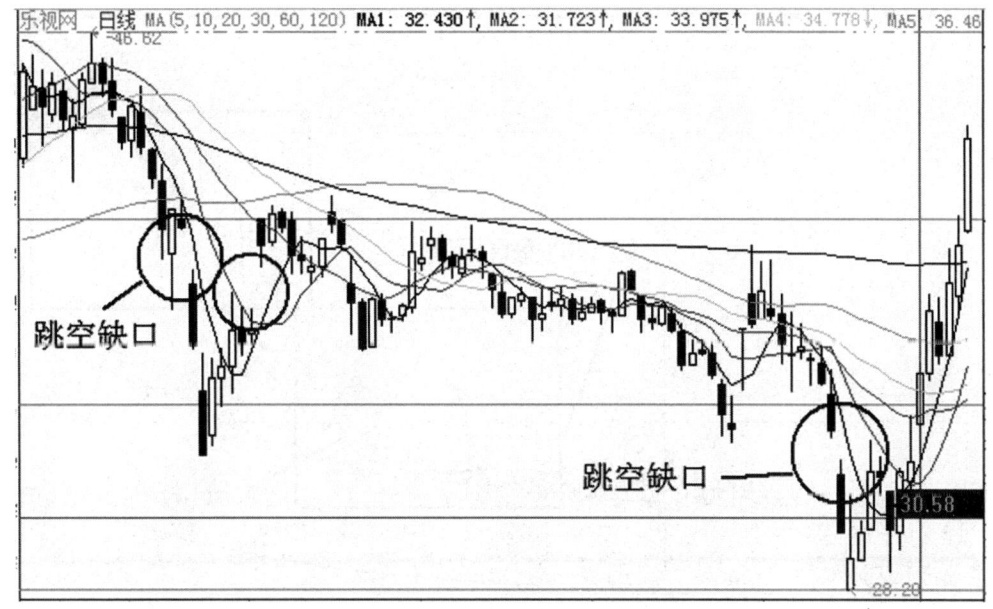

图6-5 消耗性缺口

二、持续性缺口的买点

持续性缺口：是在上升或下跌途中出现的缺口。这种缺口不会和突破缺口混淆。任何离开形态或密集交易区域后的急速上升或下跌，所出现的缺口大多是持续性缺口。这种缺口可帮助我们估计未来后市的波幅。其量度的方法是从整理形态最低点开始，到持续性缺口始点的垂直距离，就是未来股价将会达到的幅度。

持续性缺口能大约地预测股价未来可能移动的距离，所以又称为量度缺口。持续性缺口发生在突破缺口以上，度量性的高度体现在：突破平台的最低点到缺口下沿的垂直距离，即以后打开的上升空间。

在图6-6中，我们标出了持续性缺口的出现位置及其度量性的空间。图中的两个矩形的垂直空间高度相等。如果我们明白此理论的存在，此时买入也可在短期内获得理想收入。

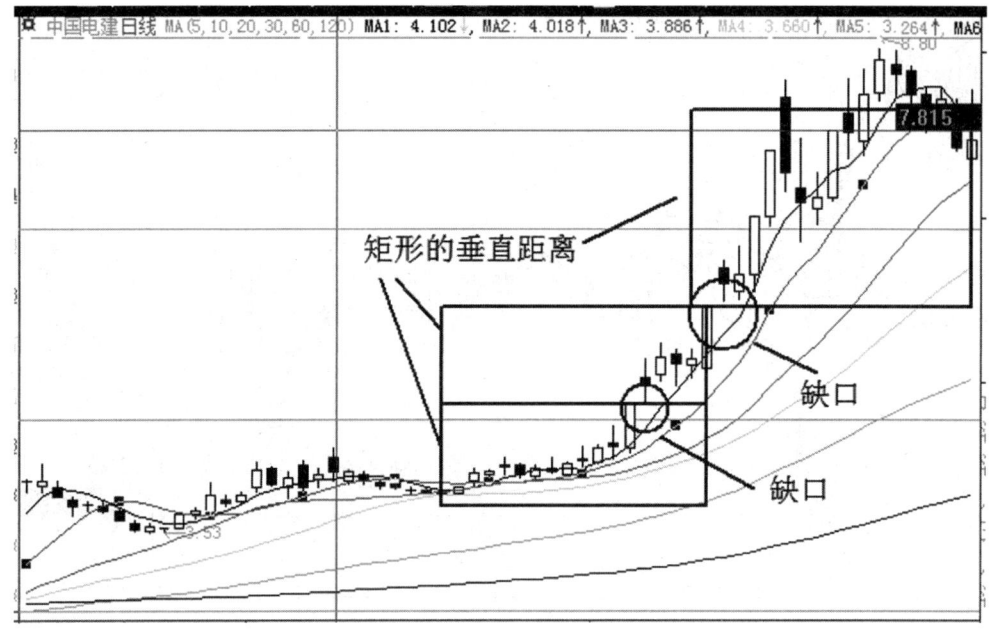

图6-6 持续性缺口的买点

三、突破缺口的买点

突破缺口：是在反转或整理形态完成后突破压制时产生的缺口。当股价以一个很大的缺口跳空远离形态时，这表示真正的突破已经形成了。突破缺口愈大，表明辨认突破讯号的真伪性越强。如果股价突破支持线或阻力线后形成一个突破缺口，表示股价示未来的变动强烈。

突破缺口在股票的运行中也是一种强烈的支撑信号，同样在股价的回调中也会成为股价寻求支撑的目标位。我们看一个之前发生的例子（如图6-7所示），希望可以对我们理解当前的大盘有帮助。

相信大家对这幅K线走势就非常熟悉了，图6-7是大盘2009年1月至2010年9月的K线走势，我们要讲的支撑就发生在这个波段中。为了让大家更清楚地看出，我们对图6-7进行了放大，其中，图1放大为图6-8，图2放大为图6-9，请看详图。

第六章 拉升前的买点

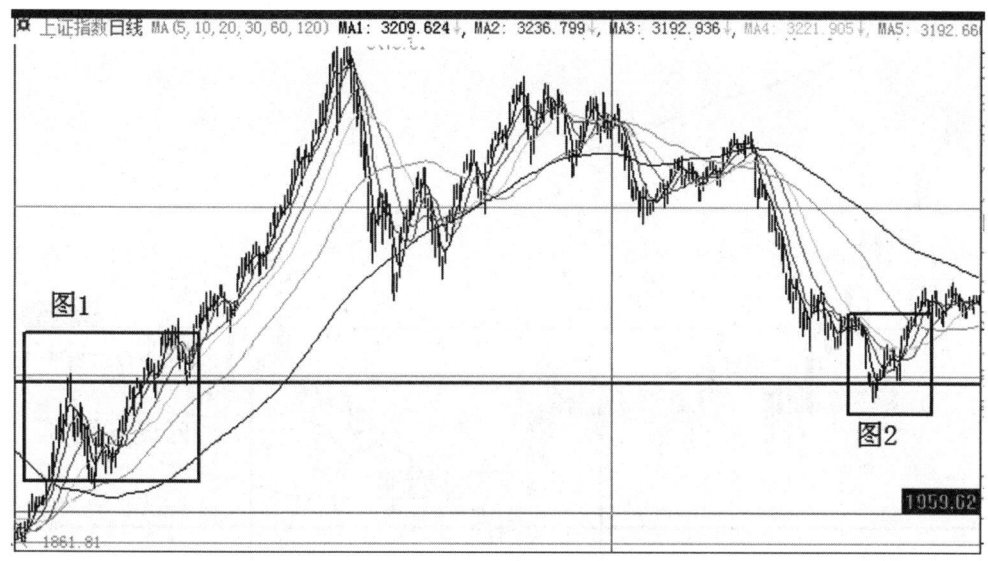

图6-7 大盘K线走势

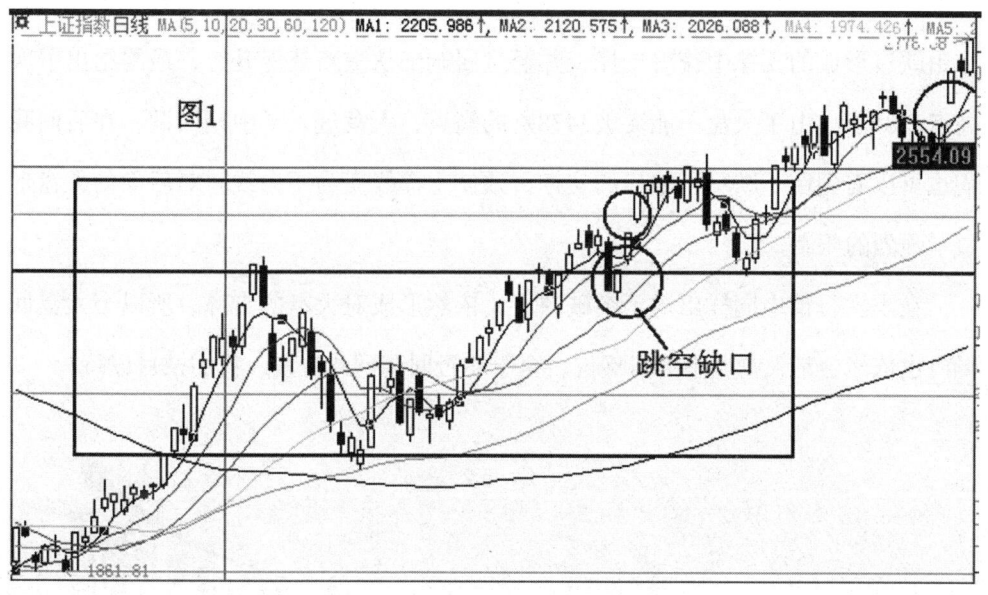

图6-8 大盘K线走势（放大图）

从图6-8中，我们可以看到大盘以连续跳空高开的方式突破前期高点，并在后期的回调中形成支撑，同时回调也对缺口形成回补。

图6-9在大盘冲高到高点3478点时，又回落探底。经过连绵的跌势，大盘最终

图6-9　大盘K线走势（放大图）

在由缺口形成的支撑中获得支撑，并经过回调确认重新获得升势，最终给出了次高点3186点。由于大盘不能突破3478点的高点，大盘进入了中期回调。在后面我们也可以看到由于跌穿了缺口的支撑，致使支撑线变为压力线。对后面的大盘形成了强烈的压制。

在本次行情中同样出现了突破缺口，依然形成对大盘的支撑，所以当大盘回调时也依然会是大盘调整的目标位，至于能否回调到此位置，我们拭目以待！

第三节　天梯的买点

那有没有更好的"骑牛"之术,可以有效地回避洗盘,顺利地抓住牛股的主升段呢?我们来看下面的案例。

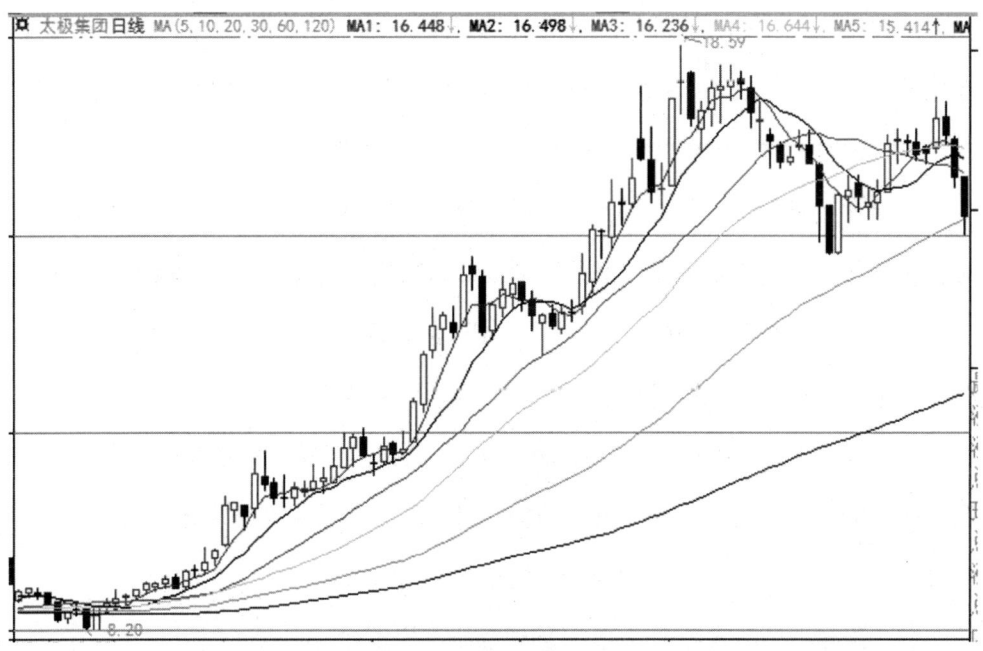

图6-10　天梯的买点

图6-10是太极集团2014年6月至12月的K线走势,短短数月间股价就从低点时的8.2元走到最高点时的18.59元,股价翻了一倍多。那么在这幅图中,大家发现什么奥秘没有?对的,那就是均线系统的运行如同上山的一条蜿蜒"天路",稳稳上升;也如同一条"天梯",一直把股价送上云端。

而当均线交叉、形成死叉时,股价就会出现一点波折,而当均线系统出现20日尤其是30日死叉时,"天梯"结束,也是上升段结束之时,我们应当顺利地跳下牛背。

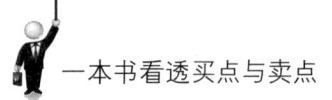

"天梯"可以顺利抓住大多数牛股的主升段,成功地避开庄家残酷的洗盘。

一、预测短期走势应以5日、10日移动平均线的研判为主

5日移动平均线是股价短线运行的保护线,跌破它则是短线操作的警戒信号!10日移动平均线是短线波段的生命线,跌破它,"生命"将不保!在强势市场或强势股中,股价(指数)下跌一般不会跌破5日均线,更不会跌破10日均线,若跌破5日均线,尤其是跌破10日均线,要当心市道转弱;在弱势市场或弱势股中,股价(指数)反弹一般不会冲破5日均线,更不会冲破10日均线,若冲破5日均线,尤其是10日均线,有可能转强。投资者需要注意的是,这里所谓的涨跌都要以跌幅超过3%且连续3天以上为准。突破的有效性问题在以后的章节也会谈到。

二、预测中期走势应以30日、60日移动平均线的研判为主

20日移动平均线是股价中线运行的保护线,跌破它则是中线操作的警戒信号!30日移动平均线是中线波段的生命线,跌破它,"生命"将不保!30日均线一直是衡量市场中期强弱的重要标志。在股价(指数)下跌时,30日均线被有效跌穿,中期趋势看淡;在股指上升时,30日均线有效突破,中期趋势看好。60日均线对中短期股价走势有明显的助涨及助跌作用,当60日均线走强或股价(指数)站在60日均线之上,则上升的趋势一目了然。中线买家在决定何时买进、何时卖出时,切勿忘了30日均线、60日均线的指导作用。

三、预测中长期走势应以120日均线的研判为主

120日均线在股价(指数)变动中具有特殊的意义,股价(指数)走势明显受到120日均线的支撑或阻击。120日均线在中国股市中应属半年线,因而在研究沪深股市中长期走势方面有着相当高的准确性。当120日均线被有效跌穿,中长期趋势看淡时,中长线买家应该清仓离场。当120日均线被有效向上冲破,中长期趋势看好时,中长线买家应该追加买进。

四、要根据市场需要和个股特性,适时修正、设计均线时间参数

例如,针对一些庄家做多时常常利用击穿30日均线骗取筹码的特点,投资者在依据均线操作时,可将30日均线往后延伸,如33日、35日均线等。又如,对一

些股性特别活跃的个股,觉得用5日、10日、20日,或5日、10日、30日这两种短期均线组合仍较难把握其走势时,也可自行设计一种更为合适的短期或者中长期均线组合。

移动平均线的优点很多,但也有明显的不足之处。如对突发性行情不能够即时反应,存在着滞后效应;均线中常常会出现一些骗线等。要克服移动平均线这些缺点,就要把移动平均线分析方法同其他技术分析方法共同使用相互印证。

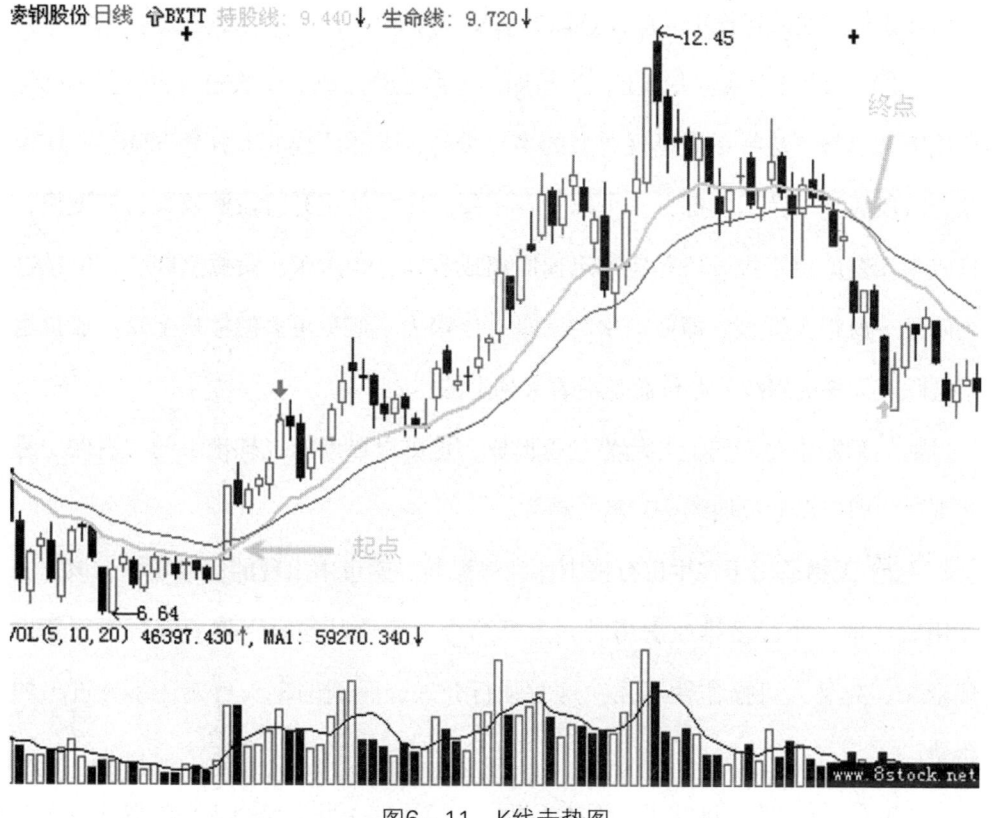

图6-11　K线走势图

图6-11是凌钢股份的K线走势。在图中"起点"位置,该股长阳涨停,拉出巨阳线,成交量大幅放大。次日,持股线向上突破生命线,形成图中的"起点",天梯打开,此时持股线和生命线已经拐头向上。随后该股一路向上,上涨途中的数次中阴、长阴洗盘曾跌破持股线与生命线,但天梯未断,可一路持有。9月18日,形成阶段高点12.45元,这天收出长阴线,K线形态上为"乌云盖顶",

成交量收出天量，熟悉庄家操作的朋友应该可以立刻嗅出庄家出货味道，迅速离场。如果无法判断庄家形态，依据天梯的死叉也同样可以及时逃出，如图中的"终点"位置，持股线下行跌破生命线，卖点发出。

在短线操作中，可使用7日线与持股线作为天梯的参照均线。即，7日线与持股线拐头向上，7日线向上突破持股线，形成黄金交叉，该点为天梯的起点；股价向上拉升，直至某一7日天线向下跌破持股线形成死叉，形成天梯的终点。

在天梯的实战操作中，应注意以下事项：

（1）两线均已经拐头向上，中短期的上升趋势已成。庄股进入主升段都已经形成上升趋势，均线系统呈现典型的多头排列，天梯两线的上升角度陡峭。庄家建仓阶段属于"鱼头"部分，可以舍弃不要。庄股的主升阶段涨幅大，速度快，且较为安全。由于主升段是庄家迅速脱离成本区，为未来出货腾空间，庄家在这个阶段一般很少洗盘。即使途中的洗盘，庄家为了避免更多的散户上轿，股价也不会跌破天梯的双线，股价总是沿着天梯上涨。

如何判断中短期的上升趋势是否形成，也可以借助八线理论中的"右侧交易法则"，即依助七根均线一起确立趋势。

（2）天梯适用于在牛市行情中抓强势黑马。熊市中出现的信号较少，该方法无用武之地。个股横排或震荡时，上升趋势未形成，这时天梯的双线会频繁出现金叉、死叉，可操作性不强，这时强行介入，赚到的零头可能还不够进出的路费。

（3）天梯持股关键在于"天梯不断"。"天梯不断"是指天梯的双线金叉之后，可一路持股，直到双线死叉。即，持股线向下跌破生命线（或短线操作中7日线跌破持股线），这个时候才是天梯断开，应该及时卖出。这点与八线操盘系统中的"线上持股、线下持币"是不同，"天梯不断"中股价也可以跌破持股线和生命线。

（4）注意卖点。如果双线的死叉发出，即，持股线向下跌破生命线（或者是短线操作中7日线跌破持股线），这个时候天梯断开，无论是否获利还是亏损，都

应该及时出逃。另外，从上文举出的例子可以看出，使用天梯断开的卖出方式，并不能卖在最高位，而是在最高点出现之后，延迟了一段时间，一般只能卖在次高点。这并不符合八线理论中的"不吃鱼尾"的理念，可结合跟庄理论中的庄家出货特征卖出，效果更佳。

武侠小说中的比武，武林高手都讲究欲发先收，以静制动，后发制人。以静制动在孙子兵法中意思是说，以自己的严整等待敌人的混乱，以自己的镇静等待敌人的轻躁，这是掌握军心的方法。以静待哗、按兵不动是历代兵家惯用的谋略，在股市中，投资者在对待长线牛股的洗盘，以静制动，也能将庄家杀气化为无形。

在这个激烈搏杀的市场中，庄家和散户永远是对立的双方。股票的差价就是庄家的盈利来源，这种差价绝不是天上掉下来的馅饼，往往就是散户手中的钞票。散户在市场中要生存，就必须要面对庄家，作为一个散户，在分析、研究、资讯、资金上都不是庄家的对手，但庄家哪怕穿有铁布衫，一样有不为人知的死穴，庄家最怕什么呢？庄家最怕你不看他！

对于庄家来说，散户不看他，其一切表演都是徒劳的，这就是庄家的死穴。散户之所以斗不过庄家，是因为庄家深知散户的贪婪与恐惧，庄家的阴谋通过操盘手传递给散户。庄家可以让盘口别有洞天风起云涌，可以让K线图青面獠牙，只要你睁开眼睛看，你就会患得患失，你就会神魂颠倒，你就会惶惶不可终日。在股市这个大舞台上，庄家就是卖座的大明星，而散户则是忠实的观众，庄家在台上没天没日地尽情表演。但在没有观众的时候，也就预示着庄家生命的终结。

在庄家坐庄的过程中，庄家可以翻天倒海、花样百出，几乎所有的技术指标、分析工具都可能用来骗线，都可以成为庄家表演的道具。但庄家唯一不可隐藏的便是趋势。庄家无论怎样洗盘、震仓，最后都要将股价拉上去。长牛线表示的是股价的中长期趋势，一旦长牛线走平而转头向上，表明该股前期的调整趋势已经改变，正逐步演变为上行的趋势。

第七章

出货操作手法及卖点

前面我们给大家总结了一些出货的特征,本章我们将为大家剥离表象的特征,让庄家出货的操作手法呈现在大家眼前。让大家明白庄家是如何通过上述方式出货的。

由于庄家及庄股自身因素及其所处的外部环境等众多方面存在着差异,因此,不同的庄家所采用的出货方式也各不相同。庄家出货简单来说也就是一个"高卖"的过程,即庄家在高价时,不动声色地卖出股票。

需要注意的是,庄家的出货手法并非都是单一的,可能多种手段和模式相互结合。例如,利用真假莫辨的利好消息出货时,有可能会使用拉高出货的操盘手法;而使用高位横盘出货时,又有可能借助上市公司的业绩公告造势。我们需要根据市场形势综合判断。

庄股到了出货阶段,从中长线来看,毫无疑问,散户都应该卖出。本章涉及的"买点"只是一些小短线,实战性不一定强,请注意取舍。

第七章 出货操作手法及卖点

第一节 高位横盘出货中的卖点

所谓高位横盘出货，就是庄家将股价拉升至目标价位，然后在高位做平台整理，作出仍有进一步上涨的迹象，却暗中出掉手中筹码。

庄家在低位买入后连续拉升，高位搭建平台横盘卖出的形态则比较稳健，庄家往往能够把利润锁定在最高点。而当庄家基本完成卖出动作后，股价往往会出现阶段性的大跌。而高位接盘的散户则被长期套牢。而从长期而言，该高位平台往往是长期大顶。

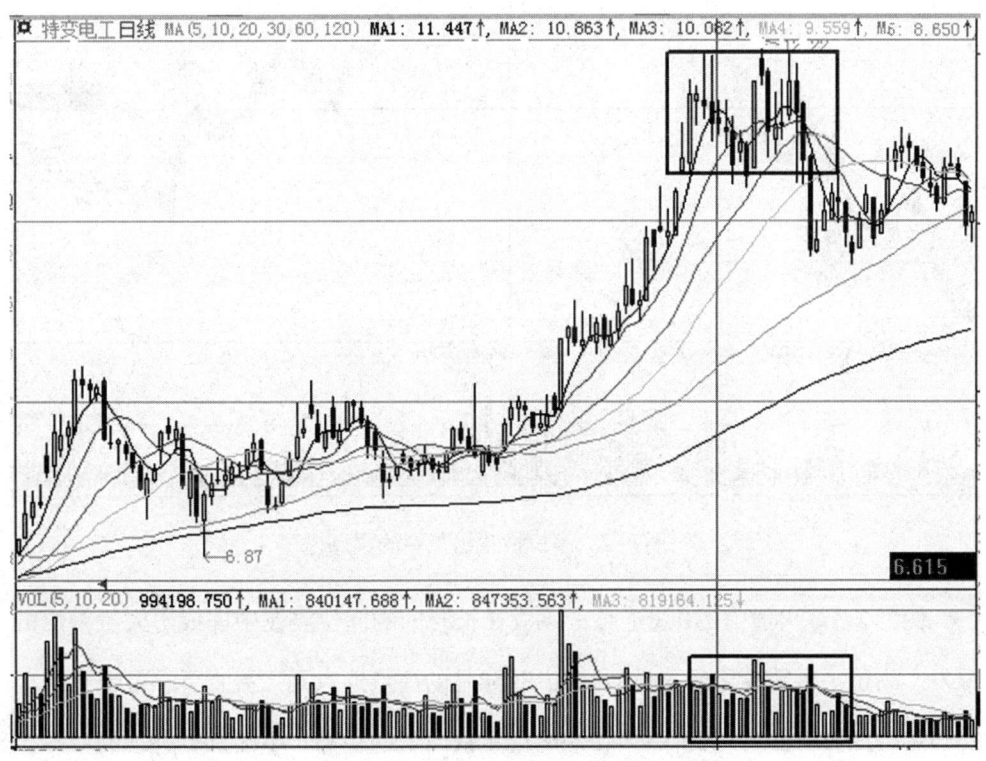

图7-1 高位横盘出货中的卖点（一）

图7-1是特变电工2013年8月至12月的K线走势。大家在看图。

在图中我们可以看到，K线形态的长上影（即避雷针）和断头式的大阴线并有效跌破破均线支撑，这些都是明显的离场信号。同时，我们也可以看到一个缺口的存在，用我们前面讲的缺口理论，缺口的支撑同样被有效跌破。此外，从换手率来看，该股的换手率已高达44%，说明主力资金在出逃。后期的反弹不能突破前高，顶部确定形成。这些都可以成为卖出时的参考点位。

在股价确定向下时，我个人觉得卖出是第一位的，而卖出的点位要排在第二位。大家可以从我们后面要讲的打压式出货中可以感受到。独木桥难支！

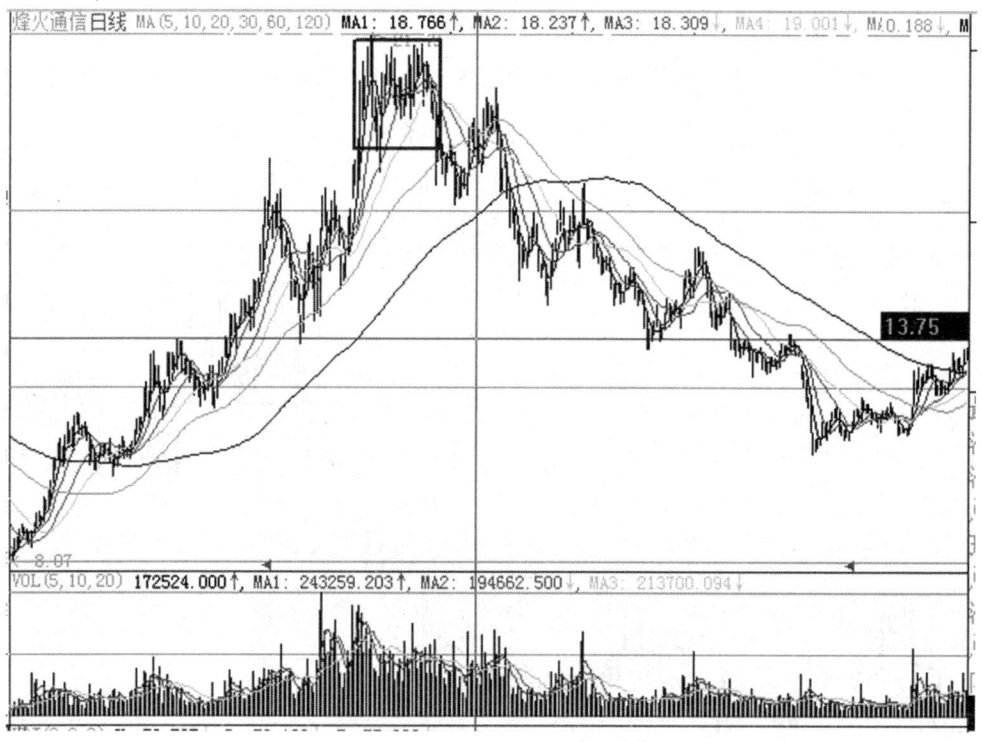

图7-2　高位横盘出货中的卖点

图7-2是烽火通信的K线走势，该股在长时间的高位震荡中完成了大量筹码的派发。高位平台震荡之后，该股从2013年8月的高点近21元飞流直下，最低点跌至2014年4月的10元多，折价一半，才出现止跌向上的趋势。不能及时逃顶的散户，可以想象在这段时间的煎熬。

庄家在高位横盘出货，对散户具有致命的杀伤力。投资者可以根据以下几点

特征，来识别庄家高位横盘出货的行为：

（1）庄家已经有可观的盈利。

（2）高位放量横盘。

（3）筹码分布高位密集。

当出现在上述特征时，散户就要当心，及时离场。

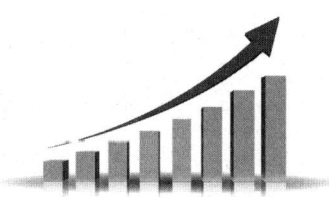

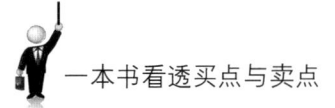

第二节 拉高出货中的卖点

拉高出货是庄家在利用人性的弱点针对投资者盲目追高的心理玩出的骗术，令许多中小投资者防不胜防，深受其害。出货时，庄家主要利用个股利好传闻吸引买家，在上档每隔几个价位放上几笔大的卖单，然后趁人气鼎盛时，率先快速小批量买进，以此来刺激多头人气和买气，引诱跟风盘去抢上档的卖单。在股价快速上涨的过程中，庄家不知不觉地将筹码转换到中小投资者手中。

拉高出货在短线上经常出现。当某只股票处于连续上升趋势、连续受到市场关注，且短线买入情绪高涨的时候，早已提前埋伏的庄家往往会借助市场短线追高情绪浓厚、买盘（一般是散户买盘）比较多的时候进行派发，获利之后全身而退。

拉高出货方式适用于：短线操作场合；中小盘股，出货量不太大；行情火爆之时，杀低者少，追高者众多。

图7-3是大湖股份2013年10月的K线走势，庄家在经过数日推高股价，然后采用"一字板"手法，连拉涨停出货，日K线出现长上下影线，大盘高位震荡，成交量明显放大，庄家通过数日派发，成功完成拉高出货目的。这种出货形成单日反转，将追高者高位套牢，且无解套机会。庄家持筹不多，可在数日内派发。

对散户朋友们来说可靠的卖出的机会有三个：其一，当日的高位震荡，量能急剧放大，庄家出货明显。这也是我们要讲温和放量的原因。其二，第二天的阴线是一个很准确的信号，股价上攻无力，虽说不是一个最高的卖出点，也算是顶部区域。之后的阳线不能创出新高不具有任何意义。其三，出现一根避雷针，离场信号明确。随之就是一个跳空断头阴线，破坏趋势明显，并对后期反弹形成压制。

第七章　出货操作手法及卖点

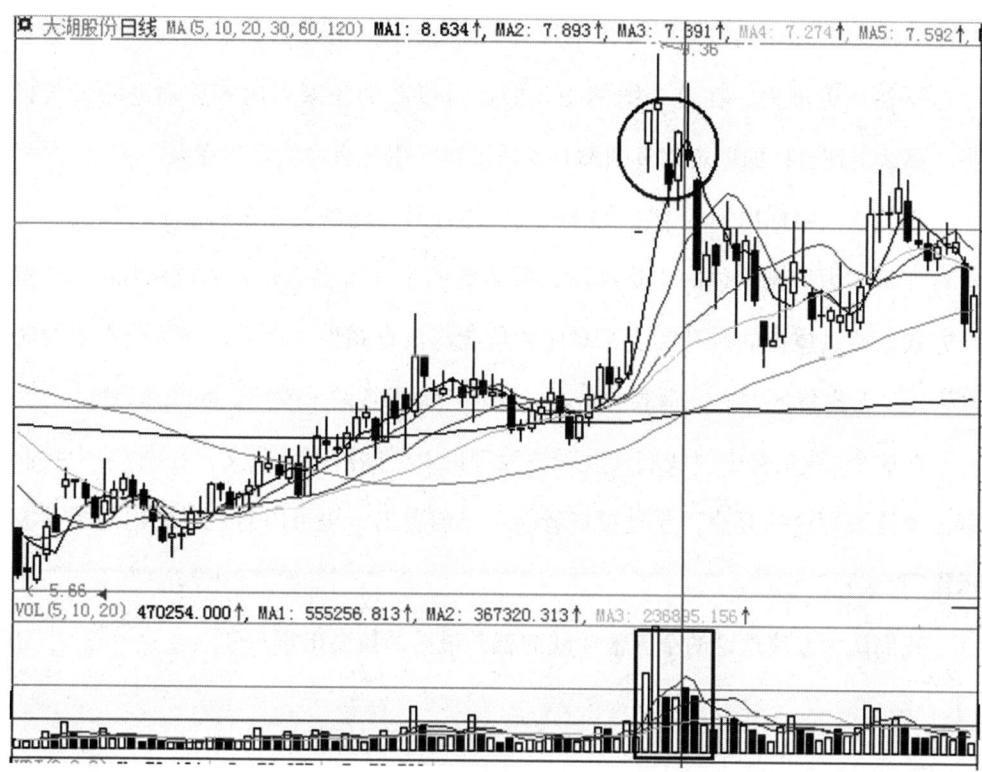

图7-3　拉高出货中的卖点（一）

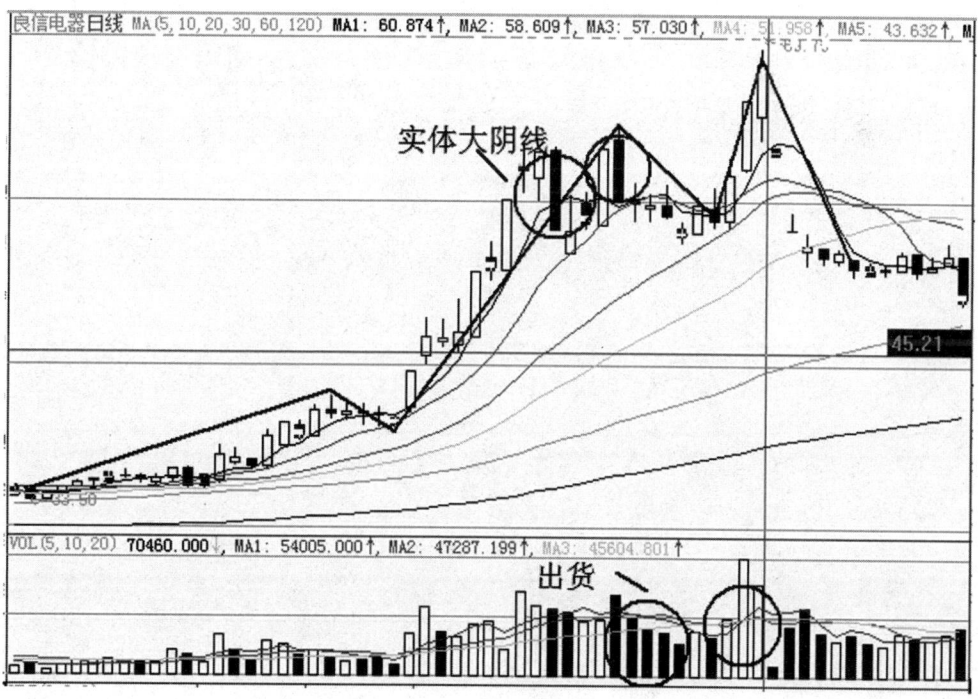

图7-4　拉高出货中的卖点（二）

图7-4是良信电器2014年8月至12月的K线走势。相信大家看到前期的走势都会忍不住地追进去，在这个图例中我们也可以看到庄家利用多头陷进的骗线行为。那么出现这样的形态就真的没有办法了吗？生死有命？富贵在天？

我们在图中标出了两个大大的阴线实体，对盘面认真分析的朋友可以已经看出，那是主力抑制不住的出货冲动，随后的阴十字星也不过是通过K线的一种骗线方式，通过尾盘的拉升实现，对应的量能却没有减少，最后，在筹码不多的时候采用拉升出货的方式，骗取追高者买入。随即连赏两个跌停，凶残而恐怖。

在这个K线走势中，我们又发现波浪理论对空间的指示意义，在图7-4中我们画出了波浪理论的五浪，要是投资者能在早前看出，也可以对自己的追高起到警示作用。

我们认为波浪理论的第五浪反映的就是最后的拉高出货。

第三节 震荡式出货中的卖点

震荡式出货是一种很自然的出货手法。庄家的持仓成本比较高,不可能在短时间内凌厉杀出时,可以采用这种方法。采用这种出货方法,庄家需要有大盘和人气来配合。庄家完成收集,将股价推至一定高度后完成派发较为困难。于是,庄家便高抛低吸,或利用利好消息制造震荡行情,在大市走好之际庄家再推高并大举派发。在高价区反复制造震荡,让散户误以为庄家只是在整理而已,而庄家则在震荡中慢慢分批出货。这种出货方式所需时间较长,常用于大盘股或重要指标股的出货操作。

这种震荡式派发手法在K线组合上通常体现为较有规则的图形如大三角形、双重顶、三重顶与头肩顶等。这种出货方法:一是隐蔽性强;二是市场气氛乐观;三是没有大利空消息袭击。这种出货方法对庄家来讲,优点是有充裕时间在高位派发,从而获利会丰厚。

图7-5是通化金马的K线走势。该股在出货时,采用的就是震荡出货的方式,股价在顶部阶段,多次反弹震荡,庄家在此过程中不断抛售手中的筹码。散户看见股价不断地反弹,会误以为庄家只是在洗盘而已,因此就会有不少投资者主动去接庄家抛出来的筹码。就在散户接收庄家筹码时,双头的反转形态早已形成。

那么在这样的震荡式出货行情下,有好的卖点吗?

在图7-5中,我们标出了3个卖点和2个买点。现在我们来解释这些买点和卖点。

卖点1:从K线形态来看,阴包阳,空方炮,离场信号明显。

卖点2:从K线形态来看,一阴传三线,我们谓之死亡穿越,并对后面形成压

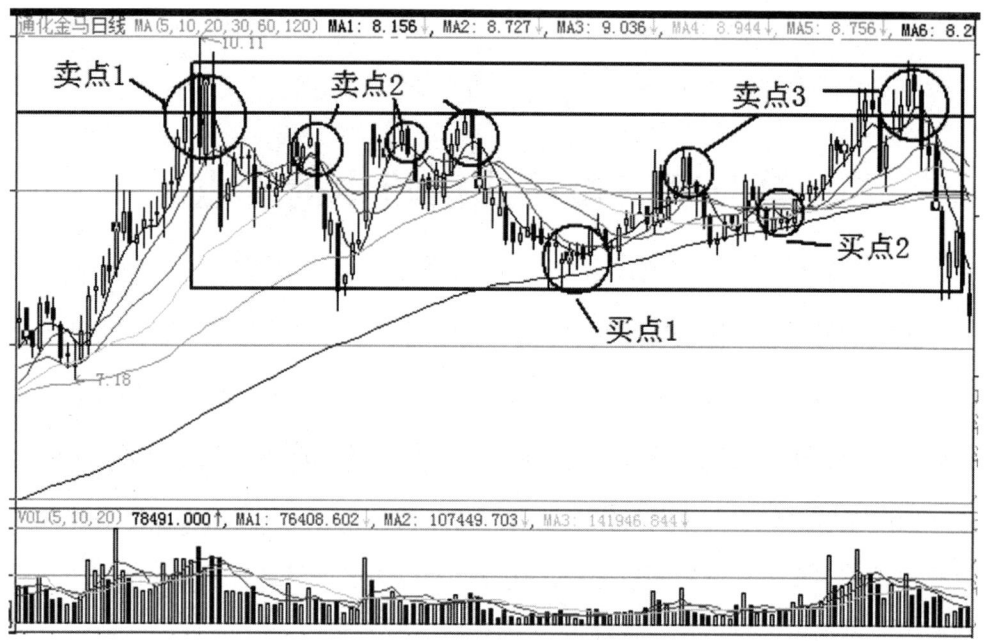

图7-5 震荡式出货中的卖点

制,在图7-5中,我们也绘制了压力线,因后方不能有效突破,视为卖点。

卖点3:从K线形态来看,大阴及阴包阳随即破线,视为卖点。

从均线来看,均线由多头发散、慢慢粘合并出现死叉,此时离场观望为宜。

图中的买点基于年线支撑可作为短线买卖点位,应当控制仓位。当双头出现,并破位时应该果断离场。

在庄家震荡中出货中,K线会出现熊长牛短的形态和阴多阳少的特征。当出现此种特征也应当注意庄家出货。波浪理论在牛市中对判断庄家是否出货同样有很高的指导意义。

第四节 打压式出货中的卖点

打压式出货多发生在庄家出货末期或因大市、个股基本面发生重大利空、本身违规等原因而在高台大举派发，股价终因庄家打压过重而大跳水。庄家采用这种方式来出货，则希望可以达到快人一步的出货效果。

庄家采用这种打压方式出货时，根本不用出来护盘，所以股价一旦下跌的话，其速度也是比较快的。有时候庄家甚至是不顾一切地抛售筹码，使得股价一路狂跌。等散户们反应过来时，已经来不及采取行动了，因为股价已经跌下去了。

现在我们看一个因利空而发生的打压式出货、2014年的黑天鹅事件。

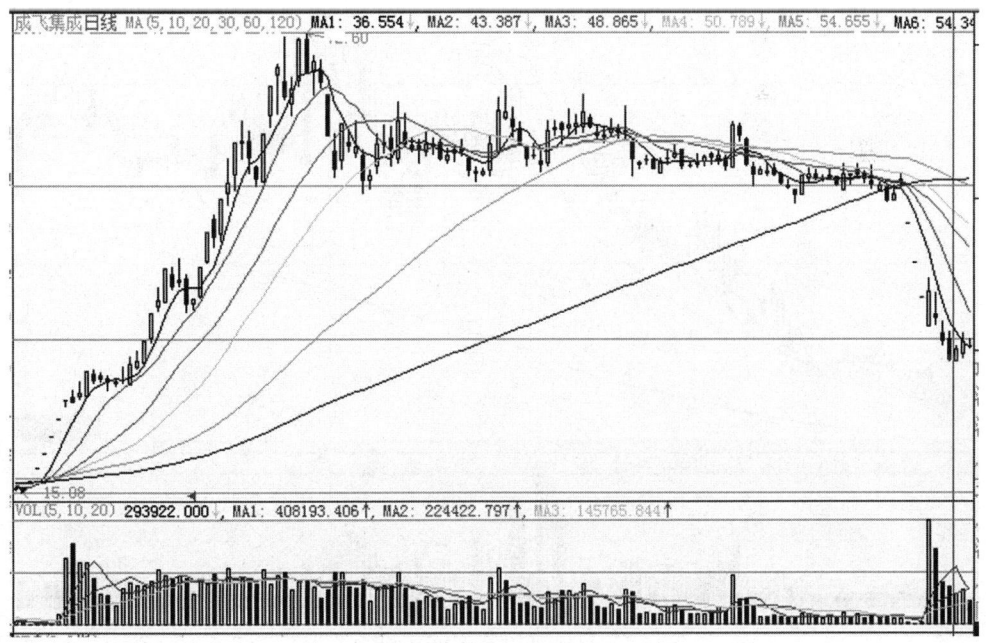

图7-6 打压式出货中的卖点（一）

图7-6是成飞集成的K线走势。2014年12月25日，成飞集成复牌，因终止重组

的重大利空复牌,当日股价就以"一字板"的方式跌停,随后2个交易日连续跌停。无数融资融券的客户面临爆仓,再无人去羡慕ST重组后的连续涨停。这一幕给我们深深的警示:股市有风险,投资需谨慎。在无数涨停的下面就是无数个跌停。刀尖上的舞蹈,真要考验所有投资者的舞步了。

在这个图例中我们没有买点与卖点给大家,不过我们还是想说两点:

(1)股价在停牌和复牌的时候考验的是年线的支撑。既是考验支撑,就存在支撑有效和跌穿支撑的分别。此间向下跌破支撑。我们还想问读者一下,没有这个利空股价依然向下的可能有多大?

(2)对于跌停后的放量,我们认为量来源于买和卖,是出逃不计成本的抛筹同时也是有接收筹码的行为。散户做不到放量。这就是我们可以给读者的。

现在我们看另一个打压式出货的例子。图7-7是无银机电的K线走势。

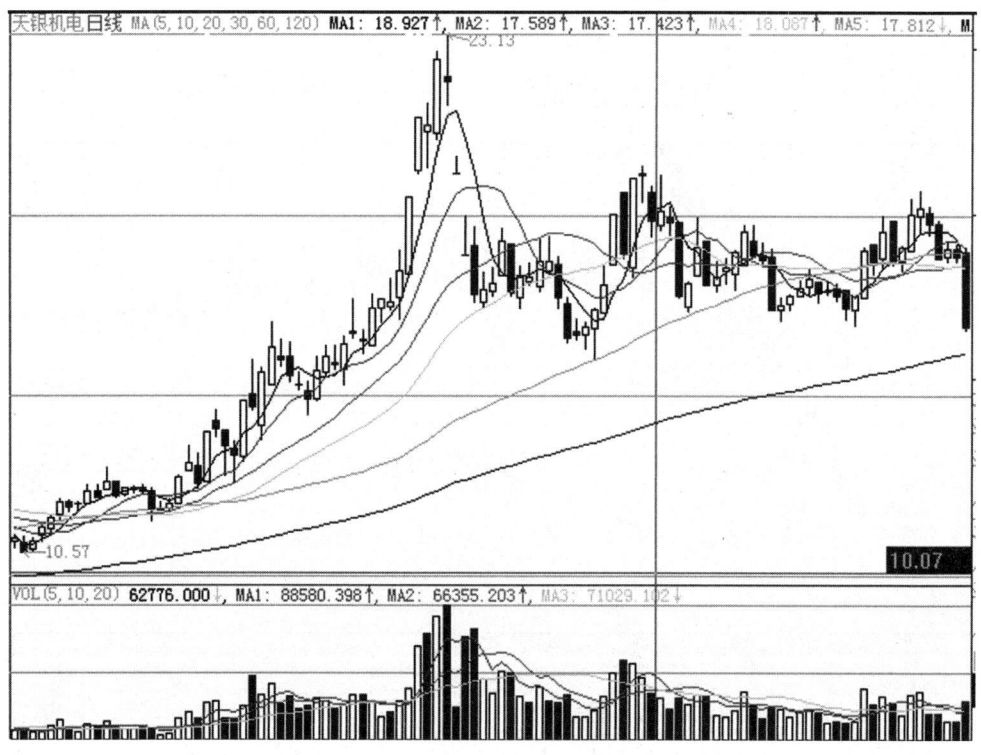

图7-7 打压式出货中的卖点(二)

我想大家从这两个例子中都能看出打压式出货的凶狠,对散户的杀伤力有多大。在短短的时间内就可以吞噬掉散户所有的利润。还要把散户留在山顶吹冷风。在这里大家也可以回味一下：在K线形态中"一阴穿三线"为什么会被称为"死亡穿越"了。在图7-7中，带有长上下影的阴十字，联系前期的涨幅可以看做见顶信号。

在此我们给大家截取了同是天银机电K线走势的不同区段，如图7-8所示。

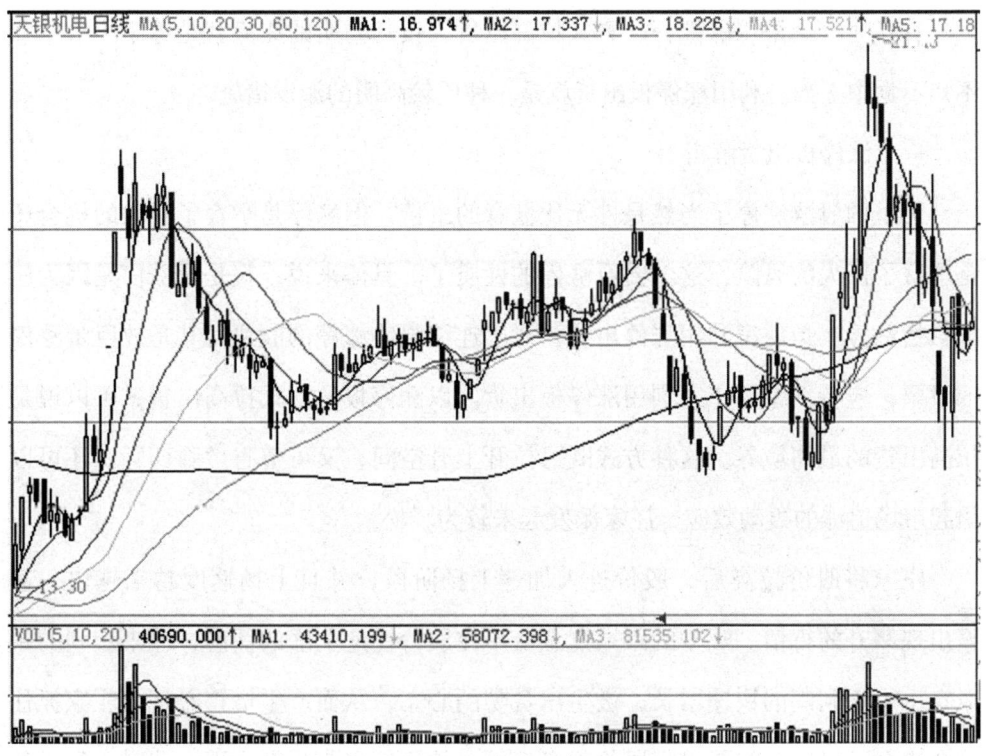

图7-8　打压式出货中的卖点（三）

相信大家通过图7-7和图7-8的对比，可以发现其中的同与不同，希望可以对以后大家买入股票或操作股票时有借鉴意义。两幅图中表现的惊人相似之处正是股票"股性"的体现。也是庄家具体操作手法的体现。希望读者可以好好体会。股市里有句老话：历史会重演！

第五节　涨停板出货中的卖点

有时庄家会采用涨停板的方式拉高出货，技巧高明的庄家就是让中小散户在不知不觉中上当。利用涨停板出货就是一种比较高明的派发措施。

一、涨停板出货解析

手里的股票涨停了当然是件无比惬意的事情，但涨停是孕育了巨大的机会还是埋藏了巨大的风险，这就要看涨停的性质了。具体来说，就是看涨停是因为庄家扫货涨停还是庄家利用涨停出货？对于连续强势涨停的股票尤其是放巨量涨停的股票，应特别警惕庄家利用涨停板出货。以涨停板的方式拉高出货，可以说是拉高出货的最高境界。这种方式既可拉开上升空间，又可节省"弹药"，还可以引起市场追涨的轰动效应，庄家派发起来较为轻松。

庄家将股价拉高后，股价进入加速上扬阶段，并且上扬速度越来越快，甚至出现飙升的行情。观望的跟风盘忍受不住股价快速上涨的诱惑，原来获利的跟风盘也由于利润的快速增长，滋生出贪婪的心态，从而产生惜售心理。庄家抓住这个机会，以巨量的买单将股价封至涨停，从而使多头买气高涨。此时，后进的跟风买单纷至沓来，股价已被牢牢地封在涨停位置。国内股市采取时间优先和价格优先的成交原则。在涨停价格挂单，买单价格是一致的，无法确定成交优先顺序，但在挂单时间上却有先后之别。时间上处在前列的，是庄家的巨量买单，排在后面的是中小散户的跟风盘。在这种情况下，庄家悄悄撤出挂在前面的买单，然后再将这些买单挂在跟风盘的后面。从盘面上来看，涨停板上的巨量买单数量并无变化，甚至还有增多。然后庄家往外推出大量小批量卖单，逐步将手中的筹码让渡给排列在前面的挂买单散户投资者。

二、涨停板出货手法

庄家采用涨停出货的方法是一种"明修栈道、暗度陈仓"的手法，既能让手中的筹码卖出一个好价钱，又不会引起一般投资者的警觉，可谓是一箭双雕。

庄家利用涨停板出货有以下两种做法：

（1）在涨停板上不用大买单接盘，以免吃得更多，而是用对倒，分批买进上方自己的大抛盘，引诱投资者追涨，并不时地对准下方的承接盘抛售。涨停板不时被打开，说明庄家出货意图强烈。

（2）庄家不断将自己的涨停板上的买单撤回往后排队，表面上，涨停板上仍有巨额买单，成交量也很大；实际上，是庄家对着别人的买盘抛售。出现的时候股价已高，大势冷暖无所谓，因为越冷，越能吸引全场注意。

简单地说，庄家用巨量把股价封到涨停板上，但途中反复打开，让散户的买单顶在涨停板价位上，庄家得以金蝉脱壳，溜之大吉。次日股价将冲高回落。

具体手法是，庄家将股价拉到涨停，以大笔买单吸引人跟进，然后在涨停价上封几十万股的买单，但买单封得不大。于是短线跟风盘蜂拥而来，你1000股，我1000股，累积出大量的跟风盘。然后庄家就把自己的买单逐步撤单，然后在涨停板上偷偷地出货。当下面买盘渐少时，主力又封上几十万股的买单，再次吸引最后的一批跟风盘追涨，然后又撤单，再次派发。

举例来说，挂在买一已有100万股，你想买1万股，则排在101万股上，此时成交总数比如也是100万股，那么到总成交量为101万股时，你的1万股就买进了，但如果那100万股挂的买单有假，主力撤掉80万股，那么总成交量在21万股时，你的1万股就买进了，可再根据接下来的走势判断第二天是否止损出货。

因此放巨量涨停，十之八九是出货。次日冲高趁大家追进时，庄家却悄然离场，将货倒给散户，手中的货全卖了高价。

图7-9是方正科技的K线走势。图中箭头位置列示出该股一开盘庄家便将股价封至涨停，然后引诱散户挂买单，庄家趁机撤买单挂卖单，把大批筹码都甩给了抢进者，K线图上可以看到涨停中途曾被打开过，成交量达3 000多万股，当日收

盘虽然又封至涨停,但第二日一开盘股价便跳空下跌。这就是庄家利用涨停板成功出货的例子。

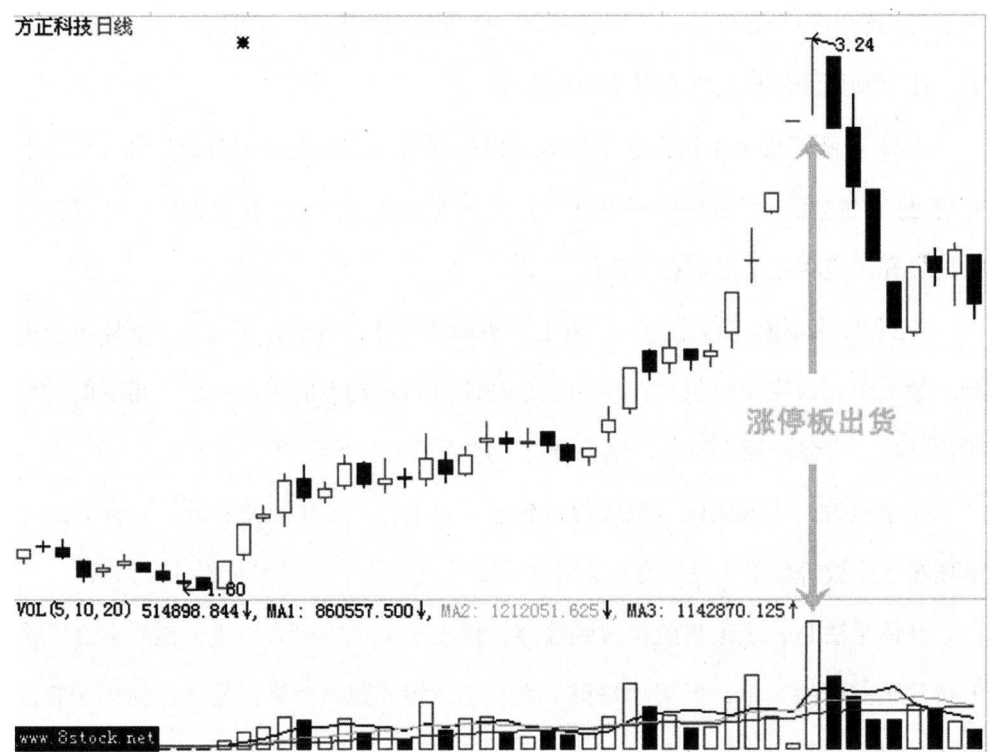

图7-9 涨停板出货中的卖点

第七章 出货操作手法及卖点

第六节 整数位关口出货中的卖点

一、整数位关口出货概述

庄家常利用散户的心理，在整数位价格关口前出货。从交易心理而言，整数位往往是一个心理关口。当股价连续上涨的时候，市场关注度一般极其高涨，例如从5元涨到10元的时候，市场看多心态已经形成，都以为它会再上一层，上涨到20元。而精明的庄家则在市场情绪极高的时候选择卖出，当他卖出之后，股价再也未能突破整数关口。

最典型的莫过于2007年的6000点大顶了，市场主力多次对6000点大关形成假突破，利用市场气氛高涨之时甩手卖出。

2007年的大牛股中国船舶用也是这种手法，如图7-10所示，当股价从15元一路上涨到298元的时候，仍然有部分券商研究员看涨到400元，600元。而事实呢，在股价逼近300元的时候不断有基金卖出，300元成为了该股难以逾越的鬼门关。

二、整数位关口出货解析

喜欢足球的球迷都知道，足球中场争夺很重要，进攻者一旦快速突破中场进入前场，则形成强大的进攻威力，对方的球门可能就岌岌可危。如果守方能镇守中场不失，而且迅速反守为攻，则很可能打个反击，攻破对方城池。股市也一样，凡是遇到2000、3000、6000点等整数关口时，都是多空双方争夺激烈的地带。多方如果攻克中场整数点位，可能就会攻击下一个整数点位；反之，如果空头打压股市，多头无力防御中场整数关口，则股指就会到下一个中场整数关口寻求支撑。庄家就是利用市场的这个常态反向操作。

图7-11所示的是2009年整数位关口出货的经典例子。招商银行在经过6~7月的大涨之后，股价已经从9元上涨到19元的高位。而基金则开始卖出，资金连续流

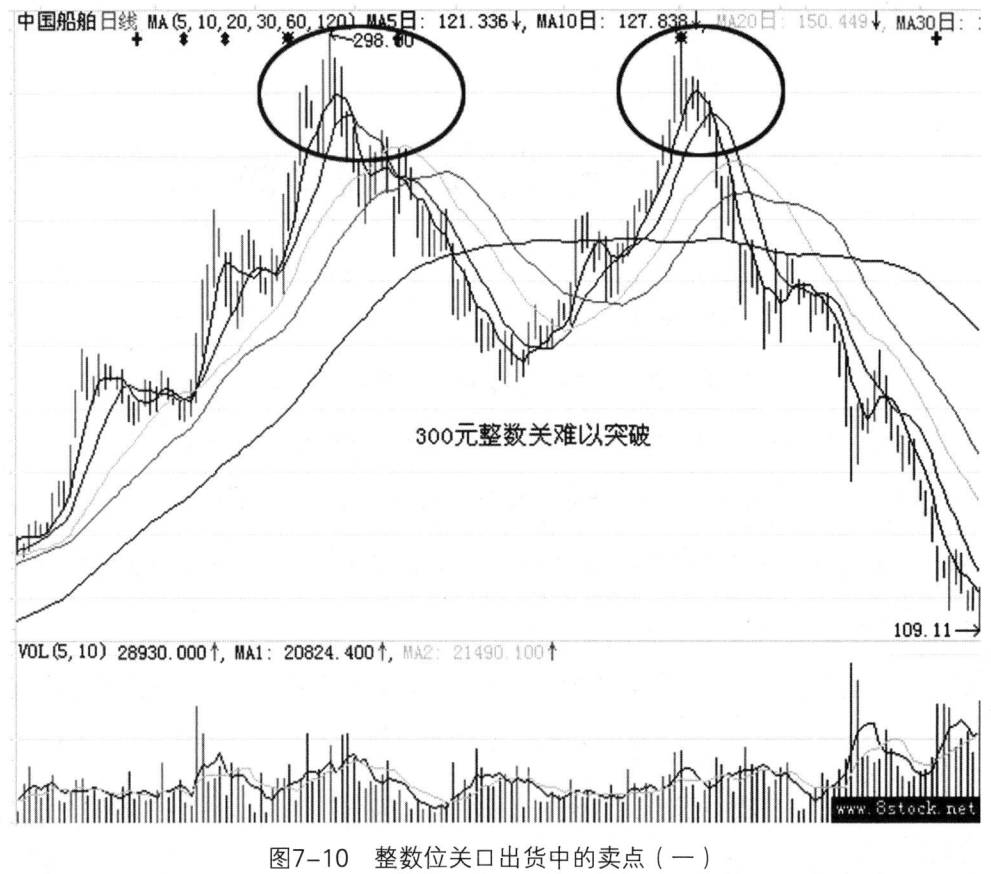

图7-10 整数位关口出货中的卖点（一）

出、DDX连续出现大绿柱，显示基金等主力已经没有了突破20元的意愿，反而选择在股价阶段涨幅最大、市场关注度最高的时候卖出筹码。7月27日，最高价定在19.92元，离20元大关仅差8分钱。

接下来是在股价从19.92元快速下跌到13.63元的时候，出现了一波快速反弹。但上涨到20元下方的时候同样遇到了主力资金做空，最高价锁定在了19.38元上。

从这些心理关口出货的例子上看，我们应该明白，当股价涨幅巨大的时候我们应该保持理性，获利后择机卖出往往才使上策。

第七章 出货操作手法及卖点

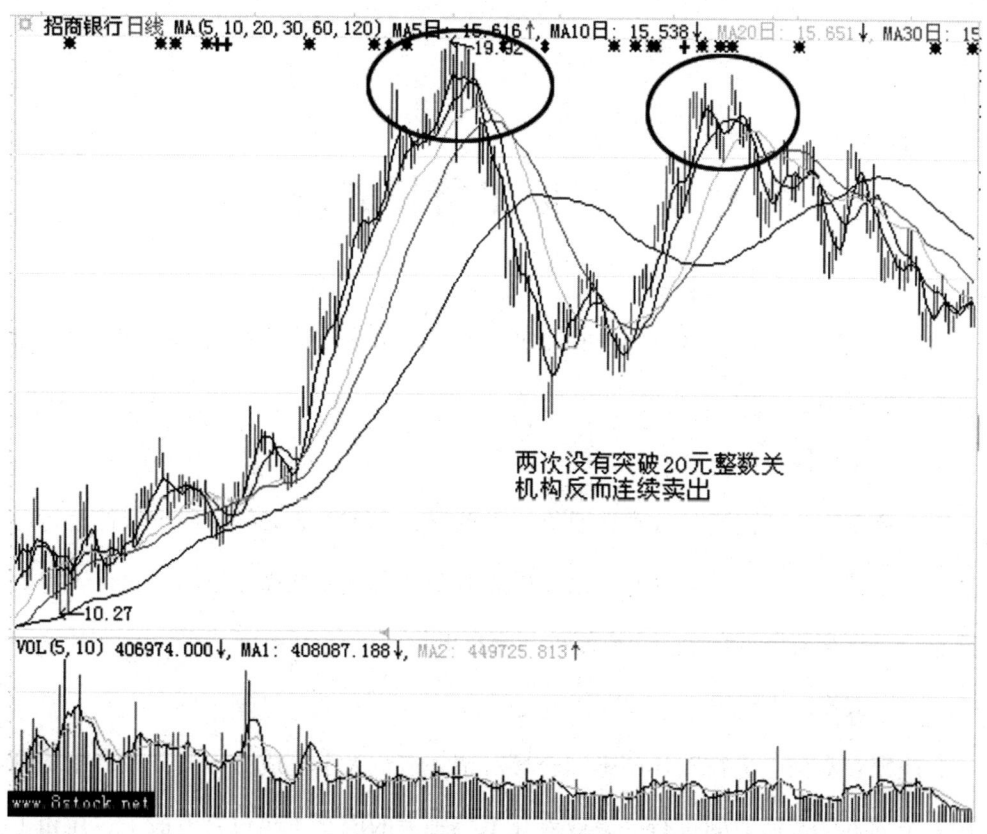

图7-11 整数位关口出货中的卖点（二）

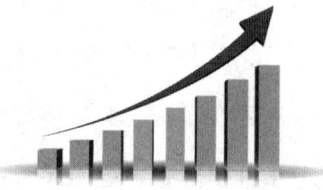

第七节　其他出货模式的卖点

在实战中,还可以常见到一些非主流的出货手法,这类手法不常见,但用起来杀伤力不小。

一、规律性出货法

有的庄家为了出货,故意让股价每天低开,全天多数时间让股价低位运行,然后尾市拉高,连续数天这样,给自以为聪明者造成短线操作适当会获得丰厚的感觉,一旦某天接盘众多,庄家便果断砸盘出货。

二、假换庄出货法

庄家在盘面上进行明显的不同仓号对调,造成大手笔成交不断,或者干脆利用一个周五的最后时间进行一笔或者几笔特别大的成交(超过百万股),尾市上涨,同时配合著名咨询机构在电视媒体指出这种异动,天性贪婪的"三无"概念投资者很难不手痒。

三、推土机式拉高出货法

庄家在卖一、卖二和卖三上不断地挂出均匀而小量的卖单,在买一、买二和买三上挂出虚张声势的大买单,通过对倒的方式,引诱不明真相的散户投资者买进上方庄家挂出的小批量卖单。当卖一上的卖单被散户投资者抢走后,庄家会适时地再挂上卖单。这样重复操作,股价在盘面上就会呈现出一定角度的缓慢上涨形态。从日K线图上来看,红色的阳线一根连着一根,股价每时每刻都在上涨,犹如一串诱人的冰糖葫芦。可是这串诱人的冰糖葫芦只宜欣赏,不能品尝!因为这种看似行云流水般的拉升,实际上是庄家采用的一种被动出货方法。

四、钓鱼竿式拉升出货法

钓鱼竿式拉升出货法也称飘带式出货法,拉升方法是在卖一、卖二和卖三上连挂三张较大的卖单,下档则不挂或者少挂买单。庄家通过不断对倒,买进上档的卖单,促使股价上涨,以此来引诱多头买进。由于下档买单极小,所以想卖出的空头无法抛售,也就无法给庄家制造股价拉升的阻力。从成交来看,这种拉高出货方式的外盘和内盘成交悬殊极大,外盘有时甚至大出内盘几倍甚至十几倍,但股价上涨的幅度却与此严重不成比例。这种出货方式也是一种拉高出货的方式。

从一定意义上来说,钓鱼竿式拉升和推土机式拉升都是为了顺利出货,但实际比较起来,钓鱼竿式拉升出货比起推土机式拉升出货,出货的庄家显得更为心虚一点。这两种出货方法一般出现在行情的末期,但钓鱼竿式拉升出货方式运用的时间可能更晚一些。两者的区别除了挂单方法不一样外,推土机式拉升包含的对倒成分,要比钓鱼竿式拉升包含的对倒成分少得多,也有可能不包含对倒成分。另外,推土机式拉升如果出现在低位,也有可能是实力较弱的庄家在虚张声势地制造高股价,并不完全是庄家出货,出现在高位就要另当别论了。

值得注意的是,对于这几种拉升出货的方法,虽然庄家都能将手中的筹码卖出较高的价钱,出货效果也很好,但必须要把握好市场背景和人气。如果把握不好市场背景和人气的话,画虎不成反类犬,很容易弄巧成拙。

五、新融资出货法

目前上市公司的再融资价格较高,比较贴近市价,庄家可利用这个时机的新机构护盘动作进行出货,或者彻底把承销商给套住,利用其回购筹码或者提升股价出货。

六、新换庄出货法

目前有一些机构专门帮助一些不会出货的机构出货,条件是接货价格比市价便宜一些协议出货,有些券商干脆利用职权把货出给基金。

七、暗消息出货法

到一些大中户比较多的营业部，故意不断地买进某一只股票，让成交回报暴露，同时私下传播消息，达到出货的目的。

八、小单出货法

这通常是在大牛市或主力出货早期，有耐心的庄家每次只卖几千股，以逃避一些专业软件的跟踪。对于这种情况，投资者可结合该股的累计涨幅和阶段成交量的变化来加以识别。

九、多卖少买法

这是最常用的方法，具有一定的欺骗性。比如，庄家在抛出9 900股的同时买进100股，一般软件会统计成主动买入10 000股，这样往往会欺骗一些中小散户。

十、大幅砸低后出货法

说白了就是盘中波动幅度较大，比如某股目前价位11元，主力会用较大的单将股价砸到10元，然后股价再回复原状；造成买进的人拣了便宜，当天盘中再次大单砸到10元时，先前的赚钱效应容易达到主力出货的目的。

十一、先吃后吐法

这招在早盘应用比较多，比如早盘用实盘先把股价拉高5%以上，成交量同时也跟上，造成庄家在积极买进的假象以吸引投资者跟进，然后庄家在高位反手做空，大肆派货。经常听到"庄家有分歧不做了"的传言，多属此例。

十二、跌停板开盘出货法

该方法反映了庄家出货的坚决，其标志就是一开盘大单封跌停，并且其股价当天最终不能收上去。

十三、低收高走出货法

前一天收盘前用较大的单将股价打到低位，而次日高开5%以上，像先吃后吐法一样，达到吸引投资者入套的目的。还有一些机构专门帮助另一些机构出货，条件是接货价格比市价便宜一些，有的机构干脆把货出给另一些机构。

综上所述，庄家的手法万变不离其宗，其目的都是为了出货，希望广大中小

投资者能拨开云雾看清真相，不要被种种的虚幻所蒙蔽，应多分析总结，加深认识，以避免在实战中被庄家迷惑而上当，错把"卖点"当"买点"，充当牺牲品。

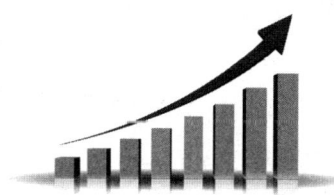

第八章

反转形态中的买卖点

　　生活中，危险的地方总会标有警示标志，如在路的尽头或高危建筑物之下。股市中也有不少这样的警示标志，如能准确识别，也能助我们远离风险。例如，反转形态的存在就是给我们的警示标志，若能准确地识别，股民就能及时逃顶，顺势抄底。在本章我们就看看这些警示标志下的买卖点。

第一节 双顶、双底中的买卖点

双顶技术形态出镜率非常高，庄家使用此形态出货屡试不爽。股价原本计划目标已经达到，可偏偏回调后再次冲高，为的是诱骗一些人钻套，多甩掉些高位筹码。投资者看到双顶，应该马上掉头，因为这就是一个"路到尽头"的警示标志。

一、双顶的形态特征

双顶是最为典型的头部形态之一，因为它很像英文字母M，所以又称之为M头。该形态是庄家惯用的出货伎俩和投资者必须掌握的形态。其技术特征如下：

（1）双顶具有两个显著的峰，其价格水平大致相同。

（2）股价第二次反弹上冲时的成交量比第一次上冲时的成交量要小。

（3）股价在第二次碰顶回落时跌破了前次回落的低位。

（4）双顶走势跌破颈线位后常有反抽，但反抽时成交量明显萎缩，受阻于颈线位以确认向下突破有效。

双顶突破颈线后有两种走势：一种是突破颈线后股价有一个回抽，这时就会出现明显的两个卖点，如图8-1的左图；另一种是突破颈线后一路直泻，这是只有一个明显的卖点出现，如图8-1的右图。

双顶在图形中是一个主要的转势讯号。当价格在某时段内连续两次上升至相约高度时而形成的价位走势图形。双顶的形态像两座山头相连，出现在价位的顶部，一旦双顶形成，股价下跌就成了定局。

二、双顶形态的操作要点

双顶是个顶部转势信号。双顶的使用方法与双底刚好相反，当股价在相对高

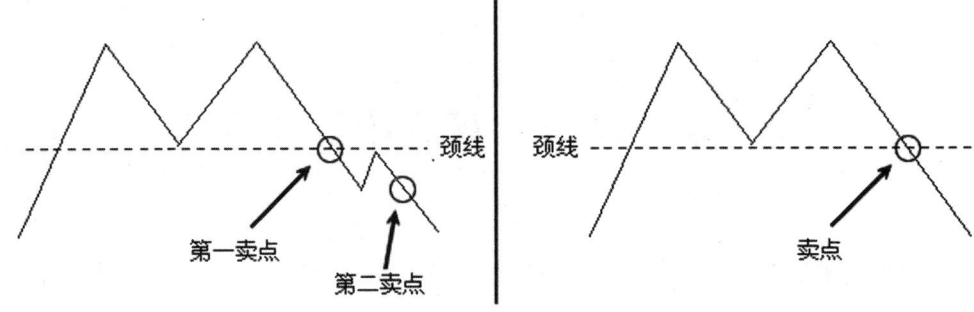

图8-1 双顶

位出现双重顶,则说明股价将下跌,跌幅至少是双顶高点到项线的高度。所以,一旦股价在高位形成双顶,后市下跌的概率相当大,作为一个头脑清醒的投资者在双顶形成之后应果断清仓,卖出点可选择在破预线的第一卖点处,或反抽时受阻于颈线的第二卖点处。

简言之,双顶和双底的原理就是源自波浪理论的精髓:越不过高点——跌,不破前低点——涨。双顶的形成过程是:股价的持续上升为市场的大批投资者带来了丰厚的获利,即市场累积的获利盘越来越多,压力到了一定程度,开始获利回吐,这种抛压令行情上升受阻,出现了第一次回落。当股价回落到某一水平时,吸引了短线抄底的大批入场,另外较早前卖出的人在这个水平也开始回补,于是行情开始回升。但市场分歧开始增大,对行情的信心不足的投资者开始在上一次高点附近积极卖出,而在第一个低位超跌买进的短线客也开始在高点附近大肆卖出,巨大的抛压令股价无法上升越过上一次的高点。股价在高点第二次受阻,买方力量已经显得后继无力,市场信心开始动摇,越来越多的投资者决定出货,使股价再次回落到颈线位置。双顶形态宣告形成。

图8-2列示了上证指数2007年牛市的6124点历史大顶:上证指数在2007年11月16日的最高点是6124点,快速回落后,于11月31日再次冲高至6005点,这两次的冲高,就形成了标准的双顶形态,形成了这一轮波澜壮阔、历史罕见的牛市的大顶!股价在跌破了颈线位10月26日低点5462点之后,股价展开了一波巨大的下

图8-2 双顶中的买卖点

跌，1年时间不到，在2008年10月，即最低跌至了1664点。这是一个标志形态的双顶，但大部分投资者当时身在其中却浑然不知。

许多的所谓"专家"甚至还在继续吹嘘上证指数要上8000点，当时《证券时报》就有一篇标题为《"双顶"会再变"双底"吗？》的文章中总结性地忽悠："……在上述因素支撑下，本次'暴跌'式调整后，牛市或将重扬牛蹄，'双顶'会再变'双底'。"这就是连双顶、双底如何区分都没有分清楚的忽悠专家。

实战中，双顶的具体操作买卖点如下：

（1）假如第一个顶点出现后股价的跌幅较深（第一个顶点与下跌后的最低点相差达8%以上），其后股价再度上升到第一个顶点附近时，而当时的成交量与前期相比显著减少，这就要怀疑它有可能构成双顶，此时应卖出一些股票，而不应仍然盲目做多。

（2）假如第一个顶点出现后，股价跌到一个相当幅度时，我们突然发现第一个顶点的图形，似乎有构成圆顶的迹象，但这个圆顶尚未完成向下突破，而在这个圆形形态中成交量却呈现着不规则的变动，其后股价再度上升到第一个顶点附近时，我们也可暂时怀疑它将构成双项的形态，而考虑将股票卖出。

（3）如果股价形态同时符合上述（1）、（2）中提出的条件时，则双顶的构成将更可能，应采取断然的卖出措施。

在判别双顶时，还需注意以下几点：

（1）双顶的两个高点并不一定在同一高度上，许多时候，第二个顶点甚至会比第一个顶点更高一些。

（2）双顶不仅适用在个股日K线形态上，大盘和个股分时走势图同样非常常见，该形态作为第一手段被炒家发挥到极致。双顶在指数或个股分时图当中，也具备很强的测市意义，对于我们成功寻找买卖点，具有很好的实战意义。我们经常看到，分时图中K线走势形成双底之后，股价一般都会急剧拉升，形成双顶后，一般会急速回落，这对于我们确定短线买卖点非常有帮助。

（3）双顶形成时，与双底相同。一些常用技术指标也会出现背驰现象，称为"顶背驰"。

（4）双顶最重要的特征是成交量变化也会与股价走势形成"背离"，两个顶部都有较大的成交量，但成交量在股价第二次上升时明显减少，显示市场的购买力在减弱。而下跌时反而增大，尤其是跌破颈线时。

（5）双顶形成的时间以1个月为好。

三、双底形态的买点

双底形态形如字母的"W"，也会被称为"W"底。底部形态一旦形成，不用多久就会上扬，此时就是投资者入市的很好时机。

在股价向上突破双底形态颈线位后回调确认，返身向上，此时应伴随放量。是散户朋友们介入的最佳时机。一般将双底形态的底部价格到颈线位的价差作为股价突破颈线位后上升空间的度量。在实际的操作中我们看到，确认反转的股票走出的行情是远远大于这个空间的。

第八章　反转形态中的买卖点

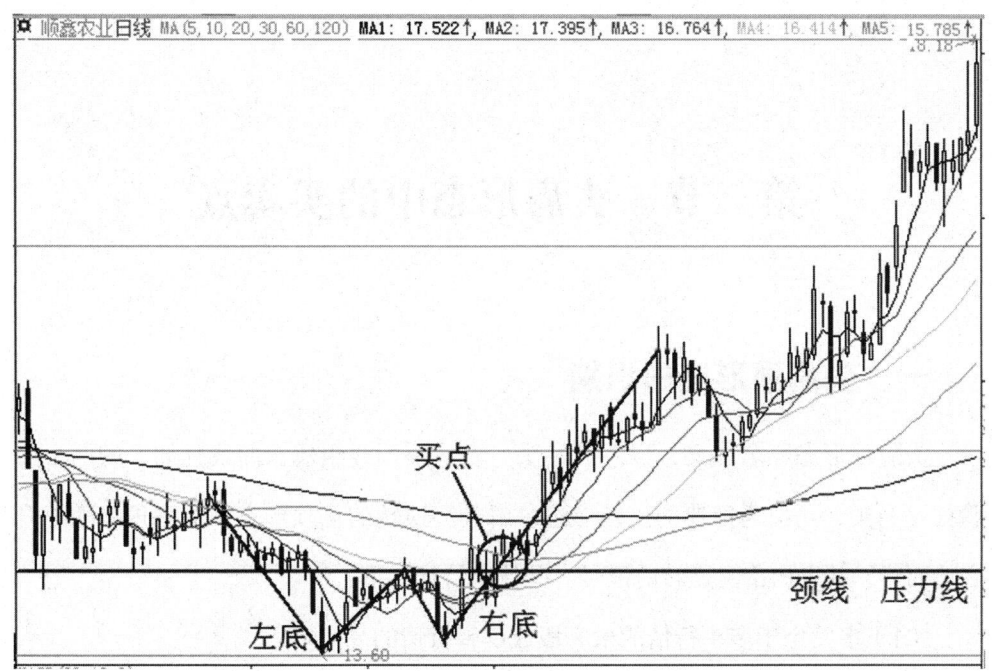

图8-3　双底

图8-3是顺鑫农业的K线走势。该股在2014年6月19日当天创出新低，然后经过短暂的反弹，继续下探，于7月10日走出了次低点。随后股价强力拉升，突破颈线压制，回抽确认支撑后，开启了一波向上的行情。股价就此反转。

在双底形态中，会明显出现左底和右底，但左底与右底的高度没有定式。有时右底会比左底高，有时左底会比右底低。一般而言，右底相对左底高度抬升，反转信号更强烈。

双底中最好的买点是在股价突破颈线支撑并回调确认后，此时买入方向已明朗，也减少了洗盘对散户耐心与意志的考验。

在图8-3中仍有更多的压力线，散户朋友们在操作中应该更加谨慎。上方密集成交区、前期高点都是我们参考的高点回调点位。纵然摆脱了压制，股价的上涨也从来不是一帆风顺的，波浪还要划分，均线支撑也同样必不可少。希望能给读者朋友们更多参考。

第二节　头肩形态中的买卖点

一、头肩顶形态的识别

头肩顶形态顾名思义，以左肩、头、右肩及颈线组成，曲线犹如人的两个肩膀扛一个头，是极为经典的反转形态，属升势逆转的见顶形态。头肩顶跟随上升之势而行，并发出市况逆转的讯号。其技术特征如下：

（1）多发生于多头行情的末升段或反弹行情的高点。

（2）股价出现了3个峰顶，这3个峰顶分别称为左肩、头部和右肩。

（3）一般来说，左肩和右肩的高点大致相等，而头部最高点比左肩、右肩最高点要高。注意一下，部分头肩顶的右肩较左肩为低。但如果右肩的高点较头部还要高，形态便不能成立。

（4）股价在上冲失败向下回落时形成的两个低点又基本上处在同一水平线上。这同一水平线就是通常说的颈线，当股价第三次上冲失败回落时，这根颈线就会被击破。于是头肩顶上升宣告成立。

（5）在头肩顶形成过程中，左肩的成交量最大，头部的成交量略小些，右肩的成交量最小。成交量呈递减现象，说明股价上升时追涨力量越来越弱。头肩顶成形与否，可从成交量来研判，最明显的特征是右肩量最小。

头肩顶是一种见顶信号，一旦头肩顶正式形成，股价下跌几乎成定局。

二、头肩顶形态的操作要点

头肩顶是一个不容忽视的技术性走势，我们这里从多空双方的激烈争夺来分析该形态的形成过程。

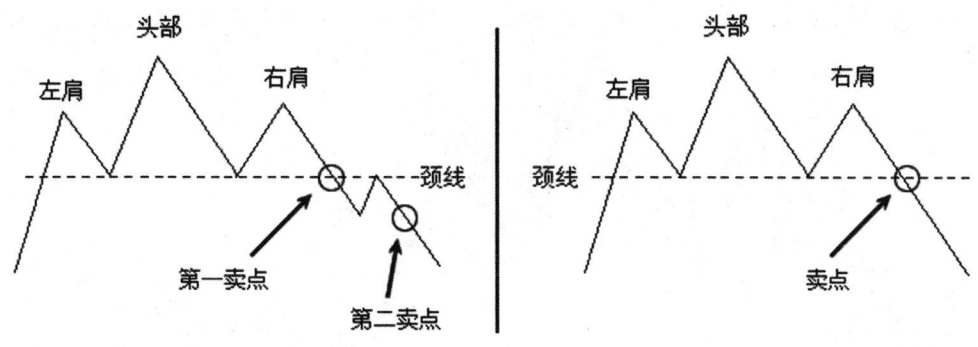

图8-4 头肩顶的卖点

如图8-4所示，在上涨初期，看好的力量不断推动股价上升，市场投资情绪高涨，出现大量成交。经过一次短期的回落调整后，那些错过上次升势的人在调整期间买进，股价继续上升，而且攀越过上次的高点，表面看来市场仍然健康和乐观，但成交已大不如前，反映出买方的力量在减弱中。那些对前景没有信心和错过了上次高点获利回吐的人，或是在回落低点买进作短线投机的人纷纷沽出，于是股价再次回落。第三次的上升，为那些后知后觉错过了上次上升机会的投资者提供了机会，但股价无力升越上次的高点，而成交量进一步下降时，差不多可以肯定过去看好的乐观情绪已完全扭转过来。未来的市场将是疲弱无力，一次大幅的下跌即将来临，过去的长期性趋势已扭转过来。

图8-5是壹桥海参的K线走势。这是一个标准的头肩顶形态。该股在2014年8月间带量上行，价格推动出第一个明显的波峰点，随后，在成交量的逐步萎缩之下，价格回落，在较高的成交量配合下，价格创出新高，形成了头部；从头部回落到颈线，成交量随之萎缩。随后上行，却无力冲击头部高位，形成右肩。成交量在验证这个头肩顶时的表现也相当完美。

实战中，头肩顶是杀伤力很强的一种技术走势，是一个长期性趋势的转向形态，通常会在牛市的尽头出现。头肩顶完成的时间至少要4周以上，形成五次局部的反向运动，即至少应有3个高点和2个低点，完成后的跌幅至少维持三浪以上的下跌。为了避免头肩顶对投资者造成的重大伤害，投资者应该认识到大势已定，

图8-5 标准的头肩顶形态

停损离场是目前的最佳选择。在实战中操作时要密切注意以下几个问题。

1. 成交量

（1）成交量在一般情况下，左肩最大，头部次之，而右肩最少。根据笔者实战统计，大约有$\frac{1}{3}$的头肩顶左肩成交量较头部为多，$\frac{1}{3}$的成交量大致相等，其余的$\frac{1}{3}$是头部的成交大于左肩的。

（2）上涨时要放量，下跌时量可放大，也可缩小，对头肩顶这种形态来说，先是用很小的量击破颈线，然后再放量下跌，甚至仍旧维持较小的量往下滑落也是常有的事。投资者对此一定要有清醒的认识。

（3）当最近的一个高点的成交量较前一个高点为低时，就暗示了头肩顶出现的可能性；当第三次回升股价没法升抵上次的高点，成交继续下降时，有经验的投资者就会把握机会卖出。

2. 卖出点

（1）当某一股价形成头肩顶雏形时，就要引起高度警惕，这时股价虽然还没有跌破颈线，但可先卖出手中的一些筹码，将仓位减轻，日后一旦发觉股价跌破颈线，就将手中剩余的股票全部卖出，退出观望。

（2）当头肩顶颈线击破时，就是一个真正的卖出讯号，虽然价位和最高点比较，已回落了相当的幅度，但跌势只是刚刚开始，未出货的投资者继续卖出。

（3）跌破颈线的3%时，形态即可确立。

读者需要注意以下几个方面：

（1）当颈线跌破后，我们可根据这形态的最少跌幅量度方法预测股价会跌至哪一水平。量度的方法是从头部的最高点画一条垂直线到颈线，然后在完成右肩突破颈线的一点开始，向下量出同样的长度，由此量出的价格就是该股将下跌的最小幅度（可参考图8-4和图8-5）。

（2）假如股价最后在颈线水平回升，而且高于头部，又或是股价于跌破颈线后回升高于颈线，这可能是一个失败的头肩顶，不宜信赖。

（3）左右两肩的高度不一定等高，颈线亦不一定是水平。如果其颈线向下倾斜，显示市场非常疲乏无力。

（4）左右肩的数目不一定只有一个，也不一定会呈现对称个数，这种头肩顶可称为复合式头肩顶，如图8-6即是复合式头肩顶。

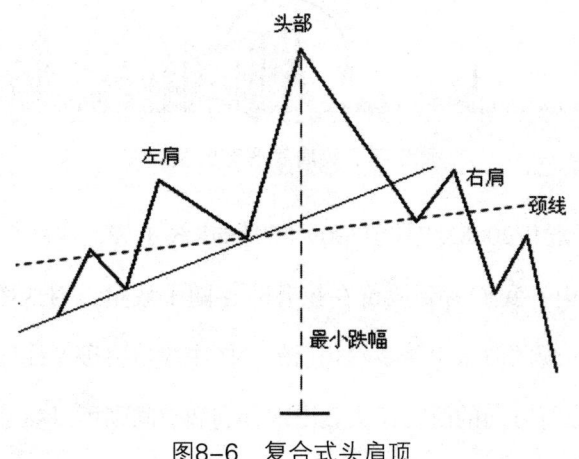

图8-6　复合式头肩顶

三、头肩底形态的买点

头肩顶和头肩底的形态差不多,主要的区别在于成交量方面。即上涨需要量能支撑,下跌不要要量能支撑。

当头肩底颈线突破时,就是一个真正的买入信号,虽然股价和最低点比较,已上升一段幅度,但升势只是刚刚开始,尚未买入的投资者应该继续追入。其最少升幅的量度方法是从头部的最低点画一条垂直线相交于颈线,然后在右肩突破颈线的一点开始,向上量度出同样的高度,所量出的价格就是该股将会上升的最小幅度。

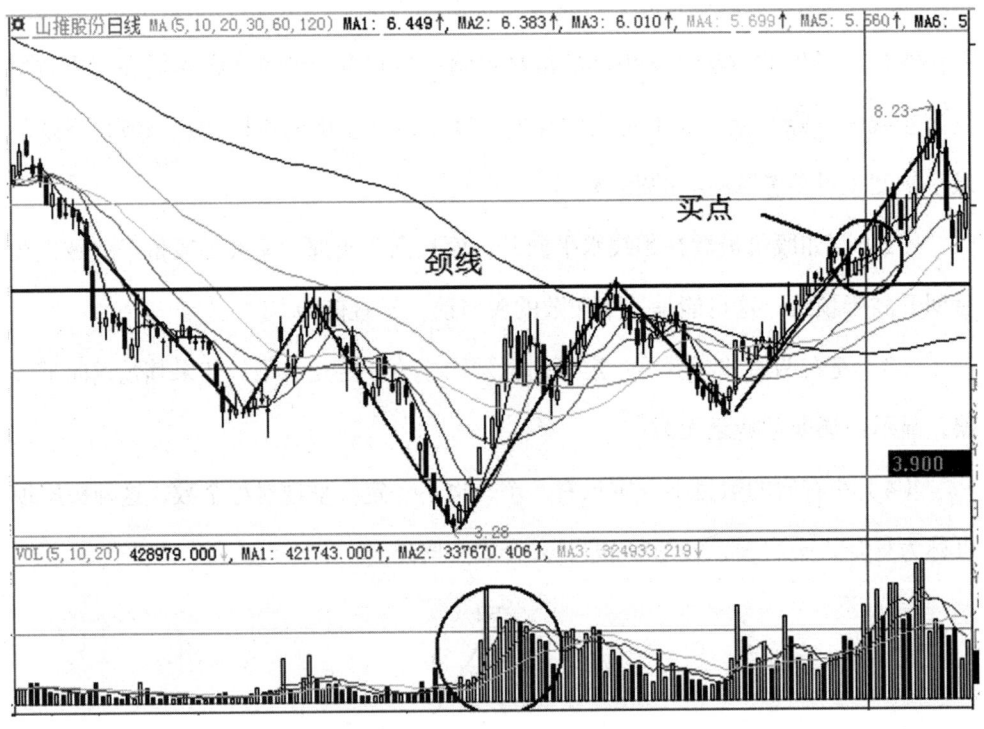

图8-7 头肩底形态的买点

图8-7是山推股份2008年7月至2009年3月的K线走势,这就是一个标准的头肩底的形态。在图中,我们看到股价在拉升时伴随了放量,对照图8-6中顶与底指示的方向不同,出现的放量也是截然相反的。图中股价突破颈线压制,回调确认支撑,预示着股票运行方向的改变,买点出现,利润空间则可以参考最小涨幅。其中

第八章 反转形态中的买卖点

最小涨幅也可以在以后的走势中印证（如图8-8所示）。

最小涨幅的有效性我们还可以从其他方面证明，我们说头肩底是反转形态，意味着以后将开启行的一波行情，其中的空间自然包括：吸筹、拉升、出货、又是一个完整的五浪升势。对应我们前面给出的出货空间，相信大家就能更好理解最小涨幅的意义了。

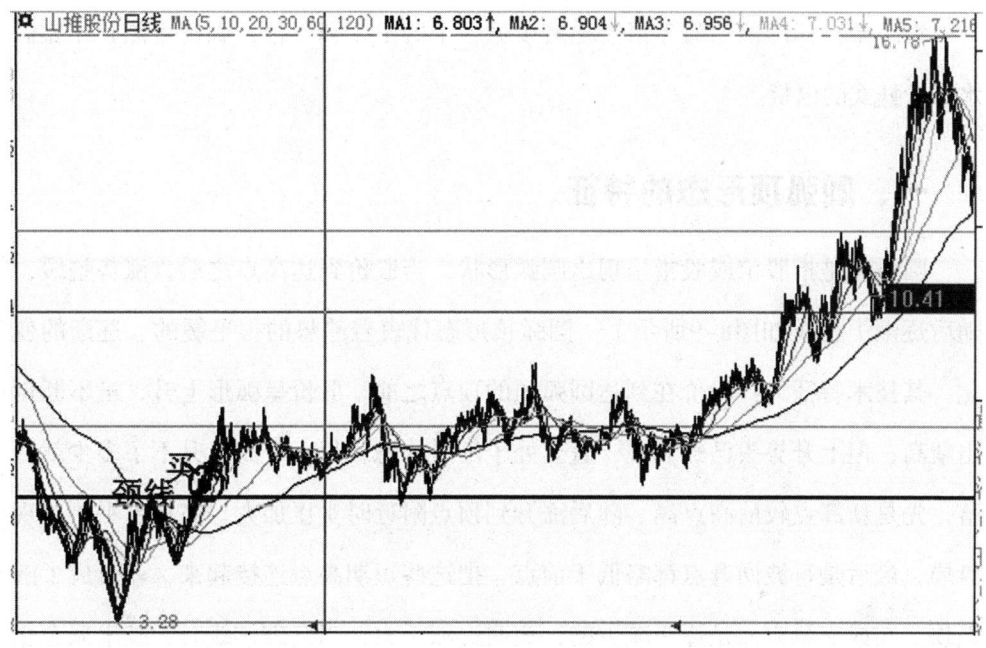

图8-8 头肩底形态的买点

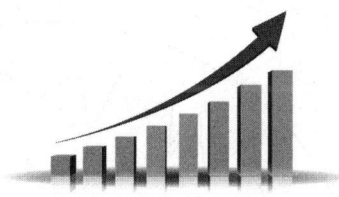

第三节　圆弧形态中的买卖点

实战中，标准的圆弧顶形态比较少见，个股出现圆弧顶，则很可能是庄家温水煮青蛙式的出货。

一、圆弧顶形态的特征

圆弧顶是指股价或股指呈现出圆弧形状，当股价到达高点之后，涨势趋缓，随后逐渐下滑（如图8-9所示）。圆弧顶形态代表着趋势的很平缓的、逐渐的变化。其技术特征为：股价在到达圆弧顶的顶点之前，股价呈弧形上升，虽不断创出新高，但上升势头已经放慢，直至处于停滞状态，每一个高点升不了多少就回落，先是新高点较前高点高。随后涨升到顶点附近时卖压加大，高点走平，出现盘局，最后是每波回升点都略低于前点，把这些短期高点连接起来，就形成了圆弧顶。在成交量方面是逐级减少的，表明追涨乏力，当突破颈线时，技术派会止损出局，成交量会稍有放大，成交量方面也会有一个圆弧状。

圆弧顶整个形态完成耗时较长，常与其他形态复合出现，市场在经过初期买方力量略强于卖方力量的进二退一式的波段涨升后，到买方力量减弱，而卖方力量却不断加强，中期时，

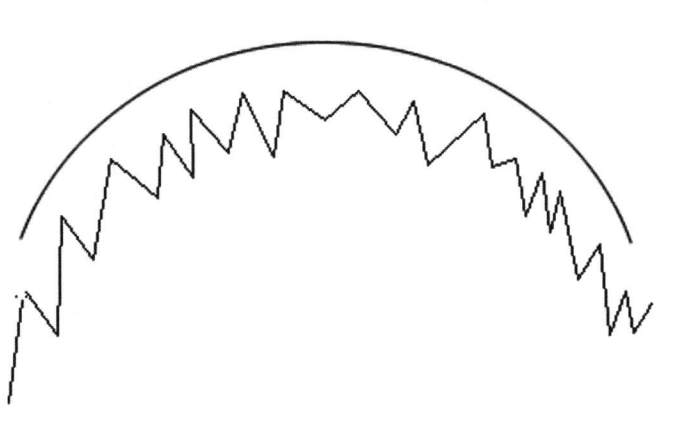

图8-9　圆弧顶

多空双方力量均衡，此时股价波幅很小，后期卖方力量超过买方，股价回落，当向下突破颈线时，将出现快速下跌。有时当圆弧头部形成后，股价并不马上下跌，只反复向横发展形成徘徊区域，这徘徊区称作碗柄。一般来说，这碗柄很快便会突破，股价继续朝着预期中的下跌趋势发展。

圆弧顶是见顶图形，预示后市即将下跌。

二、圆弧顶形态的操作要点

圆弧顶反转形态不同于头肩形、W形、V形反转形态那样剧烈，它是市场渐进渐变的结果，圆形顶反转是出上而下进行的，呈现出一种圆弧形的走势。

圆弧顶是个顶部转势信号，它形成的时间越长，下跌力度就越大。持股者如在圆顶形成时不卖出股票，将会受到深度套牢之苦。

圆弧顶形态对应的量能随着市场的逐步转向而收缩，最后，当新的价格方向占据主动时，又相应地逐步增加。圆顶形成时，成交量也可呈圆顶状，但在多数情况下，圆顶的成交量无固定特征，一般呈逐级递减，在开始股价上升时成交量增加，在升至顶部时显著减少，在股价下滑时，成交量又开始稍放大，有时也出现巨大而不规则的成交量，有时也会呈圆顶形状或V形。

在操作中，需要注意以下几点：

（1）由于圆弧顶形态耗时较长，没有像其他图形有着明显的卖出点，但其有足够的时间让投资者依照趋势线、重要均线系统及其他指标在形成之前及早退出。

（2）圆弧顶卖出点可选择在下跌速度开始加快或圆顶形状已初步构成时。一般来说，当投资者发现某股股价先是放大量快速上扬，之后，向上涨的速度越来越缓慢，此时就应密切关注其走势的发展，想到是否会形成圆弧顶，并逐渐减少手中的一些仓位，当股价出现下跌，且下跌速度越来越快，形成圆弧顶后，则千万不能再犹豫不决，要果断停损退出，另觅投资良机。

（3）圆弧顶突破后的最小跌幅一般是圆弧颈线到圆弧顶最高点之间的垂直距离。理论下跌目标位很难确定，一般只有通过支撑位、百分比、黄金分割等方法来预测。

如8-10是百花村的K线走势。自2008年7月中旬开始，该股股价不断上升，随后一根K线的高点高于前一个K线高点，缓慢上升。持续一段时间后，7月底至8月初，横向反复徘徊在高位区域。8月7日，该股以一根长阴突然向下突破徘徊区颈线位，随后低点不断下移，呈下跌趋势，圆弧顶得以确认。

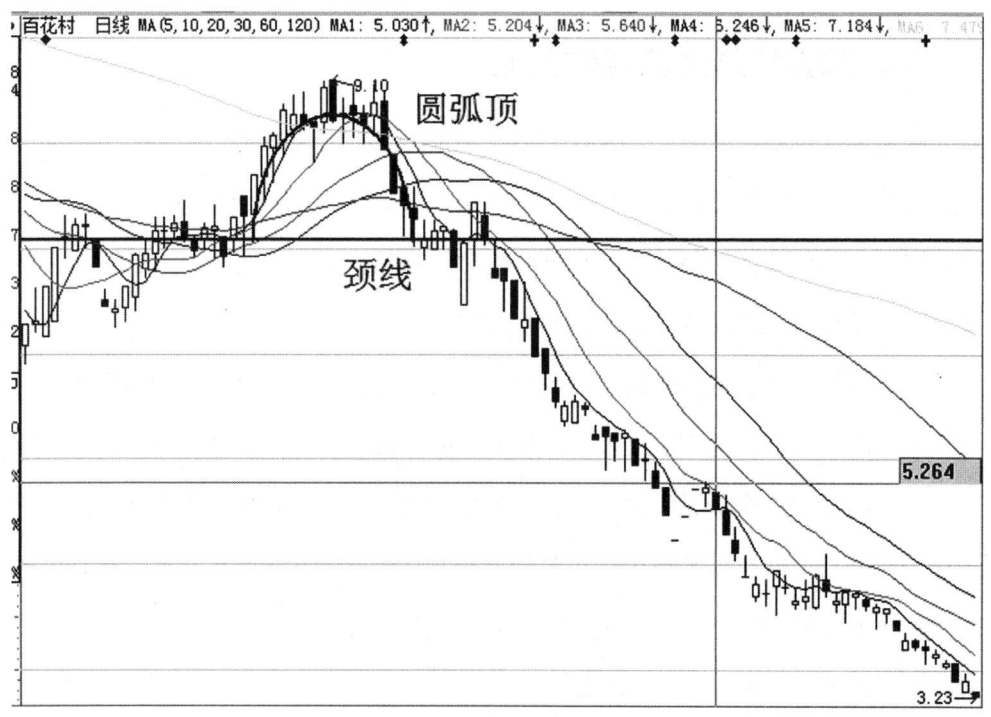

图8-10　圆弧顶的卖点

圆弧顶存在的是顶部区域，却很难再当时判断一个具体的顶，这是的卖出可以依据K线、均线量能等判断，如依据K线形态"上吊线"、"大阴线"和均线系统的空头扩散、死叉等判断。在图8-10中，我们也看到圆弧顶中的颈线位置，若股价反弹不能突破颈线的压制，可以作为一个很好的卖点。就当日K线来看孕线形态，也是卖出指示的K线形态。

三、圆形底形态的买点

圆形顶与圆形底都是两种极具威力的反转形态，投资者及市场分析人士均相当重视这种圆形图形的研判。

在头肩形态中,我们可以发现股价起伏波动较大,表现出供求双方的力量角斗,并在最终突破颈线完成形态。而在圆弧形态中,市场供求双方势均力敌,使股价维持一段时间的盘局,最终挣脱僵局出现向上或向下的反转行情。

在圆形底形态中,股价在多空争夺下一路缓慢下跌并持续一段时间,大部分欲抛售的卖方筹码已不多,且由于股价低廉,又不断引进买盘使股价上攀,形成了碗形或碟形较典型的股价走势。

圆形底形态的成交量曲线也应对应于圆形底形态的K线走势,即在底部成交量最小,在股价上升力量形成后,成交量会有大幅增加。这种形态一般意味着一个巨大的升势即将开始,投资者可在成交量放大时作买进动作。

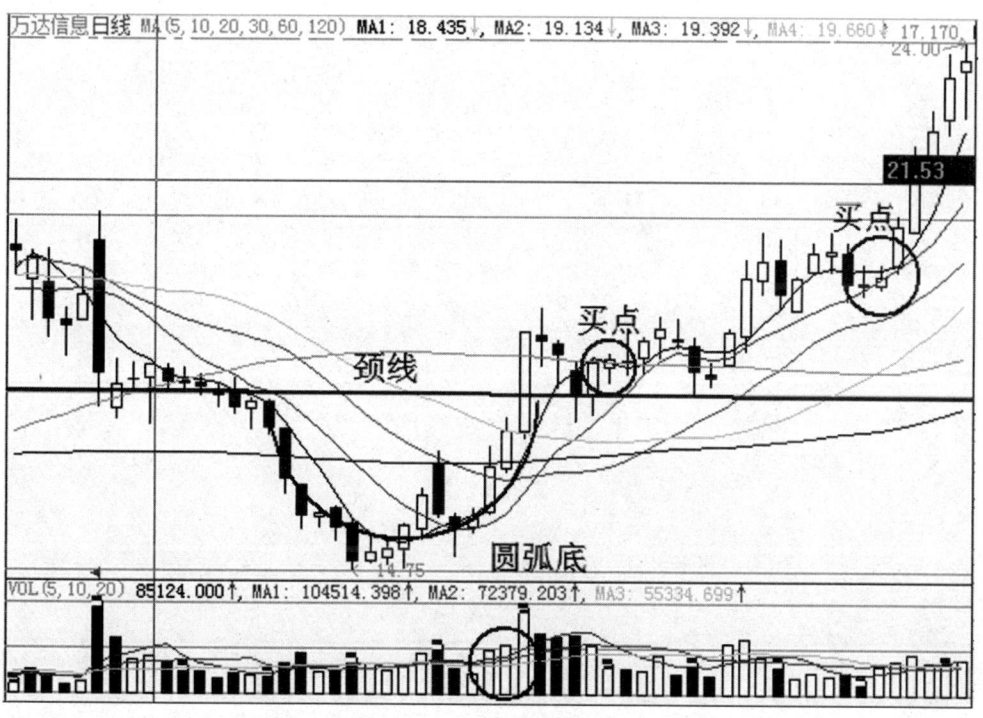

图8-11　圆弧底形态的买点

图8-11是万达信息在2014年3月至9月的K线走势。在圆弧底的右侧是伴随底部放量的,股价突破颈线的压制,回调得到确认。图中有两个回调,说明洗盘的意图强烈,相应的后期的涨幅也会相当可观。在图中我们给出2个买点,2个买点

都是在验证支撑有效的情况下给出的。有些激进的散户也可以在圆弧底右侧放量的时候买入。风险越大,收益越大。收益越大,风险越大。

圆弧在顶部和底部均会出现,虽形态相似,却意义不同。昨天的顶即今日的底,时也。刚刚无底深渊,现时千年大底,势也。因时而定,因势而行。希望读者朋友们都能在股市里进退有序、游刃有余。

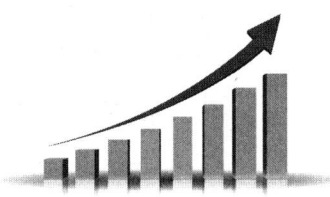

第九章

多头陷阱中的买卖点

多头陷阱,顾名思义即为多头设置的陷阱,也被戏称为"多头馅饼",通俗地说,就是庄家在某个阶段设下一个圈套,引诱投资者买进,然后把买进的投资者一网打尽,牢牢套住,俗称"诱多"。多头陷阱通常发生在指数或股价屡创新高,并迅速突破原来的指数区且达到新高点,随后迅速滑落跌破以前的支撑位时,结果使在高位买进的投资者严重被套。

不管庄家采取什么方式布设陷阱,但其目的无非是想让中小散户上当,成为其囊中的猎物。如果将庄家设置的陷阱进行归类的话,实际上只是两种:一种是空头陷阱;另一种是多头陷阱。这两种陷阱的作用是完全不同的,前面的章节我们已经向读者朋友讲述空头陷阱。在本章,我们主要讲述多头陷阱。

第一节　利用技术关口布设多头陷阱的买卖点

在大牛市的后期,庄家会在重要的技术关口布下多头陷阱,将追涨的多头一网打尽。因为在牛市之末,市场热情空前高涨,多头信心比较坚定。即使大盘面临重要技术关口,多头也会认为突破不成问题,这样,庄家就会制造假突破的陷阱,让多头跟进,而其则出其不意或逢高派发,或打压减磅,使跟风者全部掉入其设置的陷阱之中。

我们现在看一个通过在技术关口做K线形态来骗线以达到头部出货目的的例子。图9-1是东方通信的K线走势。从图中我们可以明显地看出震荡出货的形态。因为震荡出货相对时间较长,会让散户以为这只是一次盘整,当股票走势在震荡

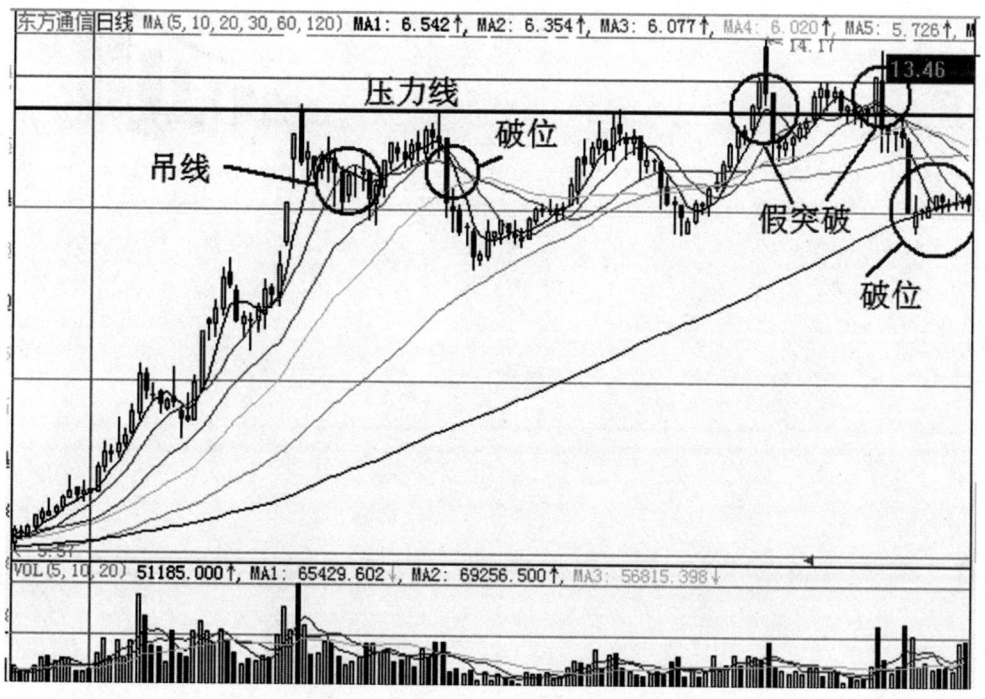

图9-1　利用技术关口布设多头陷阱的买卖点

中冲击前期高点时，会让散户朋友觉得股价新一轮的上涨即将开始。而在前面我们讲过震荡式出货在震荡中会出现双重顶或三重顶的形态是其常见特征。

那么庄家是如何通过骗线的手段，让散户在高位接盘，而顺利出货的呢？我们同样做了一些标示。

在图9-1中我们可以看到，在庄家通过拉高出货的方式后，出现了一些吊线和长上下影的十字。如果吊线出现也是一个明显的见顶信号，吊线和长下影线的连续出现说明出货明显，只是为了不被散户发觉，庄家在尾盘的时候通过少量资金拉升，造成形态上的完好，没有破线。行为即骗线。同样我们在图中画出了一条压力线，庄家寄希望于假突破吸引散户追涨达到出货的目的。

在本只股票的走势中，大家可以把图中我们标出的所朋友图示作为买点。这些买点没有让大家卖在最高点，却是下跌开始的确定性信号。理智而坚决在股市里很重要，也同样很难做到。

第二节 利用技术形态布设多头陷阱的买卖点

一般来说,看多的典型技术形态有V形底、W底、头肩底、圆底、三重底等底部形态,以及上升三角形整理、上升矩形整理、上升旗形整理、上升楔型整理等上升趋势途中的调整形态。庄家为了在高位派发,往往会借助于散户对各种看多形态(如W底、V底等)的迷信制造陷阱,看似形成V型反转,不料却又下跌,似乎形成W底,之后却又在构造三重底,三重底之后又有形成大型圆底迹象,在颈线位制造假突破出货,经过精心设置,多头陷阱就大功告成了。

有时候,庄家也可能会利用一些具有看涨意义的典型K线形态来布设多头陷阱。

要识破这些多头陷阱,散户应结合股价所处的位置及成交量变化来综合研判,还应准确掌握常见看涨形态的典型特征。

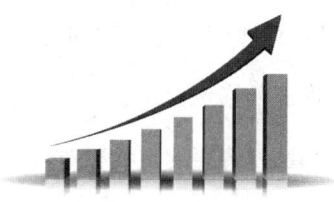

第三节 利用技术指标布设多头陷阱的买卖点

庄家利用技术指标设置多头陷阱时，往往有意让技术指标在底部钝化或让其产生底背离。指标背离通常分为顶背离和底背离，是预示市场走势即将见顶或者见底。正所谓"背离不长久"，顶背离在指数创出新高而MACD柱状线不再创新高就是顶背离，意味着上升动能衰竭是卖空信号。底背离在指数创出新低而MACD柱状线不再创新低就是底背离，意味着暂时需要向上反弹是做多信号。下面我们看一下三一重工的背离走势。

图9-2是三一重工2013年12月至2014年8月的K线走势和MACD指标出现的背离走势，预示着底部的到来，整个背离走势用时近半年，在底部之下仍有18%的跌幅，背离指标可以作为一种参考指标，在运用时需要均线、K线的配合，这样才能更准确的指导我们的操作。

在三一重工的走势中我们同样找到了顶背离。图9-3是三一重工的K线走势和MACD指标出现背离的走势，预示着顶部的到来。在图中我们同样可以看到背离对顶部的指示意义，需要注意的是：当背离判断头部的时候应当高度警惕，因为头部反复背离的次数相对较少，在二次背离的时候一般就要准备随时离场了。

需要指出的是，对背离指标要灵活运用，并且要结合实际情况，并非在顶部背离马上就走，而在底部背离马上就买入。对于底部背离的操作需要谨慎，因为当第一次背离之后其股价有时候还会出现50%甚至更高幅度的下跌。投资者可以关注那些底部背离多时的个股，这类个股一旦趋势改变，股价开始走高，后市往往有较大的涨幅。

第九章 多头陷阱中的买卖点

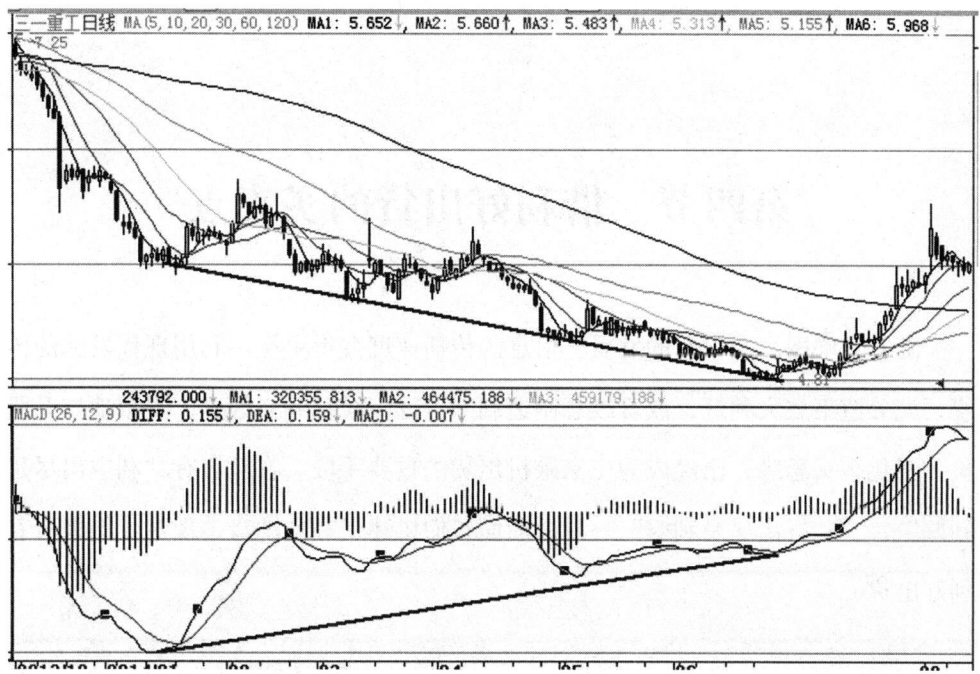

图9-2 底背离

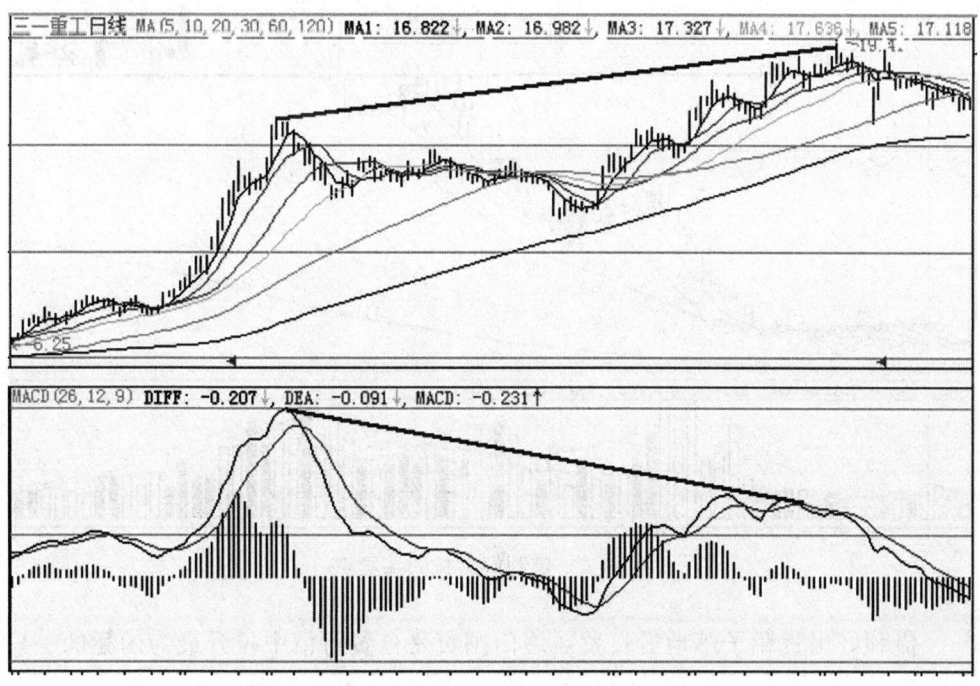

图9-3 顶背离

第四节 借利好出货的买卖点

随着互联网、通讯业的发展，信息的传播速度变得更快。利用现代发达的传媒，充分渲染放大利好，或者故意制造利好言论，淡化利空因素，狠狠地拉升股价，强化多头思维，已经成为庄家乘机出货的重要手段。在股市有"利空出尽是利好"、"利好出尽是利空"一说。前面我们讲述了利空洗盘，现在我们来看看利好出货。

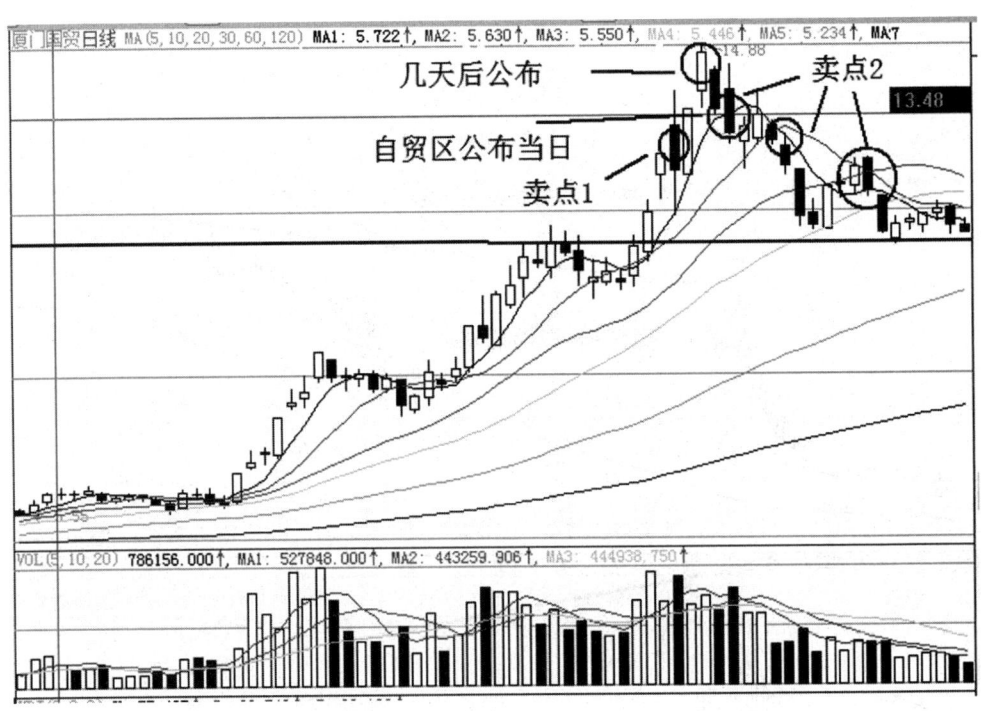

图9-4 借利好出货的买卖点

借利好出货靴子落地看自贸。厦门国贸是自贸行情中拉升最为凶猛的一只股票，是自贸行情中的龙头股票，时时吸引着股民的眼光，也让一众股民趋之若鹜。图9-4是厦门国贸在自贸区消息公布前后的K线走势。该股在股票从5元以下的低点迅速拉升到高点时的14元多，这时庄家的账面盈利已经实现，那么如何出货把账面上的收益转化为实际盈利就变成了庄家的头等大事。在图9-4中我们可以看到庄家的操作方法就是借利好出货。在有消息公布说：几天后自贸名单公布时，股价走到了最高点。在此时庄家对出货已经急不可耐了，这个从前面长上下影大阴线可以看出。并且伴随的是放量。

在自贸区消息公布的当天我们就更清楚地看到庄家在出货了，我们看来看一下当日厦门国贸的分时走势。

如图9-5所示，厦门国贸在消息公布当天，高开，直线拉升，就在无数股民蜂拥而上期待又一个涨停时，股价急转直下，全天维持在低位，振幅达12%。当天在高点时追进的股民损失惨重。结合图9-4中自贸区消息公布当天对应的成交量便知，量能放大庄家出货明显走势。

从分时来看股价在高位的高开低走，并且伴随成交量的放量。同样是一个离场信号。

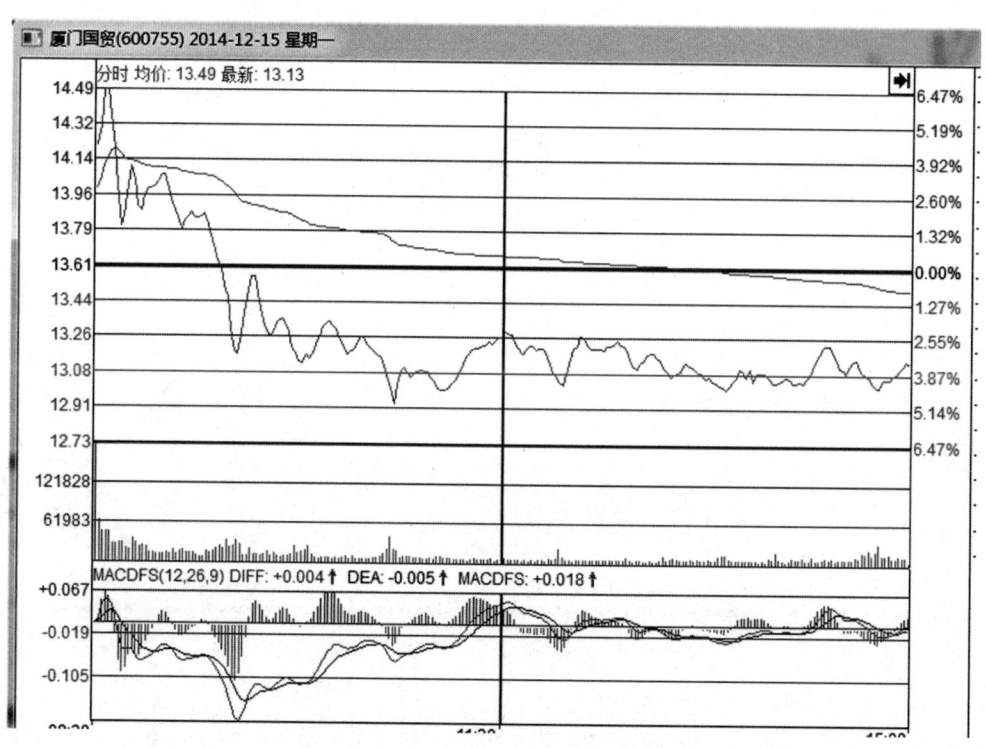

图9-5　利好消息公布当天的分时走势

分时走势和K线走势是最能灵敏反应股市走向的分析手段,我们再来看先给出的离场信号。在图9-4中,卖点1的长上下影大阴是一个卖出信号,高位震荡,放量。卖点2从K线形态来说是倾盆大雨的形态,是强烈的卖出信号,实体阴线跌破重要支撑线同样卖出信号。

在图9-4中我们又绘制了一条支撑线,股价将考验支撑,但均线转空头向下,形成死叉。股民朋友们应注意支撑的有效性。

波浪理论的二浪调整可以帮助我们去判断股价走到何处,但最终还是需要灵活看待。这也是我们强调的:验证、修正。

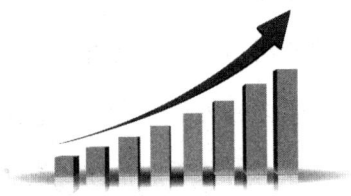

第九章 多头陷阱中的买卖点

第五节 利用拉抬指数布设多头陷阱的买卖点

超级主力庄家一般在开盘不久或收盘前刻意拉抬，首先利用指标权重股的推升，使指数突破一个又一个重要所谓技术阻力位或整数关；其次再启动少数控盘严重的个股来吸引人气。此刻，因为盘中筹码相对稳定，庄家很容易以较小的成本将某些个股（尤其是一些利用消息的个股）拉出较大涨幅，并且吸引短线客的介入，庄家只要再启动一下，就可以利用短线客追风盘再度哄抬股价，起到诱多的效果。

兵法：虚则实之，实则虚之。虚虚实实难辨真假。

现在我们将通过一个对比告诉大家，庄家是如何通过疯狂拉升指数来实现出货的。我想大家都听说过权重股护盘的说法，我们现在就从权重股中选取一只很有代表性的股票来说明。中国石油相信大家都不陌生。"问君能有几多愁，恰似满仓中石油"。图9-6和图9-7分别为中国石油和创业板的K线走势

为了让读者朋友能简单而直观地看出图中走势的同和不同。我们对图9-6和图9-7中重要点位的时间作了标示。从图上的时间段我们可以看到有一些时间段是重复的，但趋势却不尽相同：

图9-7中12月5日至9日是一个下跌趋势，与此同时，图9-6中12月5日号大涨、8日创新高、9日长上影收阴。

图9-6中12月15日至22日是连续上涨趋势，图9-7中12月16日（图中最高点阴十字星）至22日为破位式下跌。

经过简单的对比，大家应该就明白庄家是如何借助大盘的疯狂上涨实现出货的目的了。权重护盘、二八分化就是此时庄家出货的"外相"。

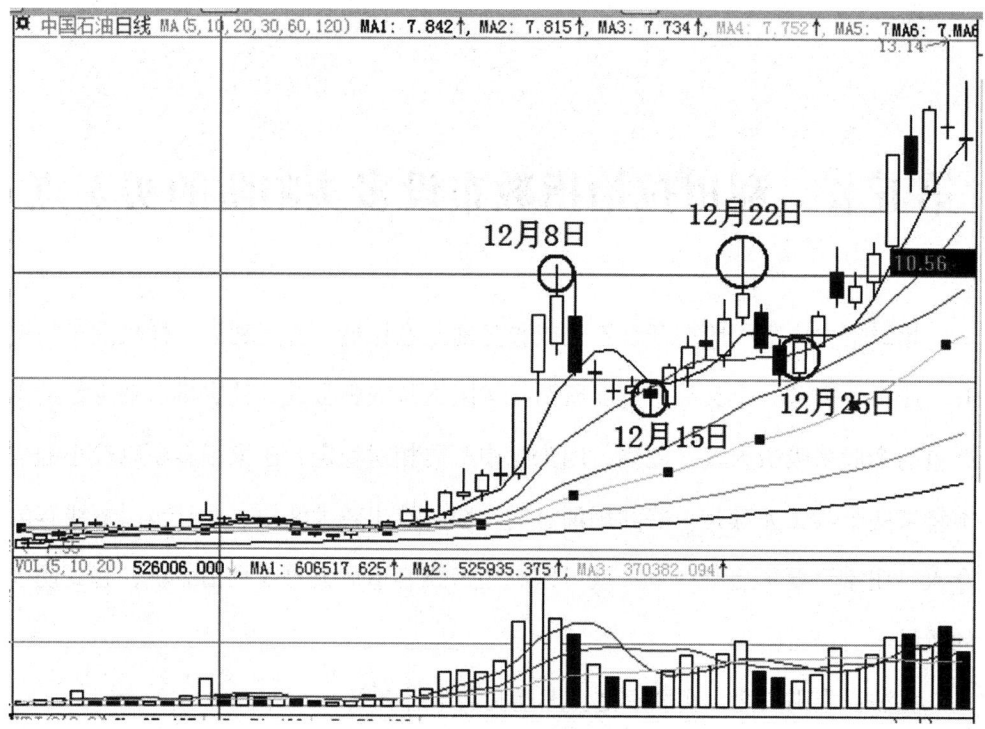

图9-6 权重股的K线走势

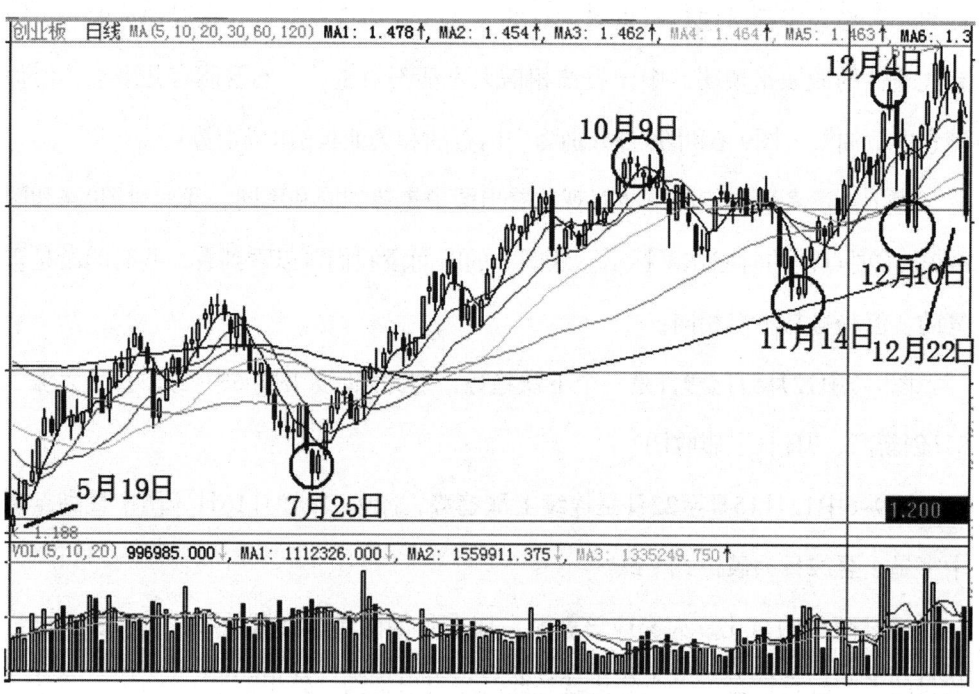

图9-7 创业板的K线走势

第九章 多头陷阱中的买卖点

在此处，我们也可以看出创业板股票与权重股股票在启动时的时间差，在创业板早已走到盘中时，权重股刚刚启动，这个有可以印证这一波的"满仓踏空"。

最后讲一个有意思的事，创业板的启动时间又是一个"5.19"。历史，总是就在眼前！未来是否就在历史中？读者也可以慢慢去想。

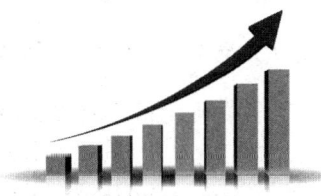

第六节 多头陷阱的识别及对策

在股市中多头陷阱经常会有,由于它欺骗性大,上当者众多,往往给投资者造成巨大损失。在股市中行走,不认识庄家设置的多头陷阱,必定会栽大跟头。多头陷阱横行无忌,散户又该如何应对?

一、多头陷阱的特征

多头陷阱主要有以下几个特征:

(1)股价前期涨幅较大,并创下阶段性高点,各项短期、中期、长期指标出现背离或者头部现象;短期、中期、长期均线(主要指日K线图中5日、10日、30日或20日均线)出现死叉。

(2)股价小幅下跌后未能经过有效调整就出现回升,但各项短期、中期、长期指标都未能修复好;均线系统局部虽得到修复,但均线系统整体向下趋势无实质性改变,长期均线走坏。

(3)升势迅猛,大盘或个股短线失地很快失而复得。

(4)股价回升时候成交量不大,出现萎缩,这是典型的多头陷阱特征。

(5)常借助利好消息,突破重要关口,日K线图有向上跳空缺口。

(6)技术指标在高位强势运行,严重超买。

(7)大盘或个股回调也较为迅猛,常以大阴线杀跌,投资者还未反应过来时就已深深被套,这标志着行情暂告一段,中级调整开始,通常这种情况得持续半年左右。

庄家设置多头陷阱的先决条件就是必须要有获利空间,从这个意义上说,多头陷阱的出现并不仅仅是在股价处于高位时,如果庄家有获利空间,即使当股价下跌到低位，也一样会出现貌似反转、实为反弹的多头陷阱。因此，多头陷阱也可以分为两类：一种是股价构筑顶部时的多头陷阱；另一种是股价在下跌过程中形成的中继型多头陷阱。

二、多头陷阱的识别

那么，散户如何识别庄家设置的多头陷阱呢？识别"多头陷阱"需要有一定的市场经验，能够将盘面的信号与基本面的分析和宏观政策的变动结合起来共同判断。这里提出几点规避"多头陷阱"的方法。

1. 分析公司的基本面

在股市的实际情况中，确实存在着一些奇怪的规律。那就是当庄家资金建仓时，往往恰巧是上市公司问题最多的时候，让重视基本面分析的投资者彻底丧失信心，而庄家恰恰在这时轻松地完成建仓。

等到庄家出货的阶段时，原来问题多多的公司又纷纷利好频传，无数耀眼的光环环绕，当散户纷纷跟进时，股价却不争气地逐渐下跌。等到深套的投资者幡然醒悟的时候，才发现庄家早已躲在光环下顺利出货了。

因此，投资者分析上市公司基本面时，要关注一些业绩长期稳定、优良的公司，对于业绩大起大落，或业绩异常好的公司还是小心为上，以免落入庄家的多头陷阱。

2. 分析消息面变化

庄家制作多头陷阱时，往往会利用宣传的优势，营造做多的氛围。例如，发布关于个股投资价值分析报告，请极个别缺乏职业道德的股评家对个股进行大肆吹捧，利用小道消息散布种种所谓的利好传言等。根据以往的市场表现可以看出，越是在股价涨高了以后，越是在参与的投资者兴高采烈的时候，这类的报告、吹捧和消息就特别多。所以，当投资者遇到市场集中关注和吹捧某只个股时，反而要格外地小心，因为，正是在这种消息的烟雾弹掩护下，庄家可以很方便地出货。

3. 从技术面分析

多头陷阱在K线走势上的特征，往往是连续几根长阳线的急速飙升，刺穿各种强阻力位和长期套牢成交密集区，有时甚至伴随向上跳空缺口的出现，引发市场中热烈、兴奋情绪的连锁反应，从而使庄家顺利完成拉高股价和高位派发的目的。

多头陷阱在形态分析上，常常会故意形成技术形态的突破，让投资者误认为后市上涨空间巨大，而纷纷追涨买入股票，从而使庄家可以在高位派发大量的获利筹码。

多头陷阱会导致技术指标上出现严重的顶背离特征。值得投资者注意的是，每一种技术分析指标都有其适用的范围，同样有其不适用的盲区，指标背离特征需要综合研判，如果仅是其中一两种指标发生顶背离还不能说明问题。但如果同一期间多项指标在月线、周线、日线上同时发生顶背离，那么，这时不仅容易构成多头陷阱，而且，极有可能形成一个中长期的顶部位置。

4. 从成交量分析："量价配合"

股价尚处底部区域时若出现量价配合，是行情启动的迹象，而股价出现一波拉升后再出现量价配合，则是多头陷阱。

若在投资者都还很谨慎、市场气氛还不热烈时出现的量价配合，是行情有效迹象；而若在投资者趋之若鹜、气氛极度火爆时出现量价配合的话，则是多头陷阱。

也可以这样说，如果在上升趋势中，伴随成交量放大，股价创新高，之后成交量略有减少，股价小幅回档。只要回档不跌破支撑线，市场仍为多头市场；如果成交量不大而且回档时跌破支撑线并加速下行，则是庄家设置的多头陷阱。

三、多头陷阱的应对策略

（一）隔岸观火

投资者在操作中，应冷静应对多头陷阱，做到"隔岸观火"。在盘头形态或尚未确认的中段整理时，宁可保持观望的态度，待支撑固定后再行做多不迟；否则，多头陷阱一旦确立，必须在原趋势线破位后停损杀出，带来的损失将非常巨大。

（二）及时离场，"走为上"

投资者若不慎落入庄家的多头陷阱里，短线操作者应尽快斩仓出局，长线投资者首先要仔细分析手中的股票基本面有没有发生实质性的变化，如果公司业绩良好且项目进展顺利，那么就只好长期抗战了。其次要看一看大盘处于什么样的运行态势，如果大盘并未出现大的下跌，则大可不必惊慌。

（三）基本面分析

对于大行情的多头陷阱，投资者需要了解影响大盘走强的政策面因素和宏观基本面因素，分析是否有实质性的利多因素。股价的上涨是否已经消化基本面的利好。假如在股市政策方面没有非凡的实质性利多因素，而股价却持续性暴跌，这时就比较容易形成多头陷阱。

从消息面来看，庄家往往会利用宣传方面的优势，营造做多的氛围。所以，当投资者碰到市场利多不断时，反而要格外小心。因为，正是在各种利多消息满天飞的气氛中，庄家资金才能够很方便地出货。

同时，投资者要冷静地分析市场的资金面。多头陷阱在市场资金流向的表现是，随着股价的持续性上涨，量能始终处于不规则放大之中，有时盘面上甚至会出现巨量长阳走势，盘中也会不时出现大手笔成交，给投资者营造出庄家正在建仓的氛围。恰恰在这种氛围中，庄家往往可以轻松地获利出逃，从而构成多头陷阱。

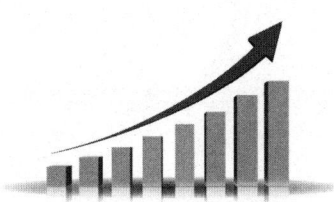

第十章

K线组合中的卖点

庄家出货招数再怎么多变、手法再怎么巧妙，都不可避免地要在图形上留下一些痕迹，体现在K线特征上就会形成一些图形定式。本章所列出的K线组合形态，都是一些常见的"庄家痕迹"，有时候这些图形虽不是庄家的力量刻意打造的，但也是市场合力形成的下跌征兆，预示着个股或大盘即将短线见顶或中线见顶，投资者见到此类K线组合图形都应做空，以回避股价进一步下跌的风险。

第一节 避雷针顶风声急

生活中的避雷针是用来保护建筑物等避免雷击的装置。在高大建筑物顶端安装一个金属棒，用金属线与埋在地下的一块金属板连接起来，利用金属棒的尖端放电，使云层所带的电和地上的电逐渐中和。避雷针的防雷作用是它能把闪电从保护物上方引向自己并安全地通过自己泄入大地。而股市中高高在上的"避雷针"则不能把雷击引入地下，操作不慎反倒有可能"引雷上身"。

一、高位避雷针形态的技术特征

高位避雷针形态是一类庄家经典的出货形态，图10-1中形态如同矗立在高高之上的一根避雷针。这种K线信号通常意味着头部的到来，是一种确认性的卖出信号。其技术特征如下：

（1）此形态通常在升势末期出现，股价已经有较大的涨幅。

（2）某天出现一根带长上影的K线，伴随着较大的成交量。

（3）这根K线可为阳线亦可为阴线，一般以阴线居多，上影线需超出实体的3~5倍。

相对高位的长上影线，与超买指标相伴，往往是庄家大幅拉高出货所致。该形态与定海神针形态有相似之处；但亦有不同之处，一个是用于测顶，另一个是用于测底，两者的作用不同，K线的方向也不同。

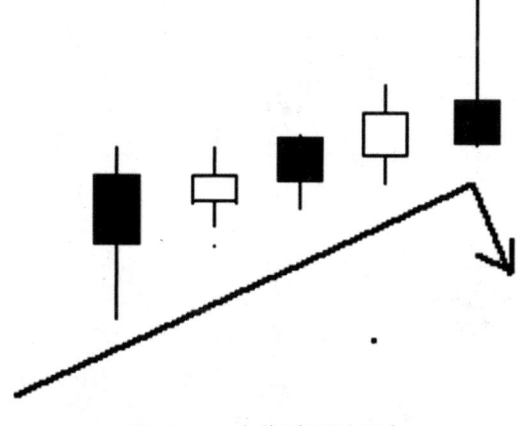

图10-1 高位避雷针形态

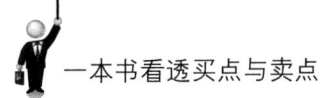

二、高位避雷针形态的实战操作要点

高位避雷针形态在实战中意义重大，是庄家出逃时在K线图上留下的痕迹。股价经过一波拉升，突然携量上攻，股价呈加速上扬之势，但冲高回落后，出现放量滞涨。股价往往当日反转向下，当日股价快速拔高之后直线下挫，留下长长的上影线，这是较为经典的见顶形态，此形态通常为庄家逃跑时来不及销毁的"痕迹"，股价短期将见顶，后市极有可能反复下挫，也是投资者清仓出货的好时机。

图10-1为大康牧业的K线走势。该股在2014年10月16日冲高后回落，收出长长的上影线，全天巨量成交，随后第二天深度探底，虽收出长下影但已无力回天，股价步入漫长的回调阶段。在图中我们看到离场信号卖点的出现不是仅此一次，而是多次发出。连续的K线形态"乌云盖顶"，均线死叉，空头发散，这些都是典型的庄家出货特征，也是散户们必须离场的信号。

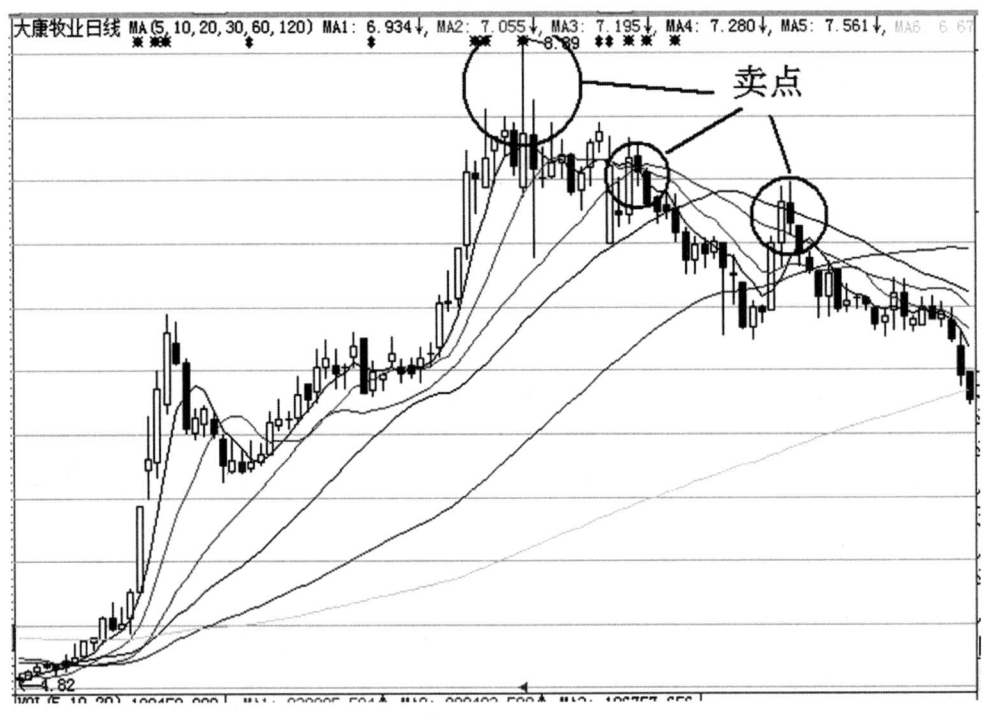

图10-2 高位避雷针的卖点（一）

随着高位避雷针形态的出现，股价往往1～2天后即大幅下跌，使盲目追进者高位套牢，此类形态都是典型的庄家大肆出货所留下的痕迹。

我们再看一个高位避雷针形态。图10-3是汉王科技的K线走势。该股利用高位避雷针形态可谓多，在2014年10月10日一个高位避雷针探天后，连续又出现两个高位避雷针。庄家在此期间完成了出货。随后的股价一路下行。在此处没有及时逃顶的散户面对的损失将远远大于前期的利润。

图10-3　高位避雷针的卖点（二）

我们在汉王科技的运行中又发现一个双头顶的形态，双头顶作为一个反转形态，在此处的指示意义同样是明显的。股价反弹不能突破颈线的压制，卖点已现，股民朋友们此时不走更待何时？

高位避雷针在股市中是一个高频出现的形态，为何庄家对此乐此不疲？现在我们来探究一下高位避雷针的形成过程！

高位避雷针形成的过程如下：

（1）庄家诱多，这是庄家出货时惯用伎俩之一。股价经过持续上扬，面临巨大获利盘和解套的双重抛压，庄家为了顺利出货，在拉升尾段，刻意放量诱多。即在当日早市先大幅拉高，吸引跟风盘涌入，待市场敢死队奋勇接盘，"鱼儿"上钩之后再反手做空，股价先升后跌。股票在高位易手后，庄家放弃护盘，于是股价顺势而下。

（2）市场获利盘抛售。股价连续上升后获利盘丰厚，累积到一定的程度后，市场后市看法出现分歧，多头阵营出现哗变，短线客纷纷落袋为安，导致股价冲高回落，亦会留下长长的上影线。

实战中，投资者对带长上影的高位避雷针宜保持高度警觉，特别是大批股票同时出现该形态时，大盘见顶的可能性极大。

投资者在操作中需注意以下几点：

（1）高位避雷针出现当天，应立即果断清仓。

（2）若当天误入的，应第二天开盘即抛，或趁股价惯性上涨时出局。

（3）第二天卖出一般不如高位避雷针出现当天卖出的价位高，如果收盘前10分钟股价仍无回天之力，形不成阳线实体，则不可留恋，三十六计，走为上。

第二节 倾盆大雨快收衣

打雷了不一定下雨，这是生活常识，但打雷却是下雨前的一种征兆。有可能打雷后下雨的概率只有70%，或者更低，但听到打雷之后，我们都选择收衣服，因为生活常识告诉我们，这是规避风险的所必需的。同样的道理，股市中，我们如果见到了打雷的信号，甚至是"倾盆大雨"的信号，我们应该选择赶紧"收衣服"。

一、倾盆大雨形态的技术特征

杜甫《白帝》诗中："白帝城中云出门，白帝城下雨翻盆。"倾盆大雨形态（如图10-4所示）的K线组合是上升趋势中的见顶信号。第二根低开低走的大阴线雨大势急，使多方信心受到了极大的打击，股价后市看跌。其技术特征为：在股价有了一段升幅之后，先出现一根大阳线或中阳线，接着出现了一根低开低收的大阴线或中阴线。其收盘价已比前一根阳线的开盘价要低。它主要表现在以下三个方面：

（1）出现在上涨趋势中，股价已经有了一定的升幅之后。

（2）由一阳一阴2根K线组成。

（3）先是一根大阳线或中阳线，接着出现一根低开的大阴线或中阴线，阴线的收盘价已低于前一根阳线的开盘价。

倾盆大雨K线组合与旭日东升K线组合在形态外观上相反，在技术含义上也相反。前者一般是表示股价后市下跌，后者一般表示股价后市看涨。

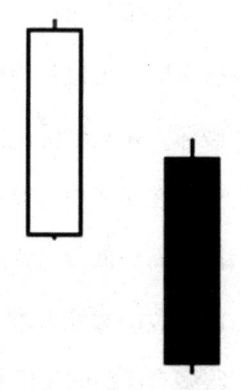

图10-4 倾盆大雨形态

二、倾盆大雨形态的实战操作要点

倾盆大雨形态的K线组合第一根中阳K线（或大阳K线），说明了当天多空双方在争夺股价阵地之时经过搏杀较量后，空方力量被打败，多方力量取得大胜利的结果。第二根K线为低开低走的阴K线，显示了当天多空双方在激烈搏杀后，空方力量最终取得大胜利。该根阴K线在开盘之时就与前一天的阳K线大相径庭，它间接反映出：经过一个夜晚的酝酿之后，空方力量在集合竞价之时就开始发动蓄谋一夜的进攻计划，最终空方力量将多方力量打得落花流水，惨败收场。并且在收盘时，空方力量不但吞并前一个交易日的全部多方成果，而且还超越了前一个交易日的开盘价。这一切都说明了做空动能异常强劲。

在倾盆大雨形态的K线组合中，多空力量演变过程为：多方力量由强转弱，空方力量发动突然袭击（开盘低开就是突然偷袭），并且乘偷袭成功之机发动攻击，最终空方力量吞没多方力量，而且还超越了多方力量。倾盆大雨形态的K线组合第二根阴线实体低于阳线实体部分越多，转势信号越强。

图10-5是友邦吊顶的K线走势。该股在2014年12月3日探顶后，连续阴线形成阴包阳态势，虽然随后是超跌反弹，紧接着又是倾盆大雨的形态直接宣告此波行情结束。在K线形成倾盆大雨形态后，显示短线股价运行反转，此时应以卖出为宜。

在图10-5中我们同样得到了另一方面的卖出验证。我们绘制了一根趋势线，此时股价的运行已经跌破趋势线，在随后的反弹中，趋势线对股价已形成压制。这个同样可以作为我们离场的信号。在图中我们还可以看到此时均线的形态已被破坏，死叉出现，空头发散，又是一个卖出的信号。

在实战中，倾盆大雨K线组合态第二根低开低收的阴线，说明人们已不敢追高，而想低价出售股票的投资者却大有人在低收，更是明明白白地反映了市场看淡该股的大众心理。这种K线组合的出现，如伴有大成交量，形势则更糟糕。故很多有经验的投资者见此图形，第一个反应就是减磅操作。

第十章 K线组合中的卖点

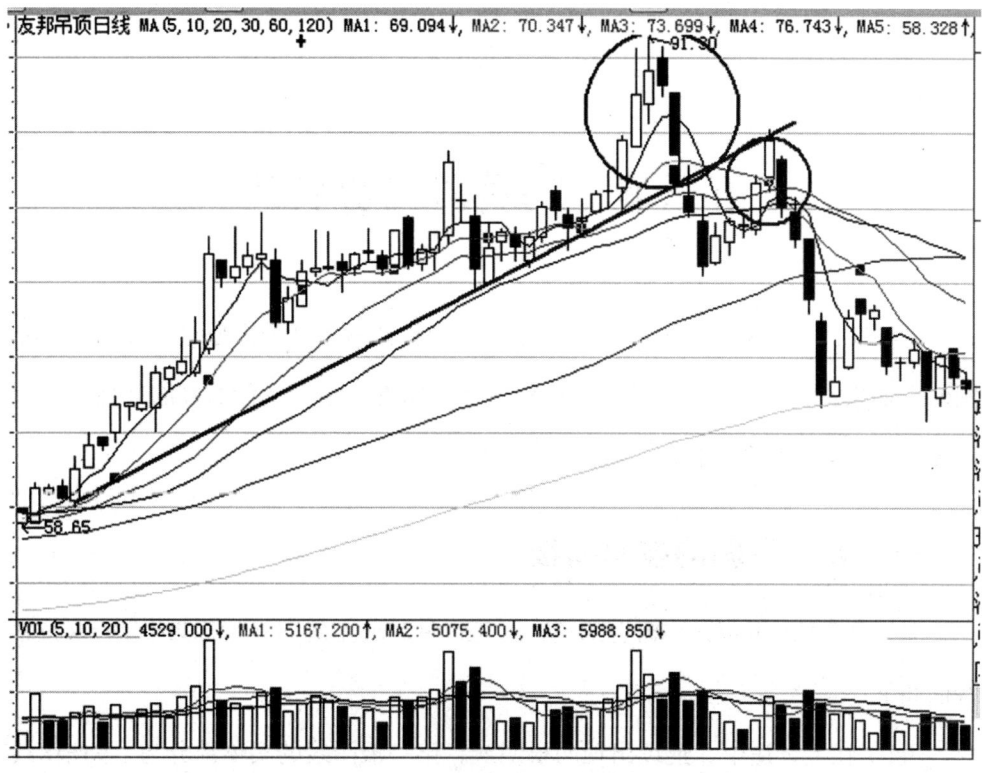

图10-5 倾盆大雨形态的卖点

在实战中,也并非倾盆大雨形态出现后,股价就非跌不可,这中间也不排除庄家利用此招进行中途洗盘,为日后股价上升夯实基础。但这种情况发生的机会很少。其原因有二:

(1)庄家用这种方法洗盘,把技术形态破坏,本身就要冒洗盘没有洗成反而招来更大的抛盘,促使股价快速下跌,把自己套住的风险。

(2)即使庄家洗盘,也大多数是发生在股价涨升初期,一般不会发生在股价已有了相当升幅之后。

因此在涨势中,尤其在股价涨幅较大之后看到倾盆大雨形态,从规避风险出发,投资者还是减磅操作为好,一旦发现倾盆大雨形态后,股价重心仍在下移,就要坚决抛空离场。

第三节　乌鸦群飞势转淡

乌鸦在我国民间一般是不吉祥的象征，乌鸦挂树梢会带来厄运，股市中也不例外，如果在K线图上见到了"乌鸦群飞"，那也一定不是什么好的征兆。乌鸦群飞形态包含了双飞乌鸦和三只乌鸦两种K线组合。

一、双飞乌鸦的技术特征

双飞乌鸦K线组合又称树上二鸦，这是一种较典型的向淡型K线组合。其技术特征如下：

（1）在上升途中，连续出现两根阴线，第一根阴线的实体部分与上一根K线的实体形成一段小缺口，构成起飞的形状，可惜翅折羽断，没有飞起来，出现了高开低收的情形。

（2）第二根阴线也是跳空高开，然后再次下跌，且实体部分较长，已把第一根阴线完全吞并。

从图形上看，它们好像两只乌鸦在空中盘旋，因此人们给它起了个双飞乌鸦的名称。双飞乌鸦出现，令人生厌，它说明人们对这个市道已很烦腻，做多力量严重不足，后市由升转跌可能性很大。双飞乌鸦形态如图10-6所示。

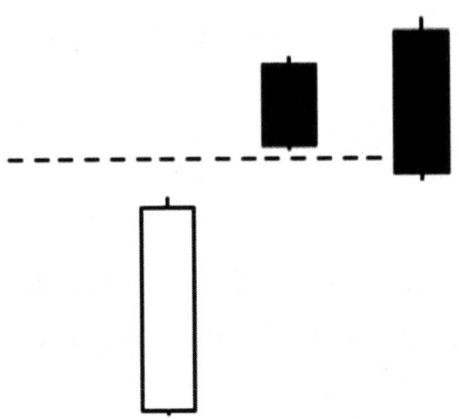

图10-6　双飞乌鸦形态

二、双飞乌鸦的实战操作要点

双飞乌鸦是由一条大阳线和两条向上跳空开盘且呈抱线形态的阴线组成的图形。出现双飞乌鸦形态，表示在上升趋势中连续两日高开，但未能贯彻始终，全部以低价收市，构成两条阴线，使多头对后市产生疑虑，开始获利了结，从而造成向下调整的压力。第一条大阳线表示价格大幅上升，显示上升趋势到了末端的时候，市场的上升力度在逐渐减弱，当形态初成的时候，市场仍存在一定的上升动力，因此双双都是以高开为主，摆出起飞的形状，但可惜后继乏力，出现空头斩仓，尽管推动价格仍然上升，但以最低价报收，未能进一步攀高，第三天再次收阴线，并且是出线组合，表明股价会进一步下跌，后市看淡。在上升趋势中连续两日高开，但未能贯彻始终，市场人气受到了较大的打击，做空力量突然剧增，使多头对后市产生疑虑，开始获利了结，从而造成向下调整的压力。

图10-7是青鸟华光的K线走势。该股在出现双飞乌鸦K线组合形态后，股价出

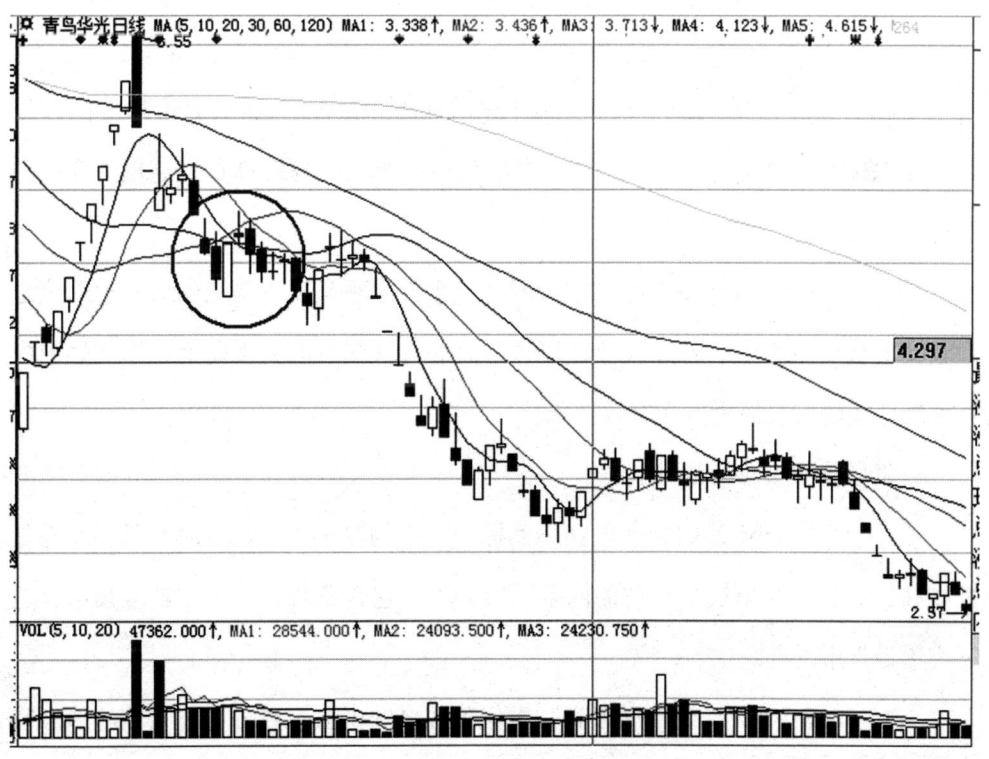

图10-7 双飞乌鸦的K线走势

现了加速下跌。当然在前方的光头大阴线中也早已显明股价的方向。在本书的开篇我们就向读者讲我们会依据多种分析方法，利用它们在股市中的互相印证去指导投资者的行为，以期在复杂的股市中觅得乾坤，也正是如此。

作为典型见顶回落的K线组合，双飞乌鸦与三只乌鸦挂树梢具有极强的转势意义。凡是乌鸦形态的K线组合，投资者都应小心，它们均属于各种级别的头部形态，都是实战中的出货信号，只是有的"乌鸦"必死无疑，有的"乌鸦"则可能会起死回生。双飞乌鸦K线组合在实战中应注意以下几个应用条件：

（1）一般来说，"双飞乌鸦"的阴线实体越大，其下跌空间也越大。

（2）双飞乌鸦一定要先起飞后回落。即行情经过一段连续上升后，在其高位后出现实体跳空的阴线，表明"乌鸦"起飞，然后再出现一条低开低走的阴线，便形成"乌鸦"回落，此时实战中应出货了结。

（3）双飞乌鸦的第一根K线为大阳线，或涨停板跳空形成的一字线，若其后出现高开阴线封头，则后面再飞一只乌鸦的可能性极大，此时无论行情怎样，都应先退出为宜。

（4）双飞乌鸦K线组合最容易出现在除权前的高位与新股上市后的高开位置，因除权前的高位与高开的新股均是股价所拉出的非理性高点，这也为今后的股价底部运行打好伏笔。

（5）双飞乌鸦K线组合的"起死回生"条件必须是双飞乌鸦的后一根阴线之后紧接着被一条大阳线吃完收回，那么后面的行情就可能会再向上，在实战中应注意趋势线的配合使用方为有效。

双飞乌鸦的交易策略如下：

（1）双飞乌鸦K线组合一般达不到标准形态的要求，在观盘时，只要发现是处在高位、且是在阳线后出现的两条阴线，不管它符不符合要求，就应卖出，这是逃顶最省事的办法。

（2）双飞乌鸦K线组合形态有时类似黄昏星的走势，在分不清它们的形态特征时，同样不管三七二十一，卖掉就是了。

（3）双飞乌鸦K线组合出现后，其较好的获利点与止损点为双飞乌鸦的第二根阴线形成临收盘前。如投资者当天因故没来得及卖出，也应在第二天出手，出货时，丝毫不能手软，手一软就要吃大亏。

在一般情况，该形态的两根K线都是相对于前一天收盘价向上跳空高开的，但双飞乌鸦还有一种更加明显和强烈的转向信号，就是会出现第二根阴线再次高于上日开盘价开出，然后低收，形成类似于"穿头破脚"的图形。从理论上说，这样的形态有着非常明显的杀伤力，这主要是由于市场力量发生了转变而引起的。投资者需要果断止损。

三、三只乌鸦的技术特征

三只乌鸦K线组合，又称暴跌三杰。图形上看恰似三只黑乌鸦坐在将快要枯萎的大树之上，即三只乌鸦挂树梢，这种K线组合预示股市即将构筑短期的阶段性顶部，并且后市将面临着下降趋势。其技术特征如下：

（1）在上升趋势中连续3天出现阴线。

（2）每根阴线的收盘价低于前一天的最低价。

（3）每天的开盘在前一天的实体之内，也就是每根阴线的开盘价低于前一天的开盘价。

（4）每天的收盘等于或接近当天的最低价。股价连续3天在相对高位收阴，市场由强转弱的信号较为明确，发生转势的可能性较大。

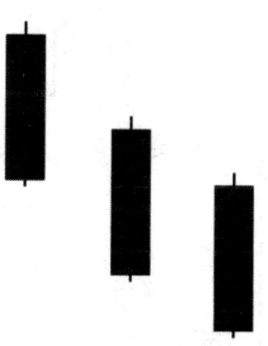

图10-8　三只乌鸦形态

四、三只乌鸦的实战操作要点

在上升行情中出现三只乌鸦，说明上档卖压沉重，多方每次跳高开盘，均被空方无情地打了回去。和三个白武士K线组合形态相反，三只黑乌鸦是由三个短小的连续下跌的小阴线实体组成，K线收盘一日比一日低，表示空方力量在逐步加强，后市看淡，下跌速度将加快。

三只乌鸦形态一般出现在庄股出货后期，股价呈阶梯形逐步下降，说明行情已经无力上升，在下降趋势中，该形态表明股价将进一步下跌。投资者如结合成交量、技术指标判断，很容易判断市场是否会转势。

调整有两种基本形式：缓慢盘跌和快速急跌。一般来说，出现三只乌鸦时成交量同步缩小，5日均量线下穿10日均量线，后市反复盘跌的可能性极大，跌势绵绵不绝，犹如钝刀子割肉。若调整时采取长阴惯下、短线急跌的形式，短线则易出现反弹。

图10-9是共达电声的K线走势。该股在2014年10月连续出现三只乌鸦形态，显示空方力量的强大，加速了股价的快速下跌。在图上我们又看到了密集成交区对股价压制的印证。离场信号明确。

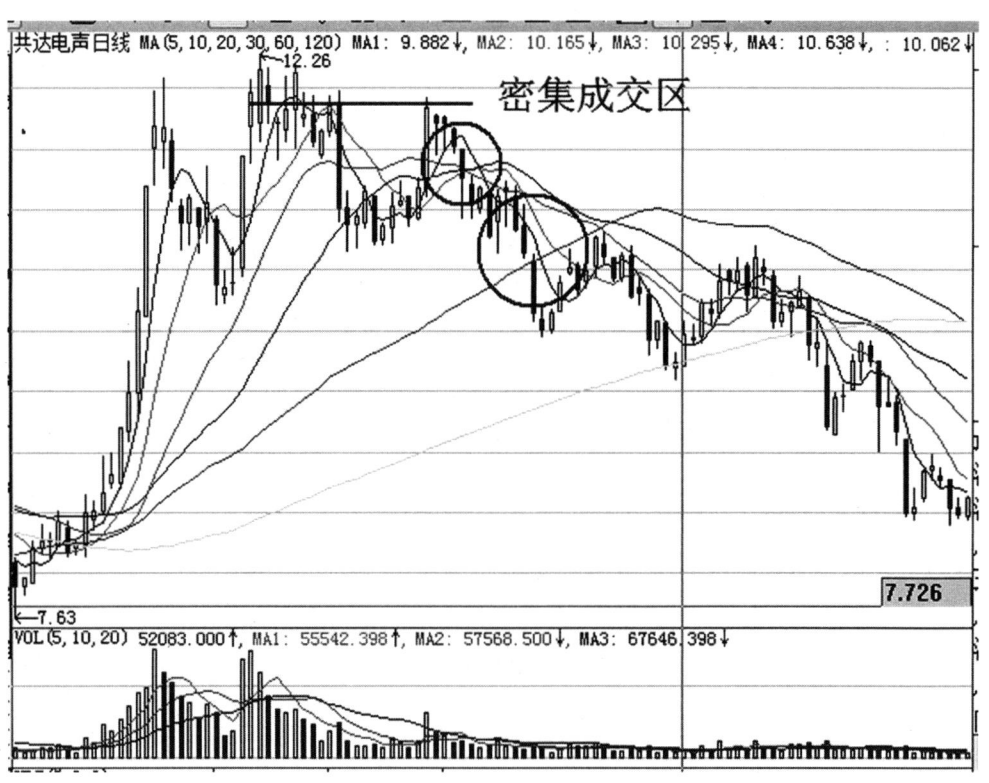

图10-9　三只乌鸦形态的K线走势

我们再来看一个案例。图10-9是勤上光电的K线走势，在图中我们看到三只乌鸦形态，随后出现"死亡穿越"。我们在往前面看看，最高点又是什么？乌云盖顶！乌鸦群飞的最上面呢？倾盆大雨！还不想离场吗？留也不留。

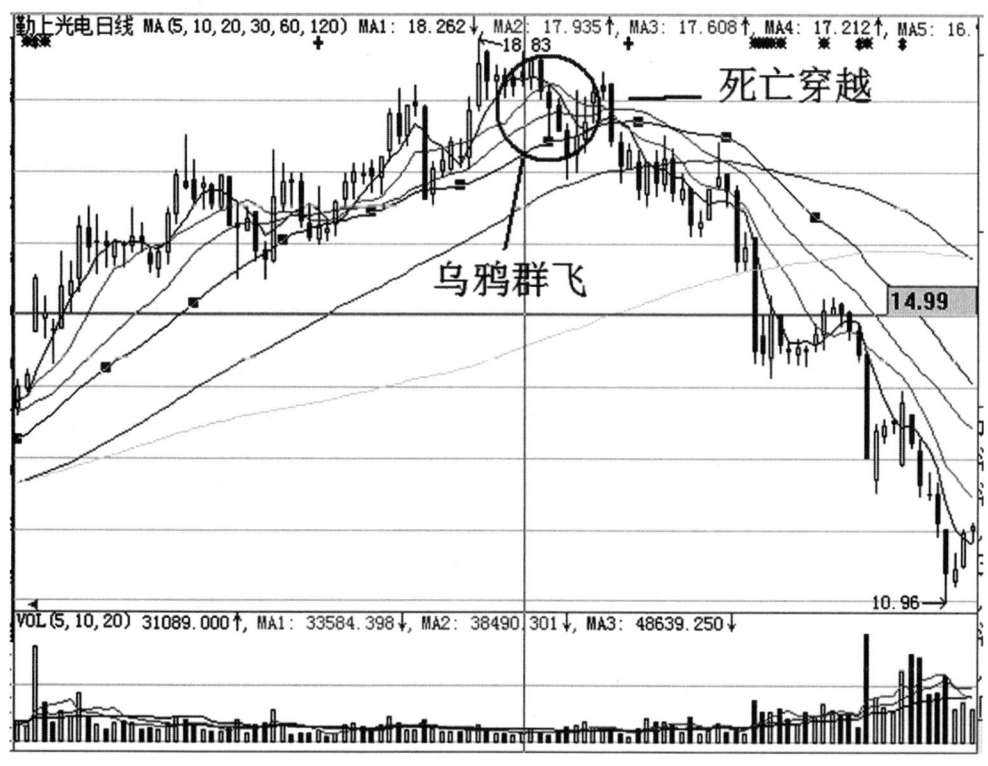

图10-10　乌鸦群飞形态

"死亡穿越"是什么？我想很多读者会问了。这里先卖个关子，等会我们自会慢慢详述，现在我们还是说三只乌鸦的事。三只乌鸦挂树梢出现后，这是股价暴跌的先兆，是个不祥的讯号，投资者可先获利了结或止损出局，其较好的获利点与止损点为三只乌鸦的第三根阴线形成的临收盘前，或出现之后一两天之内的小阴、小阳线时。

实战中需要注意的是，三只乌鸦出现在上升趋势之末、下跌趋势启动之初，空头取得优势并开始发力时，务必注重这种K线走势成立的前提，是发生在下跌趋势成立的初期。在下跌趋势的末端，有时也会有三连阴的K线形态，但这与三只乌鸦形态无神似之处。

对于K线组合形态的分析必须结合均线系统进行综合研判,如果出现三只乌鸦K线组合形态的同时,伴随有均线系统的破位,则说明股指见顶的可能性更大。当三只乌鸦K线组合击穿了5日、10日和60日均线,并且使得整个均线系统进一步向空头排列转化,说明破位是有效的,投资者要果断卖出。

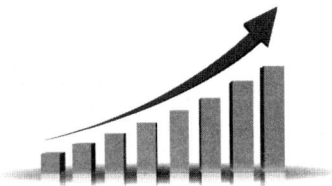

第四节　黄昏之星日已西

黄昏意味着黑暗的到来，股市中的黄昏之星就如太阳像一滴红色的泪珠，从西山之巅缓缓滚落。在夕阳的余光之中，黄昏之星就像魔鬼的特使君临股市。市场在持续的涨势之后，已激情不再，就像再好的筵席也有散场之时。

一、黄昏之星的技术特征

黄昏之星形态（如图10-11所示）是由三根K线组成的转向利淡的形态。其图形其技术特征如下：

（1）黄昏之星出现在一个上升趋势后，由3根K线组成。

（2）第一根K线是一根长阳线。

（3）第二根K线波动较小，形成一根小阳线或小阴线，构成K线组合中的主体部分。

（4）第三根K线是一根实体较长的阴线，它深入到第一根K线的实体之内。

该K线组合在识别时需要注意以下两点：

第一，在传统技术理论中，认为黄昏之星的第二根K线必须是跳空高开，且最低价高于头一天的最高价，即与第一天的阳线之间产生一个跳空缺口。依据笔者的实战经验，带跳空缺口的黄昏之星K线组合，虽然能提高转势信号的强度，但出现的概率极低，依据笔者的统计，1999年1月1日至2009年1月1日，带缺口的黄昏之星仅出现454次，基本不具备实战意义。本书中，笔者将黄昏之星的定义去掉了第二根K线必须

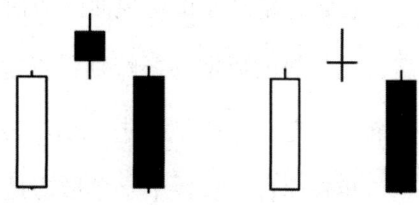

图10-11　黄昏之星形态

带跳空缺口的限制。

第二，若第二根小K线为十字星，则该形态称为黄昏十字星，它是黄昏之星K线组合的特殊形态，趋势转弱信号更为强烈。

黄昏之星是股价见顶回落的信号，预示市场趋势已经见顶，卖出的时机悄然来临。

二、黄昏之星的实战操作要点

黄昏之星形态K线组合形成的过程是：股价经过一段时间的持续上涨，第一天，市场在一片狂欢之中继续涨势，并且拉出一根长阳线。第二天，继续冲高，但尾盘回落，形成上影线，实体部分窄小，构成星的主体。第三天，突然下跌，间或出现恐慌性抛压，拉出长阴线，抹去了前两天大部分涨势。其中第一根K线为承接前期上升走势的大阳线，买盘强劲，显示升势持续。第二根K线可为出现在裂口高开后的十字星或纺锤，此讯号显示买方压力逐步得以舒缓，价格大有可能已见顶。倘若第二根K线有着与射击之星相同的上影线，利淡转向讯号的可靠性更大为提高。第三根K线是卖盘强劲的阴线，此时市况已发生根本的转变，跌势一直持续到收市。

图10-12是江南嘉捷的K线走势，该股在2014年11月27日探高回落，收出一根十字星，紧随第二天收出一根中阴线，形成黄昏之星形态，后一天以一根大阴线深度击穿均线系统，反弹无力。庄家随之还以倾盆大雨、乌鸦群飞的技术形态。股价深度下跌未能及时离场的散户损失惨重。

黄昏之星是股价见顶回落的信号，实战中，黄昏之星充当顶部的几率非常之高，在牛势的后期，要特别警惕这种反转信号。投资者遇到这种K线组合，不宜再继续买进，应考虑及时减仓，并随时做好停损离场的准备。

相较而言，黄昏十字星形态是更为强烈的趋势转弱信号，预示行情将随之进入震荡下行趋势中，投资者需要把握时机获利了结或止损出局。

第十章 K线组合中的卖点

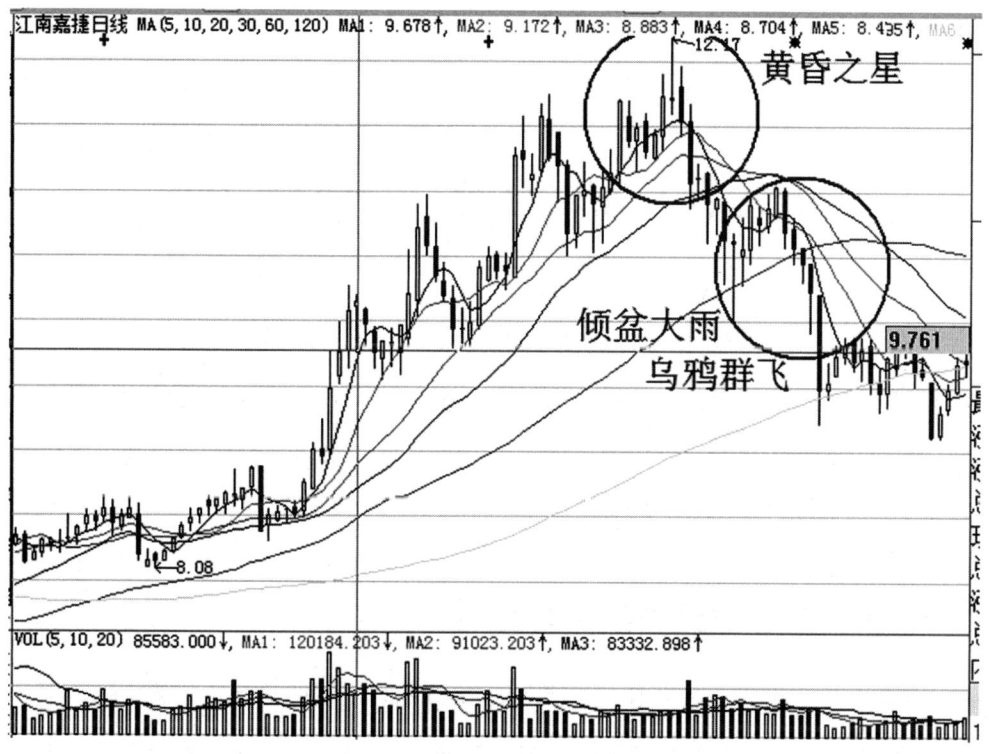

图10-12 黄昏之星的K线走势

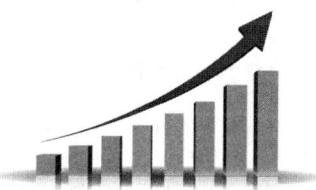

第五节 死亡穿越：一阴穿三线

在前面的几节我们讲述了不同的K线形态及其各自在实战中的指导意义。相信大家早就对其中出现的一种K线形态过目不忘了，它以其凶狠极强的指示意义而在众多的K线形态中占得重要一席。即我们本章将要讲述的死亡穿越：一阴穿三线。

一、一阴穿三线的技术特征

一阴穿三线形态（如图10-13所示）的K线组合表明股价运行趋势由强转弱，K线上的有效破位预示股价将来会有继续下跌的空间，是一种卖出信号。该形态的技术特征如下：

（1）通常是创出本轮行情的高点之后出现。

（2）一根阴线跌破5日、10日、20日均线。

（3）该K线将改变均线为空头排列。

（4）出现该K线时，成交量明显放大。

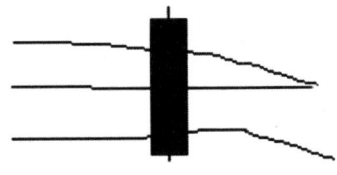

图10-13　一阴穿三线形态

二、一阴穿三线的实战操作要点

此种形态的含义为：股价从高位回落，某天出现一根阴线跌破5日、10日、20日均线，表明大盘（或是个股）顶部构筑成功，后市将展开调整浪，该K线形态表明行情将走弱，此时应立刻出局观望。

一阴穿三线K线组合在实战中屡屡带来巨大的杀伤力，此种形态通常是创出本轮行情的高点之后出现，是对调整趋势的最后确认，若你未能在最高点卖出，在此形态出现时是最后的逃命机会。如图10-14所示的瑞普生物的K线走势中，11

月25日就是一阴穿三线形态,此时应果断离场。在笔者的博客中,解盘时曾多次提到大盘出现该形态,建议立刻出局空仓。出现此种形态时,后市看淡,应立刻逃命;没有出现此形态,即使短期内股价出现波动,亦可继续持股。

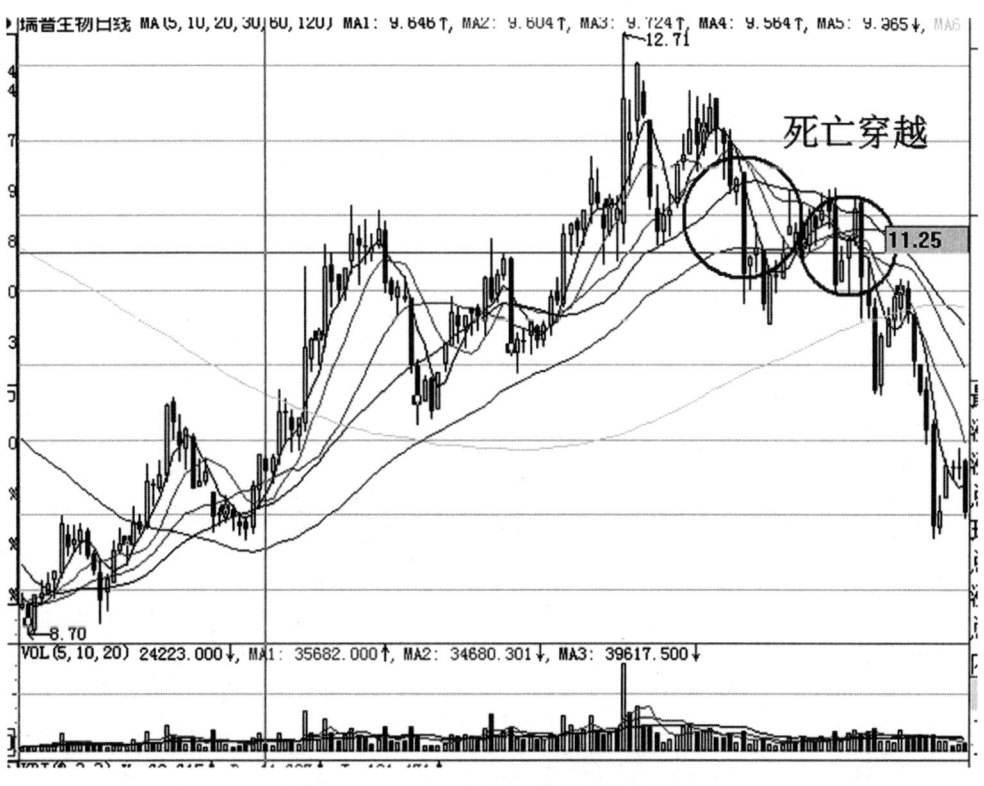

图10-14　一阴穿三线的K线走势

此形态不仅适用于判断大盘的走势,也适用于个股,若盘中多数个股同时出现此种形态,大盘通常已经见顶。如果在股价的下跌过程中出现一阴穿三线K线形态,则充分强化下降趋势的有效性,这时投资者要坚决看空该股,不要轻易介入抢反弹。

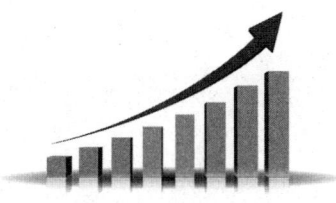

第十一章

李逵？李鬼？

庄家的操盘手法并非一成不变，以笔者多年对各类型庄家的接触（包括对近年江浙一带的游资的接触），并结合实战的经验来看，庄家手法多变，花样层出不穷，100个操盘手操作的庄股可能就有99种风格。而在操盘过程中，不时加入一些混淆视听的手段，使洗盘看上去像出货，而在出货又像在震仓，卖点看起来像买点，这就需要投资者在实战中多加甄别，别上了"李鬼"的当。

第一节　洗盘与出货

为了麻痹散户，庄家在作图时往往把洗盘作得跟出货一模一样，大家可以从前面我们讲的洗盘与出货的手法来看，同样的横盘、震荡、打压却是不同的目的。这样在多次洗盘之后，散户就容易把庄家的出货行为误当成是在洗盘，从而上当。其实由于洗盘是为了洗清浮筹便于拉升，而出货是为了派发兑现利润，这种本质的不同使得两者在图上"形似而神不似"的表现也很明显。

庄家洗盘的目的是尽量把心态不坚定的跟风盘甩掉。庄家出货的目的是尽量吸引买盘，通过各种手段稳定其他持股者的信心，而自己却在尽量高的价位上派发手中尽量多的股票。区分两者的区别是十分关键的，其直接关系到散户在此只个股上的获利率。但在实际操作中，许多投资者却把庄家的洗盘当出货，把出货当洗盘，结果卖出的股票一路狂升，死捂住的股票却一跌一再跌，深度被套。除了经济上给投资者造成损失外，也对投资心态产生了较大的破坏。

洗盘与出货一般有以下区别。

一、从分时图上看

（1）洗盘时，往往开盘即跌，然后一直横盘，下跌的量和斜率都不大，且在拉升时成交量会放大、斜率会变陡，盘口上出现大的接盘时停留时间较长，一般小笔成交多；出货时，一般会先上冲后回落，分时图上下跌斜率较陡，一般全天都在日均线之下运行，盘口时常有大手笔卖出，且任何大的接盘一旦出现也会在短时间内被打掉，根本容不上你挂单卖出，即使股价有上拉成交量也远不如砸下时的大。

（2）出货时，在卖盘上是不挂大卖单的，下方买单反而大，显示委比较大。

造成买盘多的假象,或下方也无大买单,但上方某价位却有"吃"不完的货,或成交明细中常有大卖单卖出而买单却很弱,导致价位下沉无法上行;洗盘时,在卖盘上挂有大卖单,造成卖盘多的假象,若庄家对倒下挫时是分不清是震仓还是出货的,但在关键价位,卖盘很大而买盘虽不多却买入(成交)速度很快,笔数很多,股价却不再下挫,多为洗盘。

二、从均线系统上看

(1)洗盘时,股价始终维持在10日线之上,即时跌破也并不引起大幅下跌,而是在均线下缩量盘稳,并迅速返回均线之上;出货时,股价盘跌均线走平,均线系统多头排列被破坏或开始向下,最终跌破均线系统并以阴跌形势向下发展。

(2)洗盘时,股价在庄家的打压下快速走低,但在下方获得支撑,缓缓盘上;出货时,股价在庄家拉抬下快速走高,之后缓缓盘下。

(3)洗盘时,均线上攻的斜率不是很陡,且喇叭口刚刚发散;出货时,上攻的斜率一般大于45度角,且喇叭口发散程度放大。

三、从成交量上看

(1)洗盘时,股价下跌而成交量无法放大,洗盘完毕股价再次回升时成交量慢慢放大;出货时,股价上升持续时间短,成交量并不很大有许多对倒盘,但股价下跌则伴随着大成交量。

(2)洗盘时,盘面浮筹越来越少成交量呈递减趋势;出货时,盘面浮筹越来越多,成交量一直保持在较高水平。

四、从K线形态上看

(1)洗盘时,日K线一般不会连拉大阴线,顶多拉2~3根中(小)阴线;出货时,日K线经常连拉中(大)阴线。庄家洗盘仅想甩掉不坚定的跟风盘,并不是要吓跑所有的人;否则庄家就要去买更多的筹码了。他必须让一部分坚定者仍然看好此股,仍然跟随它,帮其锁定筹码。所以庄家在洗盘时,某些关键价是不会跌穿的,这些价位往往是上次震仓的起始位置,这是由于上次已洗过盘的价位不需再洗,也即不让上次被震出去的人有空头回补的价差。这就使K线形态呈现十分明显的分层现象。而庄家出货则以力图卖出手中大量的股票为第一目的，所以关键位是不会守护的，导致K线价位失控，毫无层次可言，一味下跌。所以，重心是否下移是判别洗盘与出货的显著标志。

（2）洗盘时，反弹力度较小，如此不会恢复持股者的信心；出货时，反弹力度极大，如此可使场内外的散户投资者对庄股保持信心。如果是洗盘，股价最终会放量突破盘局，表明洗盘完成，新的升势开始；如果是出货，股价最终会向下突破盘局，但成交量不一定迅速放大，呈阴跌走势，表明庄家基本出货完毕，由散户支撑股价，必然阴跌

（3）洗盘时，外盘与内盘成交手数差不多；出货时，一般内盘（绿单）成交手数大于外盘（红单）成交手数，且常有大卖单出现。

图11-1是中核科技2010年7月至2011年3月的K线走势。我们在图中标出了洗盘吸筹的区间，也标出了出货的区间。改制股票采取的是正当出货的方式，所有区间也存在着高抛低吸做差价的行为。对比两个区间，大家就可以发觉洗盘与出货的不同了。

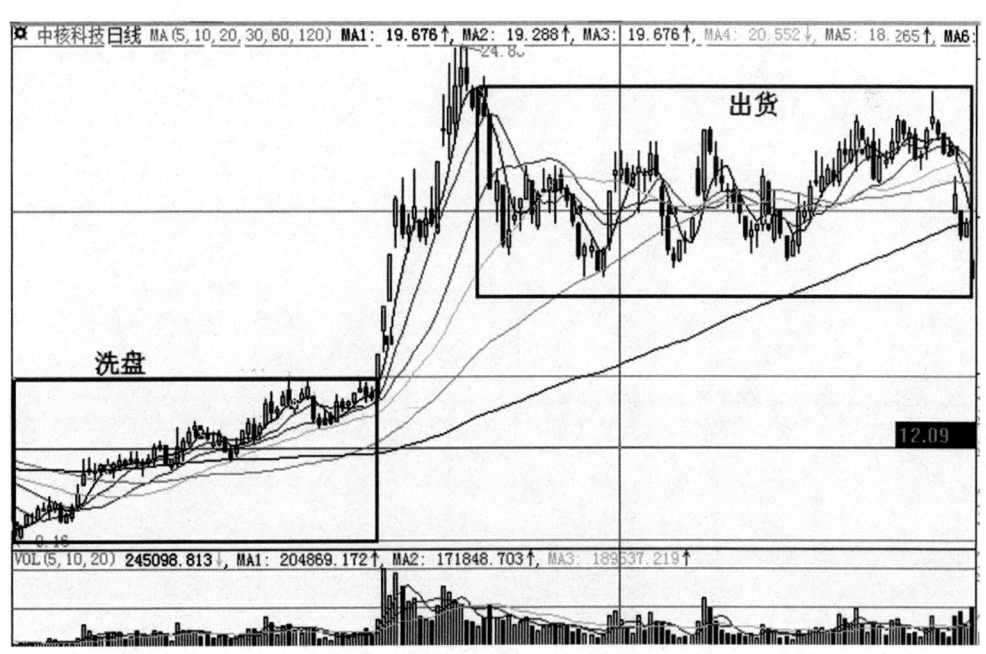

图11-1　洗盘与出货的区间

（1）洗盘时，均线系统由多头发散变为均线黏合、错乱不时伴有死叉出现。

（2）洗盘时，K线不会有效跌破20日、30日线，即使跌穿也会很快拉回，洗盘阶段的K线多为小阴小阳，十字星上下影线会很短，庄家在此时正在吸筹，不希望引起散户注意，并且可以消磨散户耐心，卖出筹码；出货时，K线则变成了长上下影十字和大阴、大阳线，这反映了庄家一方面需要打开空间出货，另一方面又想借市场的热情吸引散户买入，同样达到出货的目的。

在图11-1中，我们一眼就可以看出洗盘与出货所处的位置不同，从波浪理论看，洗盘处在二浪，而出货则在四浪、五浪以后，所以高度是不同的，参考我们前面章节讲的盈利空间，庄家也是需要出货的。

我们想跟读者讲的是：庄家的拉升是为了兑现收益，而不是为了下一步拉升。

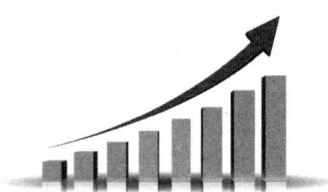

第二节 震荡出货与震荡洗盘

震荡出货从表面上来看和震荡洗盘别无二致。但从实际意义上来看，两者却有本质性的区别。我们先对两者加以细致的区分：

（1）震荡出货和震荡洗盘虽然都是采取以震荡为手段，但两者的目的却有天壤之别。

震荡出货的目的是采用震荡的手段来掩饰庄家派发的痕迹，一方面以派发手中的筹码为主要目的，另一方面在派发的同时还要维持较高的人气。正是由于庄家具备这种派发的目的，所以从盘面上来看，股价在采取向下震荡的时候，向下抛出的卖单具备连续性，并且卖单比较均衡，成交量比较真实，基本上都是真刀真枪的卖单，并且在向下震荡至箱体底部或较低价位时仍有较大的抛单抛售。这些较低位的抛单出来后，股价仍然盘软，股价借大盘走好或利好公布而采取向上震荡时，买单往往不具备连续性；或者持续性的买单很假，绝大部分为庄家诱多时的对敲盘。当股价向上震荡到一定价位时，只要上档持筹投资者稍有抛售意愿，庄家根本不愿正面交锋，股价遂掉头向下。从总体表现来看，庄家基本上扮演的是空头角色，多头多为对后市仍抱有幻想的中小投资者的行为。

从这时的成交量来看，由于股价下跌时，成交卖单均衡而持续，显得比较有组织有计划，所以在盘面上和分时K线走势上就形成跌时放量的态势。而股价向上震荡时的多头力量基本上来自对后市仍抱有幻想的散户投资者。所以股价上涨时的买单就显得零碎和杂乱，缺乏集中性和计划性，在股价上涨时的成交量上则表现出涨时缩量的特征。这种跌时放量、涨时缩量的不健康的量价关系，表明了庄家急于出局的做空心理。

（2）震荡洗盘虽然同样是采取了震荡的手段，但由于庄家的主要目的是促进获利盘换手，同时由于庄家对后市股价的走势很有信心，所以庄家在向上震荡的时候，买单往往具备持续性、集中性和均衡性，反映在盘面上往往形成价涨量增的健康走势。而向上震荡到无压力区域的时候，一旦有持筹者有抛售意愿，庄家也敢于和空头搏斗，从而显示出庄家信心百倍。

相反，在股价采取向下震荡的时候，由于做空的能量大多是来自对股价后市走势具备不确定性疑虑的散户投资者，所以在股价采取向下震荡的时候，卖单显得零碎和杂乱，缺乏计划性、持续性和集中性，成交量表现在盘面上也是价跌量缩，表明投资者不愿在低位沽售。而股价向下震荡到箱底或者较低位时，一般就没有大的抛单抛售了，就是偶尔有较大的抛单沽售，股价也应该止跌回升。

其机理就有二：一是把不看好该股的大户清洗出局后把股价做高，让其没有逢低吸纳的机会，从而追高买入，踏错节拍，垫高其投资成本，真正起到洗盘的作用。二是放量止跌。这种情况一般是庄家采取放量向下对敲卖出抛单很多很大，就是股价并不下跌，主要目的是恐吓意志不坚定分子，引诱信心不坚定者出局。此类情况根据盘面不同，也可能是其他小资金持有者获利出局另有机构进场换手。这两点看似细微却也非常主要，是区别庄家出货与洗盘的重要标志。正是由于以上几重情况的存在，所以震荡洗盘的成交量表现在K线和分时线上往往形成价涨量增、价跌量缩或者放量止跌的健康态势，这是庄家震荡洗盘和震荡出货的重要区别标志。

（3）再从整个形态的成交量来进行比较和分析。由于两者存在本质上的区别，震荡洗盘在整个形态演变的过程中成交量迅速萎缩，标志着经换手后盘面浮码迅速减少最终以向上突破而使震荡洗盘形态成为涨升过程中的中继形态。震荡出货则恰恰相反，由于庄家派发的行为，导致整个形态演变的过程中浮码越来越重，最终选择向下突破而使这种震荡演变为头部形态。

图11-2是兴蓉投资在震荡洗盘时的量价关系。从图中我们就可以看出，涨时放量，跌时缩量，到后期量能更是缩小到极点，伴随着拉升进一步放量。和谐的

第十一章 李逵？李鬼？

量价关系是大盘上涨的坚实基础。量价的背离同样预示着行情的不长久。在图中我们也可以看到"三线汇流"的均线系统组合。大胆买入就是最好的做法。

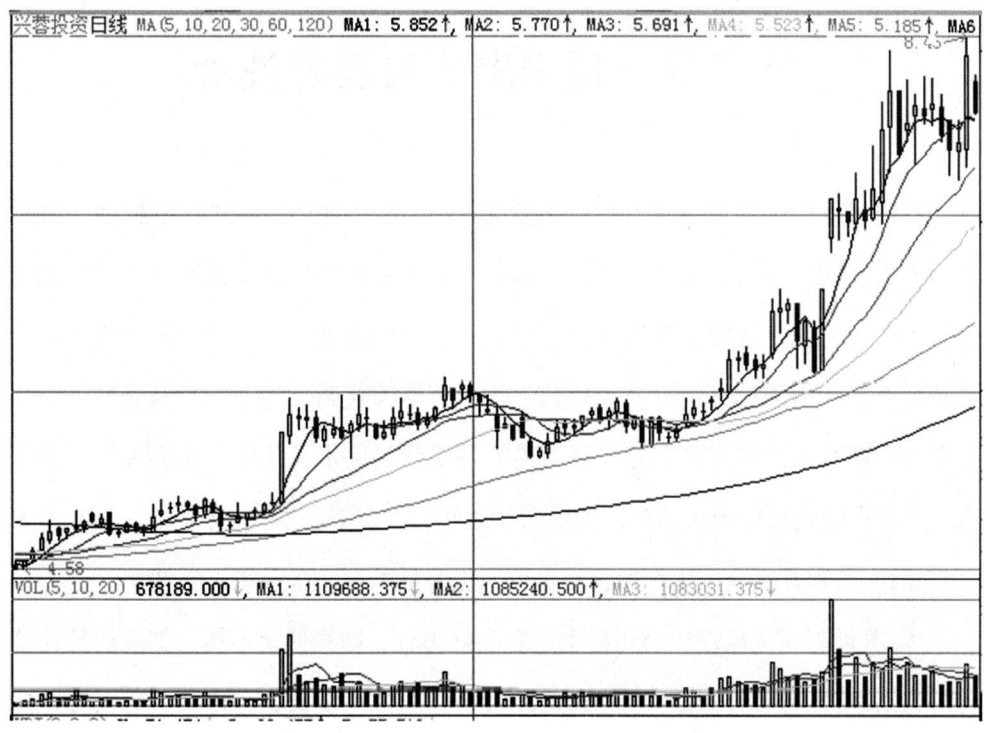

图11-2 "三线江流"的均线系统组合

大家可以好好对比图11-1和图11-2的异同点，如均线、K线、量价和波浪等。别人看出的是可以一目了然但不是自己的，自己思考出来的才真正属于自己。希望所有的散户朋友都能有一套属于自己的理论方法，纵横股市。

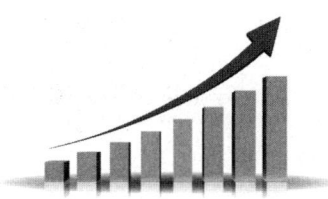

189

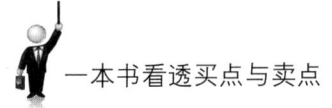

第三节 利好出货与利好洗盘

如何区分庄家的洗盘与出货，是投资者在实际操作中感到难以把握的，有时候因主力坐庄计划的中途改变，其在走势上给人一种扑朔迷离的感觉。但多数时候，由于主力坐庄是按照其事先的计划进行，盘中遇到一些突发性的事件也不会对其整个运作造成较大的改变，故其走势上也能够找到一些"蛛丝马迹"。由于许多投资者分不清庄家借利好出货与借利好洗盘的区别，这样往往会失去很多机会。笔者在经过长期的跟踪后，发现两者之间存在以下区别：

（1）借利好洗盘发生在股价从最低位上升后的第一次或第二次调整。

（2）借利好洗盘往往公司后市还有利好出台，即利好出不尽，如股权转让公告，其后续尚有资产重组、产业转型、公司利润大幅增长、高送配、更名等，此时股权转让的利好往往是洗盘的良机。

（3）借利好出货一般股价经历了大幅上升之后，出台的利好在上升过程中基本消化，从基本面分析往往后市再无利好出台（即利好出尽），此时往往是庄家借利出货的良机。

相信大家从上面的三个区分上可以看出：利好发生在洗盘阶段就是借利好洗盘。利好发生在出货阶段就是借利好出货。

借利好出货相信大家都能很好地理解，那么借利好洗盘呢？利好股票为是么下跌了呢？

利好反映的是基本面的好转，基本面的好转才可以支撑股价的上涨。但对庄家来说此时还没有完成筹码的收集，股票还处于洗盘阶段，这时发生的利好只会加快庄家洗牌的速度，当庄家完成筹码的吸筹，此时发生的利好，就会被庄家正

第十一章 李逵？李鬼？

面反应——拉升股价。在股价拉升后此时发生的利好会因为股价已反应利好，转化为庄家出货的最好搭档。此时大家可能就会明白消息对庄家来说，只是按需分配。

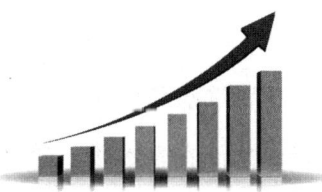

第四节　横盘出货和横盘洗盘

横盘洗盘和横盘出货，虽然同样采用横盘方式，但却带来不同的结果。由于两者之间存在本质上的区别，因此就导致了庄家在整个横盘形态过程中的不同行为。

对于横盘洗盘而言，庄家主要是以换手为主要目的。庄家只有在关键时刻，才会在高位或低位出现，以主动性买单或卖单来控制股价，使得股价呈现出横向整理的走势，促使中小散户投资者自由换手。在横盘洗盘的整个过程中，庄家真正参与买卖的行为并不多，所以股价走势沉闷，但股价比较坚挺，成交量也伴随着股价换手迅速萎缩。出现这种情况时，就标志着筹码日趋集中，浮筹逐步减少。横向洗盘最终放量向上突破时，就标志着横盘洗盘结束。

而横盘出货则恰恰相反。由于庄家这个时候是以抛售筹码为主要目的，因此导致在整个横盘形态演变的过程中，庄家表现得最为活跃，常常作出各种各样的假突破姿态，以此来引诱跟风盘。随着庄家不断抛售筹码，导致盘面浮动筹码日趋沉重，股价走势也日趋疲软。每次股价跌至低点，庄家出来维持股价时，都会显得特别沉重。造成庄家控盘沉重的原因，是前期庄家抛出的筹码分散到散户手中后，致使庄家控盘能力下降。

横盘出货表现在成交量上的特征，是在整个形态演变过程中成交量能较活跃，并且始终不能萎缩。在横盘洗盘的过程中，则不需要太大的成交量来维持股价横盘的走势。股价在这么高的价位横盘，肯定不会存在换庄的可能性，再加上盘面浮码日趋沉重，因此这时只有一种可能，那就是庄家在出货。

第五节 打压出货和打压洗盘

打压出货和打压洗盘,同样以使用"打压"为手段,其目的和意义却截然不同。打压出货以庄家派发筹码为目的,以打压为手段。打压洗盘则是通过"打压"的手段清洗获利筹码,震出不坚定分子,从而促进筹码快速换手,以提高其他投资者成本为目的。因此,我们有必要对两者加以详细的区分。

对于打压洗盘而言,由于庄家的目的是清洗获利筹码,促进筹码换手,震出不坚定分子,从而导致庄家在整个形态演变过程中的行为。由于庄家既想打低股价吓出获利筹码和市场中的不坚定分子,又不想丧失手中的廉价筹码,因而往往采用向下挂单对敲(也叫炸单或空中对敲)的形式打低股价。从盘面走势上来看,股价跌势极为凌厉,鲜有反弹。5分钟K线上留下多个向下跳空缺口,成交量暴增。但仔细观察却发现,绝大部分成交量来自下对敲的成分,这是庄家的诡计使然。打压洗盘从日K线上来看,往往是巨量长阴,形态极为恶劣,主要是吓唬那些不仔细观察盘面的技术派人士,造成一种放量出货的假象。这一招不仅蒙蔽了很多散户投资者,甚至在一些号称大师级的股评人士身上也是屡试不爽。

打压出货则与此有所不同。庄家利用的是跟风盘正旺盛的时候,趁投资者好梦未醒,而突然反手做空,先套牢后进买盘,接着将敢于抢反弹的人士一网打尽。从盘面上来看,虽然也是快速下跌,但盘中多有反弹,以吸引买盘跟进,同时稳定套牢者之持股信心。但股价总体走势呈逐波下探之势,重心快速下移,在日K线上往往形成长阴线。由于股价下跌的过程中卖出的成交量俱是真刀真枪,常常一张卖单,打低数个价位,而盘中向上做反弹时,却有对敲盘出现,其目的是引诱跟风盘。因此,打压出货未必有巨量成交放出;相反,由于抢反弹的人越来越少,成交量还会逐步缩小。

第六节　单日反转出货和借利空洗盘

单日反转出货一般发生在小盘或投机性极强的个股之中，股价以连续几日的大幅上涨，制造狂热的市场气氛，某一日突然出现一根高开低走的大阴线，当日成交量十分巨大，随后几日成交趋于平静，股价从此一蹶不振。

借利空洗盘是因股价在已有一定升幅的基础上，此时上市公司公布一些利空性消息，此消息对上市公司的影响不算太大，但受此消息的影响，一些短线胆小的投资者匆忙出逃，日K线上表现为利空消息发布之时，股价低开低走，庄家打压迹象明显，分时图上能看出出逃的都是一些散户筹码。

两者主要存在着以下区别：

（1）单日反转出货发生在狂热时的热门股；而借利空洗盘往往发生在行情平静时的庄股。

（2）单日反转出货往往在高位区，短期涨幅十分巨大；而借利空洗盘则易发生在股价刚脱离底部的上升初期。

（3）单日反转出货一般是在公布利好或大市持续向好的情况下，高开高走后，再放量下跌，振幅巨大；借利空洗盘一般是在公布利空或大市不好的情况下直接低开低走，振幅并不大，量也不一定放大。

（4）单日反转出货之后，股价一路阴跌，再无明显的反弹；而借利空洗盘则股价快速企稳，之后稳步攀升。

第十二章

分时图上的卖点

在某些特定阶段（如出货期），庄家做盘的操作手法多有雷同之处，不可避免地在分时图上形成某些图形定式。因此，分时图对于投资者的短线操作具有非常重要的指导意义。通过看连续多天分时图的走势，可以看出庄家的拉高、出货、洗盘等动作，推理出庄家的意图，并对庄家未来几天可能出现的动作作出合理的预测。本章总结了一些经典的分时图上的出货定式，以期对投资者寻找短线卖点提供帮助。

需要注意的是，由于分时图反映的是一种庄家的短线操作行为，图形种类繁多，其规律性与K线图相比，不确定性要大得多。投资者在具体应用时，还需要结合股票的其他技术形态进行综合分析，如K线形态和均线系统等，以减少操作的失误。如果根据分时图推测的庄家意图和日K线图反映的上涨趋势一致，则短线操作成功的可能性就非常大。

第一节 分时图看盘技巧

一、分时图的基础知识

分时图是指大盘和个股的动态实时（即时）分时走势图，其在实战研判中的地位极其重要，是即时把握多空力量转化（即市场变化）的根本所在。在这里先给大家介绍一下概念性的基础知识。

1. 大盘指数即时分时走势图

（1）白色曲线：表示大盘加权指数，即证交所每日公布媒体常说的大盘实际指数。

（2）黄色曲线：大盘不含加权的指标，即不考虑股票盘子的大小，而将所有股票对指数影响看作相同而计算出来的大盘指数。

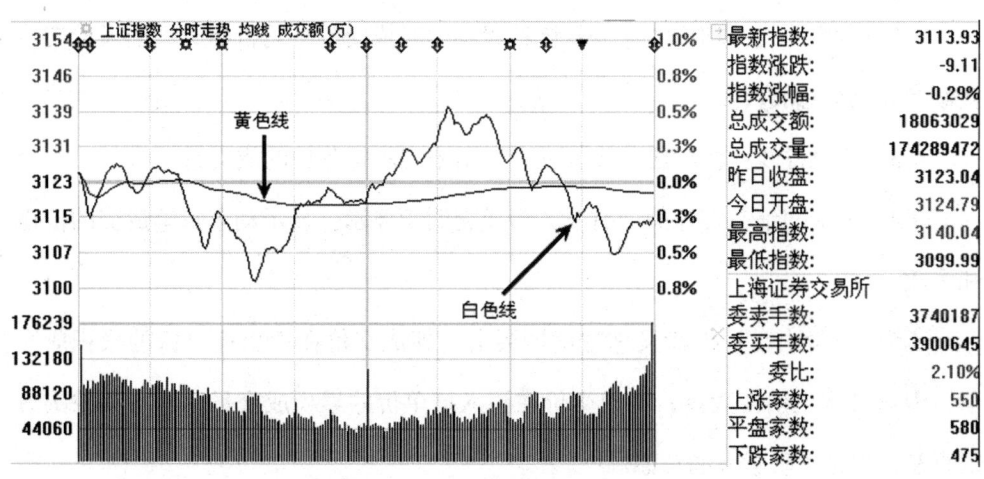

图12-1　上证指数即时分时走势图

参考白、黄色曲线的相互位置（如图12-1所示），可知：①当大盘指数上涨时，黄线在白线之上，表示流通盘较小的股票涨幅较大；反之，黄线在白线之下，说明盘小的股票涨幅落后大盘股。②当大盘指数下跌时，黄线在白线之上，表示流通盘较小的股票跌幅小于盘大的股票；反之，盘小的股票跌幅大于盘大的股票。

（3）红绿柱线：在黄白两条曲线附近有红绿柱状线，是反映大盘即时所有股票的买盘与卖盘在数量上的比率。红柱线的增长减短表示上涨买盘力量的增减；绿柱线的增长缩短表示下跌卖盘力度的强弱。

（4）黄色柱线：在红白曲线图下方，用来表示每分钟的成交量，单位是手（1手等于100股）。

（5）委买委卖手数：代表即时所有股票买入委托下三档和卖出上三档手数相加的总和。

（6）委比数值：是委买委卖手数之差与之和的比值。当委比数值为正值大的时候，表示买方力量较强股指上涨的机率大；当委比数值为负值的时候，表示卖方的力量较强，股指下跌的几率大。

2.个股即时分时走势图

（1）白色曲线：表示该种股票即时实时成交的价格。

（2）黄色曲线：均价线，表示该种股票即时成交的平均价格，即当天成交总金额除以成交总股数。

（3）黄色柱线：在红白曲线图下方，用来表示每分钟的成交量。

（4）成交明细：在盘面的右下方为成交明细显示，显示动态每笔成交的价格和手数。

（5）外盘内盘：外盘又称主动性买盘，即成交价在卖出挂单价的累积成交量；内盘又称主动性卖盘，即成交价在买入挂单价的累积成交量。外盘反映买方的意愿；内盘反映卖方的意愿。

（6）量比：是指当天成交总手数与近期成交手数平均的比值。具体公式为：量比=现在总手÷［（5日平均总手÷240）×开盘分钟数］。量比数值的大小表示近期此时成交量的增减，大于1表示此时刻成交总手数已经放大，小于1表示表示此时刻成交总手数萎缩。

图12-2为浦发银行的即时分时走势图，从图中可以看到相关指标以供投资者选股参考。

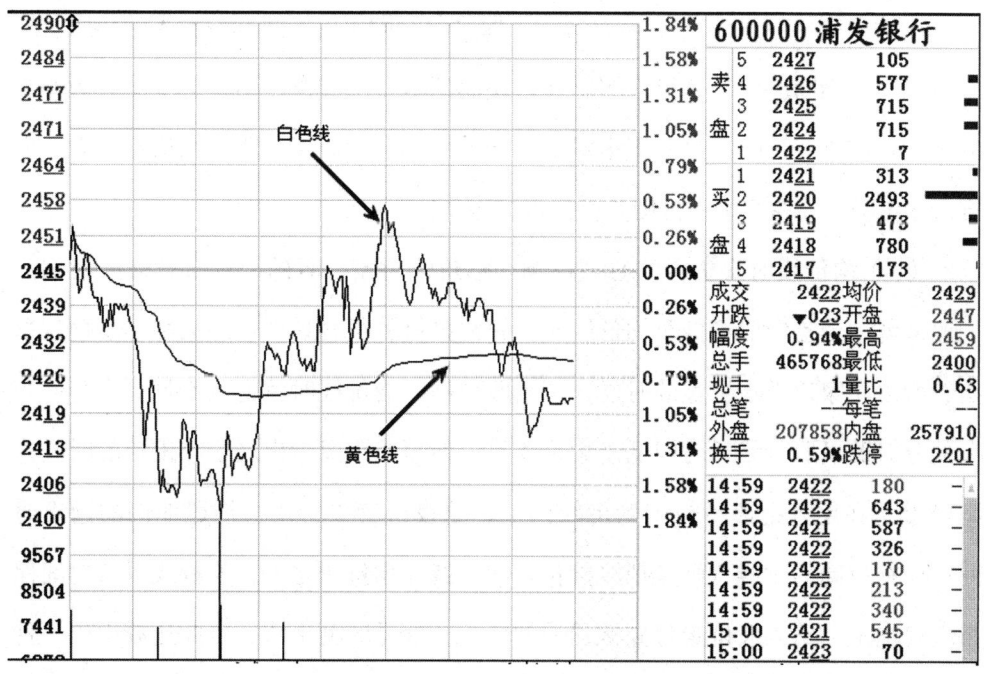

图12-2　浦发银行的即时分时走势图

实战中的K线分析，必须与即时分时图分析相结合，才能真实可靠的读懂市场的语言，洞悉盘面股价变化的奥妙。K线形态分析中的形态颈线图形和及波浪角度动量等分析的方法原则也同样适合即时动态分时走势图分析。

二、均价线

这里重点探讨一下均价线。很少有技术分析对均价线进行详尽的分析，至于其独特的功能就更加很少有人知道了。笔者在后面的章节中，都会提到均价线在分时图中的重要用途。

均价线在实战中常有以下作用：

（1）反映股价的平均成本，避免骗线。反映股价的平均成本是均价线的最基本特征。均价线能客观地反映出所有当天买进的人的平均买进成本，反映当日的真实股票价格情况，避免主力庄家的骗线图形。如果均价线比较接近当日的收盘价，则主力骗线的可能性较小；反之，如果均价线与当日收盘价之间的差离较大，则很有可能是主力骗线行为，应该引起投资者的关注。

（2）阻力与支撑作用。均价对当天股价分时图上的走势起着较大的作用，除了给投资者判断涨跌的趋势作用以外，还起到阻力与支撑作用，对于短线操作帮助很大。均价线反映了分时图中多空的分界线，一般而言，股价在均价上方，多方占据主动，而在均价下方则是空方占据主动。

（3）均价线对投资者的心理影响。均价线对投资者的心理有较大的影响。一般来说，当盘中股价低于均价线时，短线投机者很容易产生恐惧和不耐烦的情绪，所以庄家通常在洗盘的时候，每当股价站上均价线时就把股价打下去，使当天的分时图里股价线长时间低于均价线，迫使短线跟风盘出局。在出货的时候，则经常是在尾盘把股价拉到均价线以上，给投机者以希望，推迟他们的抛出时间；而在拉高的时候，则是把股价长时间保持在均价线之上，均价线也长时间保持慢慢向上，给人股价走势异常强劲的感觉。这是典型手法，由此还派生出一种新的洗盘手段，即在一天交易过程中，股价大部分时间是在均价线之上，均价线也保持向上，但到尾市，庄家反手把股价打到均价线之下，使跟风盘产生庄家出货的恐惧，迫使他们出局。说明一点，庄家出货时也常采用这种分时图走法，如何区别是出货还是洗盘，要根据股票当时的形态和所处的高低位置、以前几天的分时图走势来判断，这种判断在后面会说到，这里先说一下这种手法是洗盘还是出货的初步判断方法：如果是在刚洗过盘以后，刚重新拉高时，并且早盘的涨幅并不大，出现这种手法则洗盘的可能比较大；如果是洗盘以后再次拉升的幅度已经有一段了再出现这种手法，早盘的涨幅比较大，超过3%，则出货的可能性很大。

三、怎样运用分时图来研判大盘

大盘全天的走势往往瞬息多变，有时上午走的很强劲，下午可以突然跳水。而有时上午跌得很厉害，下午却可以力挽狂澜。所以如能事先判断当日大盘是收阴还是收阳？对于有些股民做T+0或是当日的短线买股至关重要。下面就是一种准确率较高的一种判断方法。

1. 当股指挑空高开时

（1）股指跳空高开后半个小时内，一直运行在缺口上方强势上扬，如出现此种情况，当日大盘判断收为阳线，可以在盘中回调时吸纳。

（2）股指跳空高开后半个小时内，股指先跌补完缺口后再上扬，在10点时股指处于上涨状态的话，也应判断当日大盘收阳，但准确的几率没有第一种高。

（3）股指跳空高开后半个小时内，股指一路下跌，在10点时股指处于下跌状态，则应判断当日收阴，当日因小心操作。

2. 当股指平开时

（1）股指开盘半个小时内，股指一路强势上扬，则当日收阳。

（2）股指开盘半个小时内，股指一路下跌，则当日收阴。

（3）股指开盘半个小时内，股指如先跌后涨，10点时如股指出于上涨状态，则判断当日收阳。

（4）股指开盘半个小时内，股指如先涨后跌，10点时如股指处于下跌状态，则判断当日收阴。

3. 当股指低开时

（1）当股指低开后半个小时内如一路下跌，则判断当日大盘收阴，此种准确率较高，且当日容易大跌。

（2）当股指低开后半个小时内马上补缺口一路上扬，则当日收阳的几率很高。

（3）当股指低开后半个小时内先反弹，但缺口没有补完，在10点左右又下跌，则当日收阴。

（4）当股指低开后半个小时内补完缺口再下行，则还是以判断收阴。

以上的情况都属于预测，所以只是准确概率的高低，并不是说一定对，下面我们再讲讲两种特殊的情况；

（1）有时早上开盘后半个小时内，股指波动的幅度非常小，往往在一两个点之内，且红柱和绿柱都非常短，有是相互交错，如出现这种情况，则当日大盘容易出现大涨大跌的走势，一般以大涨居多。

（2）有时早盘开盘后半个小时内，股指波动幅度非常大，呈上蹿下跳的走势，则可以判断为当日大盘围绕开盘指数大幅震荡。

四、如何分析股票分时图

分析股票的分时图，需要把握以下维度。

（一）回调

1. 回调时间

（1）短时回调：回调时间远小于上涨时间，回调时间越短，再上涨力度幅度越大。

（2）中时回调：回调时间接近上涨时间；这时要看量能，是否再次充分放大？

（3）长时回调：回调时间远大于上涨时间，再上涨可能较小，庄家可能在顺势出货，或者庄家感到抛压沉重，难以继续作高，通过震荡化解抛压。

2. 回调力度

（1）弱势回调：回调不足上涨波段的1/3；再次突破前期高点可以介入。

（2）中度回调：回调至1/2左右；这时要看量能，能否充分放大？

（3）强势回调：回调幅度超过1/2或彻底回落，很难再创新高，要坚决回避。

3. 回调量能

（1）完美形态。股价上涨，成交量成正三角形（人们对股价上涨逐步认可，场外资金涌入）；股价回落，成交量成倒三角形（人们对后市看好，抛压在高位的穷尽减弱）。

（2）无量上涨和放量回调的形态。要坚决回避这两种形态。无量上涨：（中线是主力控盘，短线是庄家出货完毕，抛压减少，主力追涨意愿不强，只有散户在玩）。放量回调：主动性卖盘增多，抛压逐步加强，有出货迹象。

分时图中需要关注如下的形态：

(1)弱势回调＋短时回调＋量能配合。

(2)弱势回调＋中时或长时回调＋量能配合。

(3)中度回调＋短时回调＋量能配合。

总结：分时图中，首先看量能是否配合良好；其次看回调力度和回调时间，最好回调幅度较弱、回调时间较短。如果这两个条件不能同时满足，至少满足一个，同时另一个不能变坏。

分时图里的量价配合情况：在一般情况下，上涨放量下跌缩量是普遍规律。在这里，要注意区别庄家仓位非常重、跟风不多的长庄股和庄家虽已控盘但仓位不是特别重的强势股的区别。一般来说，长庄股在拉高的过程中属于缩量拉高，换手率一般不大；而强势股的成交则活跃得多，换手率要大一些。由此，长庄股拉高时的分时图，普遍是成交量维持稳定，慢慢拉高，上涨角度不大，股价走势曲线也不是很流畅，分时图里拉高后盘整时成交断断续续，成交量也不规则；强势股拉高的分时图，则是拉高过程中交量随上涨幅度越来越大，股价走势曲线也相当流畅，拉高后的盘整虽然缩量，但仍然保持着一定的活跃成交，在强势股上涨前洗盘的时候，有时候会出现价量背离现象，股价在低点出现大笔成交，但是股价实际基本没跌，小量又可以把股价推高。

关于用分时图看盘面压力大小的问题，拉高以后在高位横盘的时候成交量迅速萎缩得很小，一般说明现在的位置压力不大，只要庄家还想拉，就还有一些空间；如果拉高以后的盘整成交量虽然萎缩，不过还是比较大，那么要么是强庄股洗盘，要么是普通控盘股现在的股价位置压力不轻。这里重点先说一下分时图洗盘。判断分时图洗盘要看最近几天的分时图，认为是洗盘的分时图最大特征是全天走低，量不大，总体感觉是开盘不久就给人股价无力的感觉（而出货则更常见的是分时图盘面股价虽然常跌破均价线，但还能拉上均价线来，给人感觉还有希望，并且成交量仍然比较大），并且洗盘的位置一般是在5天、10天均线附近（BIAS已大的时候，更大可能是出货，而不论何种分时图走势。只是在BIAS大的时候出现像洗盘走势的分时图，只要不是受大盘急跌影响，后面的股价走势很容易在向上的10天均线位置得到支持，出现反弹，有时甚至能创出新高），几天洗盘下来总体下跌不大，没有给中线盘好的买进机会（道理也很单，如果洗盘下跌过多，有散户就会在比较低的位置抢进，庄家再次拉抬股价过前次高点的时候就要面对比较多的获利盘，所以一般庄家在最近如果还有拉高意图的时候，洗盘会掌握分寸，不会洗得太深，只是以清洗短线获利盘为主。如果洗盘跌得比较多，那就是要清洗中线获利盘，不来回上下反复几次洗盘是不会再有快速上涨行情的）。洗盘在日K线图上的时机通常是在突破了某一个重要阻力位置、成交量有效放大并再上涨一小段之后或者在某个重要的阻力位前开始横盘，洗完盘之后再次带量上攻就可能有短线机会（所以在看盘的时候用量比、总手、换手率排行榜发现可能的短线目标股是非常重要的）。

对于普通控盘股来说，在判断分时图上的一波上涨是否可能是短期头部时，如果换手率一直比较大，可以和上涨初期第一小波中的最大脉冲式放量相比较。如果比那次脉冲式放量小很多，头部的可能不是很大，如果这次脉冲上攻时的放量和第一小波中的最大脉冲式放量少不了多少甚至超过了，那么要引起一定的警觉。

对于分时间图怎么估计是上涨初期还是末期的问题，这主要是看日K线图的股价现在位置相对高低。但是分时图也能够起到辅助判断的作用，这就是看日K线里的中、大阳线在分时图里的拉高时间。一般来说，只要不是长庄股，庄家在上涨初期常常是先在分时图里洗盘，洗了几天后，在拉高的候一般选择在下午放量拉高，而在上涨末期的时候则以早盘拉高为主，下午回落套死散户。所以对尾盘拉高的股票要引起短线一定的注意。

（二）角度

1. 上涨中继的角度分析

先分析完回调，在回调有效的情况下，下一步是分析再次上涨的角度，再次上涨的角度越陡峭，说明拉升力度越强。

再次上涨的角度可以分为：

（1）强势的再次上涨角度：经回调后，再次上涨角度远大于前次，这种形态比较容易涨停。

（2）平行的再次上涨角度：经回调后，再次上涨角度与前次平行，涨幅较大。

（3）弱势的再次上涨角度：经回调后，再次上涨角度远小于前次，上涨空间有限。

2. 反向的角度分析

先分析完回调，在回调无效的情况下，回调变成了反转（如回调幅度大、回调时间长）。反向角度的大小直接冲击现行的上涨趋势，如果反向波过于陡峭，说明反向能力很强，这常常是趋势反转的前兆。如果回调波已经不满足中继上涨的分析，特别是回调角度过陡（比前波上涨的陡）、幅度过大（1/2以上）、回调时间长（超过前波上涨时间）、量能不配合，基本可以判断是反转波了。

在此，可以进一步对回调-上涨中继判定：最好的回调波是既平（角度小、幅度浅）又快（时间短）；其次是陡但时间短（幅度浅，不能超过1/2），或是时间中长但平（确保幅度浅）；以上情况同时量能配合。

分时图中判断上涨中继的回调：首先看量能要配合；其次看回调幅度，只要回调幅度在1/3之内，都是安全的，如果超过了1/2，一定要短时间内迅速拉回，至少要比上涨的时间短；最后看回调时间，当然短比长好。

3. 极限角度

上涨极为陡峭，近90度；极限角度是分时中最后一波上涨，不成功则玩完；极限角度极为耗费资金，出现极限角度时往往是分时中最大成交量。

（1）股价涨幅7%时出现极限角度，成交量最大，极有可能当天涨停。

（2）当极限角度过早出现时，同时成交量最大，一旦未能涨停，则难以再涨，勾头时一定要卖出。

（三）波长

一般分时上涨波分为三段式上涨，每一段波长之间有延续性。如果再次上涨的角度相同,则三段波具有等长性;如果再次上涨的角度陡峭,量能跟上,则再次上涨波长是前段波长的1.318倍或1.618倍;如果再次上涨的角度较缓,量能减弱,则再次上涨波长是前段波长的0.318倍(1/3长)或0.618倍(2/3长)。

(四)分时区间

将上涨→回调→上涨/反转的特殊点的分析,延展到一天的分时图上,可以找到一种股价走势极为简洁的一种形态,这种形态仿佛是一个中继形态的放大,十分便于操作,这种形态就是区间是否清晰明显的分时形态。

(1)原势区间:股价呈上升或下降通道运行,走势是否明显,此区间多为观望区间,不宜进行操作(上涨时不卖,下跌时不买)。

(2)转势区间:分时图中股价走势溢出原势区间,改变了上涨或下跌的斜率,此区间内股价既有按原趋势运行的可能,也有形成反转的可能,此区间是重要的决策区间。

(3)突破区间:在分时图中,股价走势对转势区间进行突破,方向可以向上,也可以向下,此区间是最为重要的操作区间。①在转势区间向上放量突破的第一时间买进。②在转势区间向下突破的第一时间卖出。③如果股价没有上涨或下跌,放弃操作该股。

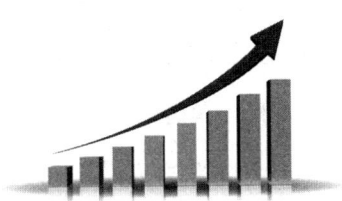

第二节 高开探天出货定式

开盘后的30分钟内,庄家对股价未来走向意图最容易暴露。高开探天出货定式与下一节我们将要阐述的高台跳水出货定式都是对开盘走势的总结。

一、高开探天出货定式概述

高开探天出货定式是指分时图上出现高开,随后快速拉升至涨停价,涨停价没有做过多的停留即被打开,其后的走势逐波下跌,反弹亦不过均价线的定式(如图12-3所示)。操作上应坚决趁盘中反弹出货,不可犹豫。该形态上冲涨停的过程(即股价"探天"),有的时候不一定冲到涨停板,在涨停板附近便符合条件。

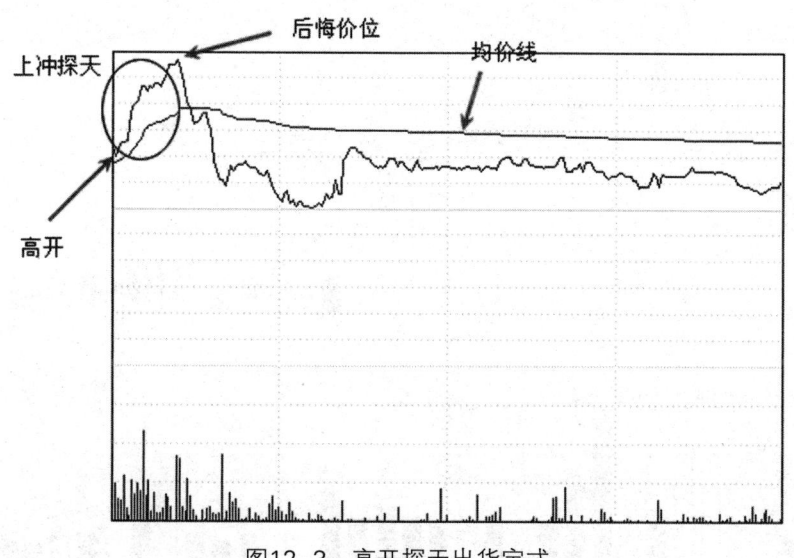

图12-3 高开探天出货定式

二、技术特征及实战要点

这种出货方式在短线庄股中较常见,如涨停板敢死队就善用这类分时图出货模式。该定式有如下特点。

1. 高开探天的动作一般在开盘后半小时内完成

这类股票在前期都曾表现出强势股的特征，如前几个交易日多次出现涨停。在出货的当天，高价高开快速上冲，再次作出强势股的假象，以上攻的姿态吸引跟风盘。不少的短线炒手都喜欢在开盘后的半小时内追买强势股，此时往往中了庄家的圈套。

图12-4是烟台氨纶的K线走势，该股在2008年9月22日的前两个交易日分别涨幅为8.95%和封涨停板，强势特征明显。2008年9月22日，该股再次高开，且在10分钟之内快速上冲涨停，早盘成交量巨大，可见短线跟风盘杀入较多。之后股价出现快速下跌，全天都在均价线下运行，没有出现像样的反弹，将跟风盘一网打尽。该股当日振幅为12.04%，换手率为11.09%，巨量成交，短线庄家当日即完成出货。

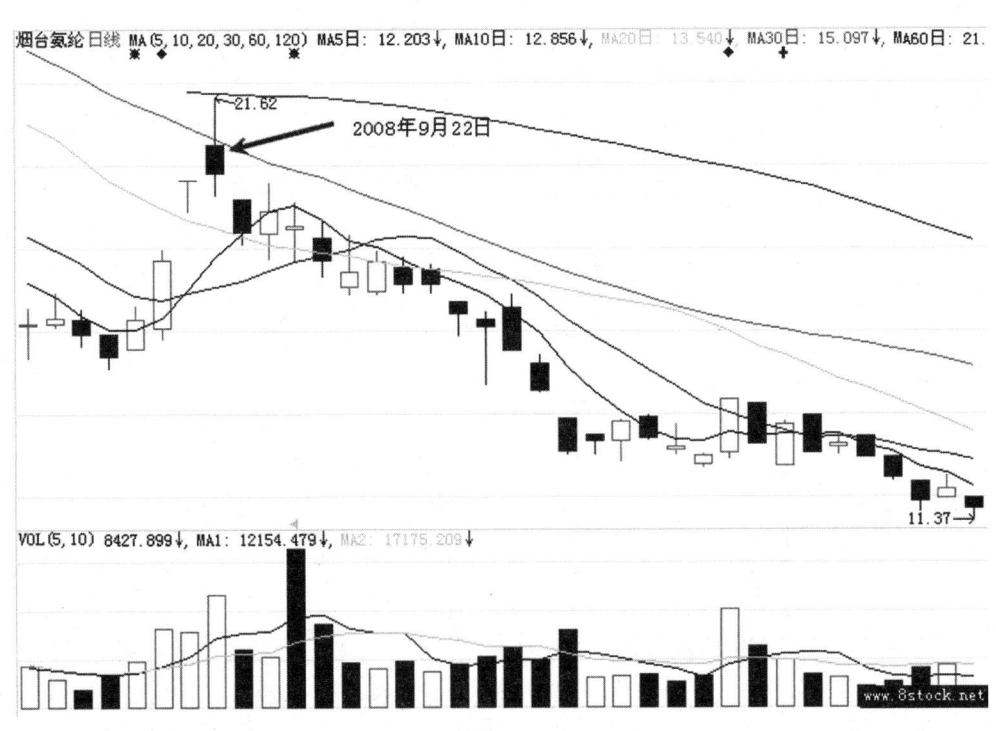

图12-4 高开探天出货定式的K线走势

图12-5为该股在2008年9月22日的即时分时走势。

2. 当日上冲的价位为"后悔价位"

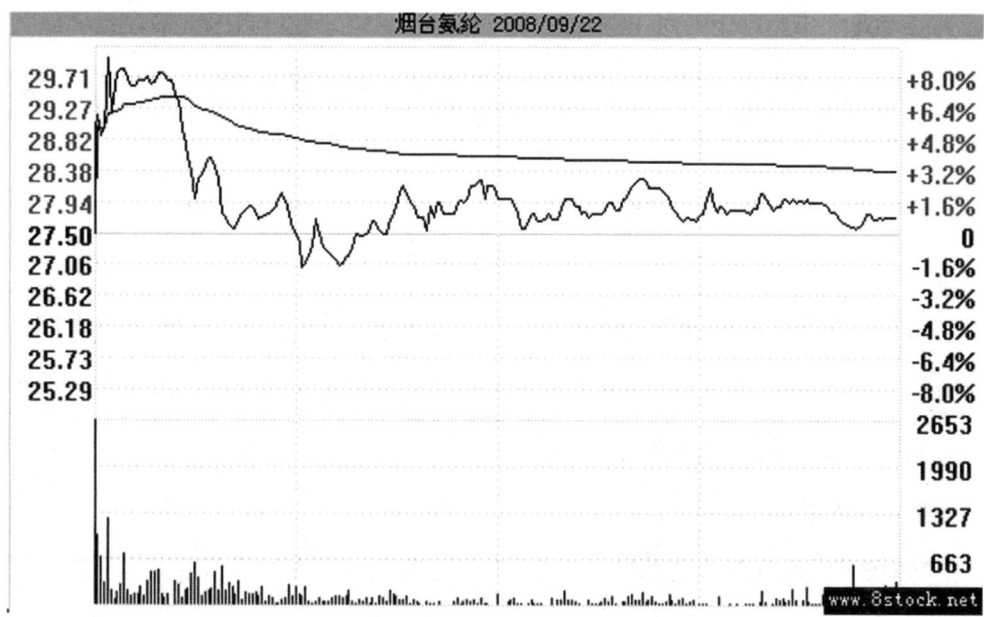

图12-5 高开探天出货定式的即时分时走势（一）

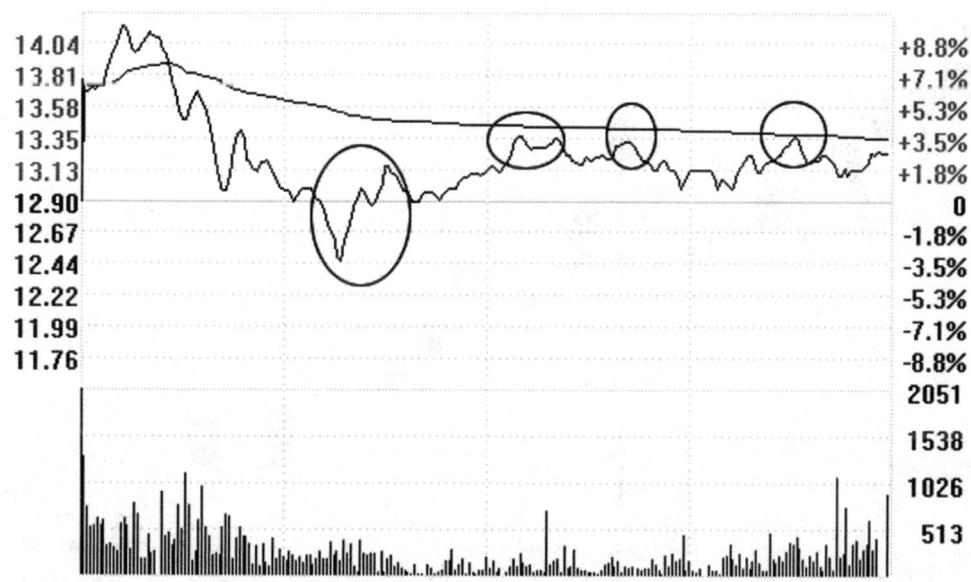

图12-6 高开探天出货定式的即时分时走势（二）

这是庄家充分利用市场的心理设计好的陷阱。对于前日介入的筹码，当日高开后快速上冲，但由于时间较短，获利筹码还在犹豫之中股价便已经回落，根本来不及卖出，此时的高位便成为成了当日的"后悔价位"，即涨停时未卖出，再下调更不愿卖出，盘中的每一次反弹都抱有希望，幻想股价再一次涨停再卖出，不少的投资者甚至直接挂单在涨停板上，当然这个价位直到收盘都无法成交。这些不愿意低位卖出的筹码无疑很好地为庄家锁仓，减轻了出货时的压力。

3. 盘中数波反弹不过均价线

为了进一步吸引跟风盘，股价多会出现数波上攻，不断地给盯盘的短线炒手制造幻想，诱使往外的抄底盘不断杀入，从而使庄家从容出货。但股价每次反弹都难以突破均价线，即使短暂突破也无法站稳。图12-6所示个股的即时分时走势中，4次反弹的股价都未突破均价线。

4. 成交量特征

（1）携带着巨大的成交量。短线庄家在当日的逐波下调震荡中完成出货，或者出掉大量的筹码，日线图上的特征表现就是多伴随着巨大的成交量。12-7所示的奥特远的K线走势。

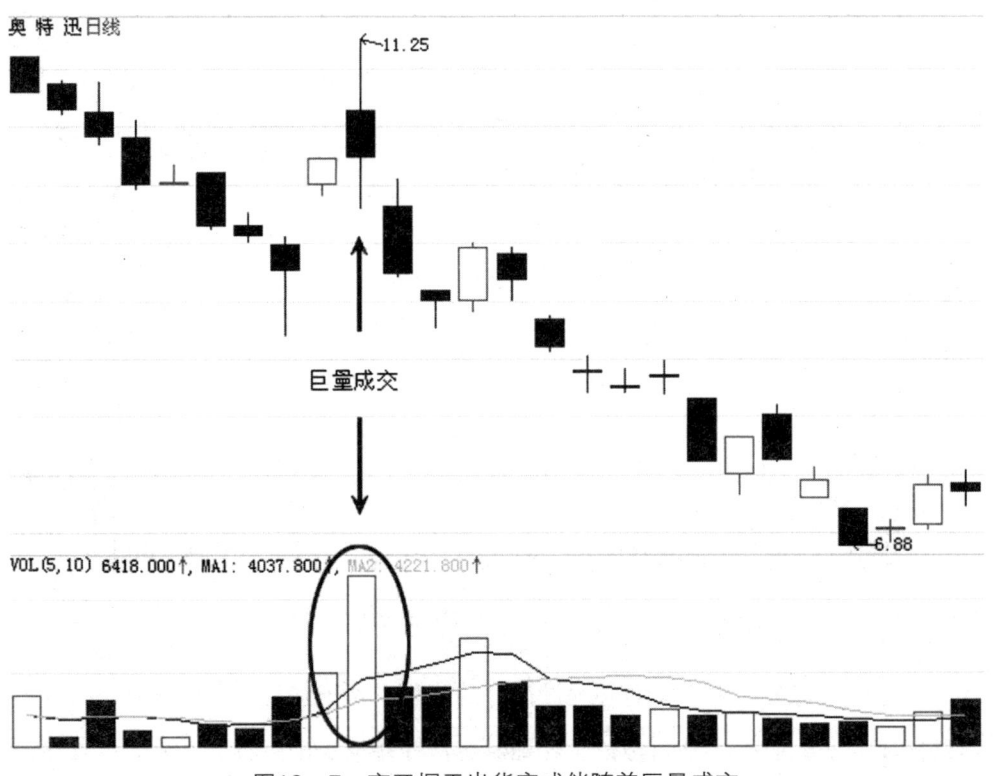

图12-7　高开探天出货定式伴随着巨量成交

（2）开盘放量上冲。成交量的变化特征是，开盘高开后放大量上冲，但股价很快就开始回落，伴随成交量逐步缩小，但成交非常活跃。

（3）回落时成交量自然。上冲时对敲明显，造成价升量增的假象，以吸引跟风盘，回落时的成交却显得比较自然，这是真刀真枪的将跟风盘一网打尽。

三、实战中的的变形

庄股在出货前夕出货高开探天形态，有的时候也是"老鼠仓"行为所致。操盘手将自己私下买入的股票（或其他关系户的"老鼠仓"）挂在涨停板附近，利用对敲急拉，用公司的账户资金或跟风盘的追涨将其吃掉，完成之后股价掉头向下，不再拉升。

该形态也有其他的变形，其原理一致。如有的时候庄家并没有在集合竞价时形成高开，而是在开盘后几分钟内暴风骤雨般将股价直线拉升，其效果也一样。这样的股票在日线图上多会形成高位避雷针，其形态更容易判别。

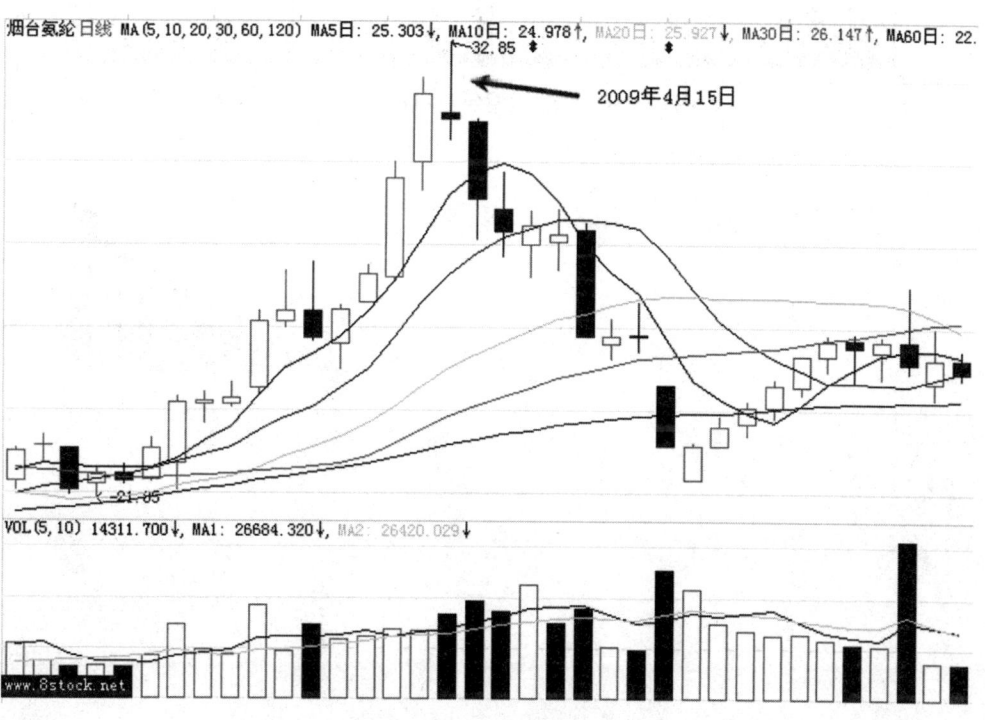

图12-8 高位避雷针的K线走势

图12-8是烟台氨纶的K线走势，该股在2009年4月15日低开后，15分钟内即快速向上拉升，冲高后开始低走，形态上形成了高位避雷针，属典型的出货形态。图12-9为该股在2009年4月15日的即时分时走势。

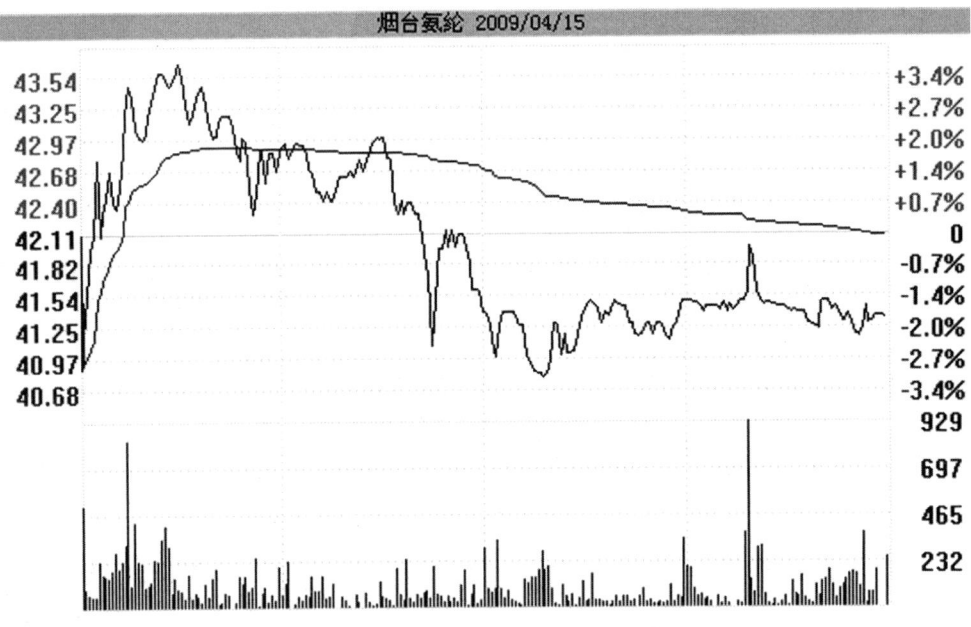

图12-9 高位避雷针的即时分时走势

第三节 高台跳水出货定式

一、高台跳水概述

高台跳水是指股价大幅高开,甚至以涨停板开盘,或者在涨停板附近开盘,但开盘后跳水,全天即使反弹也不能站上均价线,或者即使短暂站上均价线也无法站稳均价线,这就形成了高台跳水定式(如图12—10所示)。该定式一般为庄家借高开出货模式,投资者在操作策略上应果断卖出。

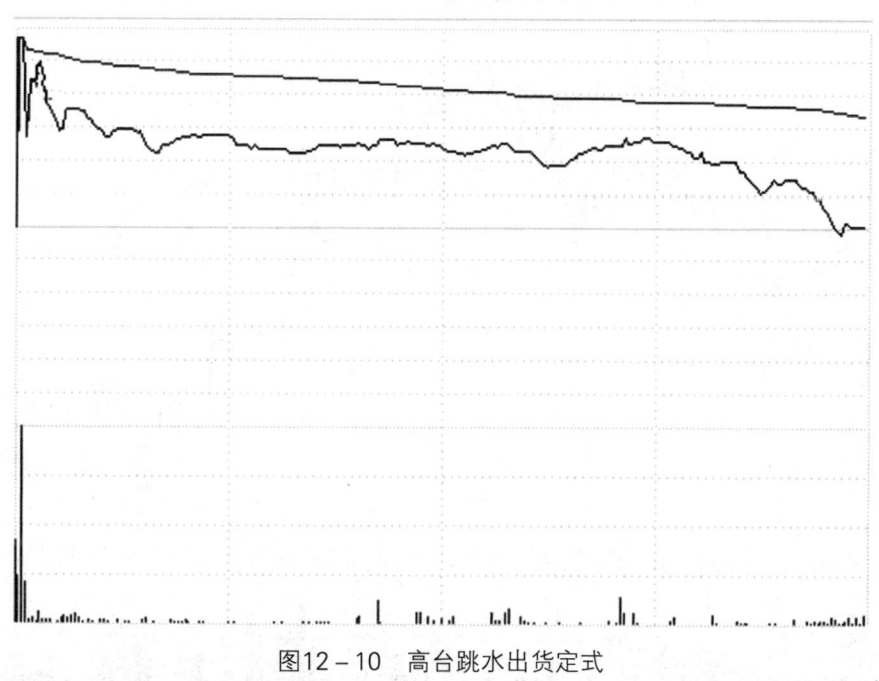

图12—10 高台跳水出货定式

二、技术特征及实战要点

高台跳水形态有以下特征:

(1)股价大幅高开,甚至在涨停板附近开盘。

(2)股价的高开并非受特大利好的刺激,且当期的大盘只作平开或略高开。

（3）高台跳水之后，全天都在均价线下运行，或者即使短暂站上均价线也无法站稳均价线。

图12-11是太原重工的K线走势。该股在2007年12月开始一波短线行情，几个交易日内快速被拉升，短线庄家炒作痕迹较大。2008年1月3日，该股一字涨停板后，1月4日以涨停价格跳空高开。该股当日并无利好刺激，且当日的大盘为平开走势，大盘在早盘出现震荡上攻，而该股则恰好相反，出现高台跳水，逐波下跌，且全天的反弹均未能上传均价线（如图12-12所示），在操作上，投资者当日应坚决卖出。该股虽然在数天出现了一个短暂反弹，但属于诱多反弹，随后出现加速下跌。此后数个月都再难有大的表现。

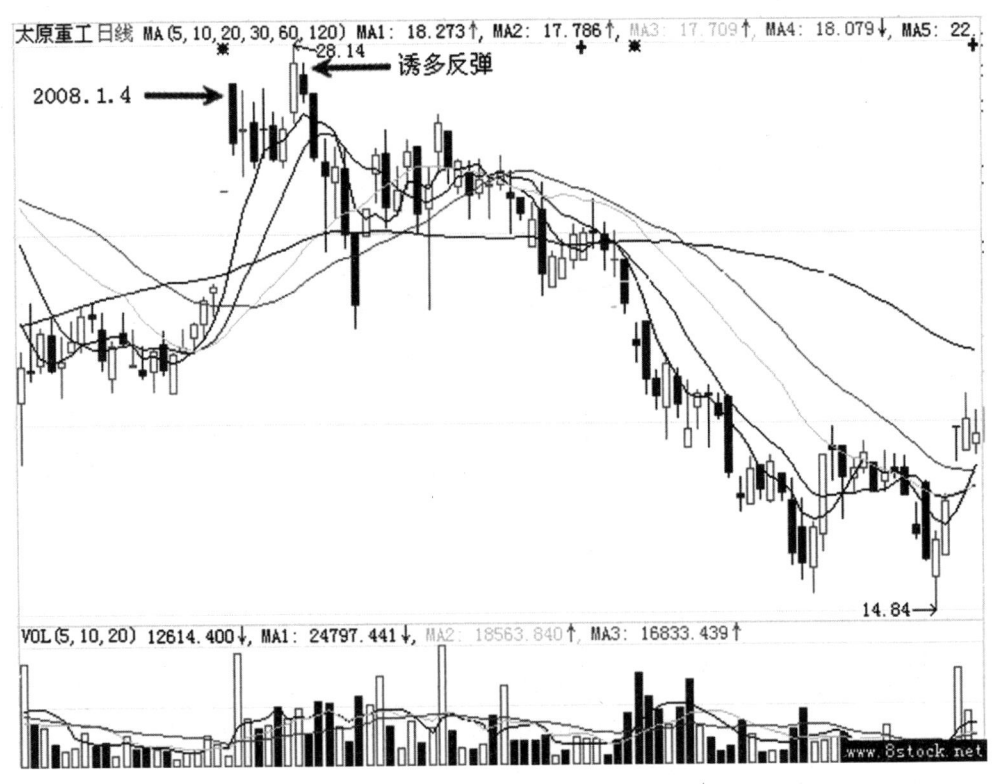

图12-11　诱多反弹

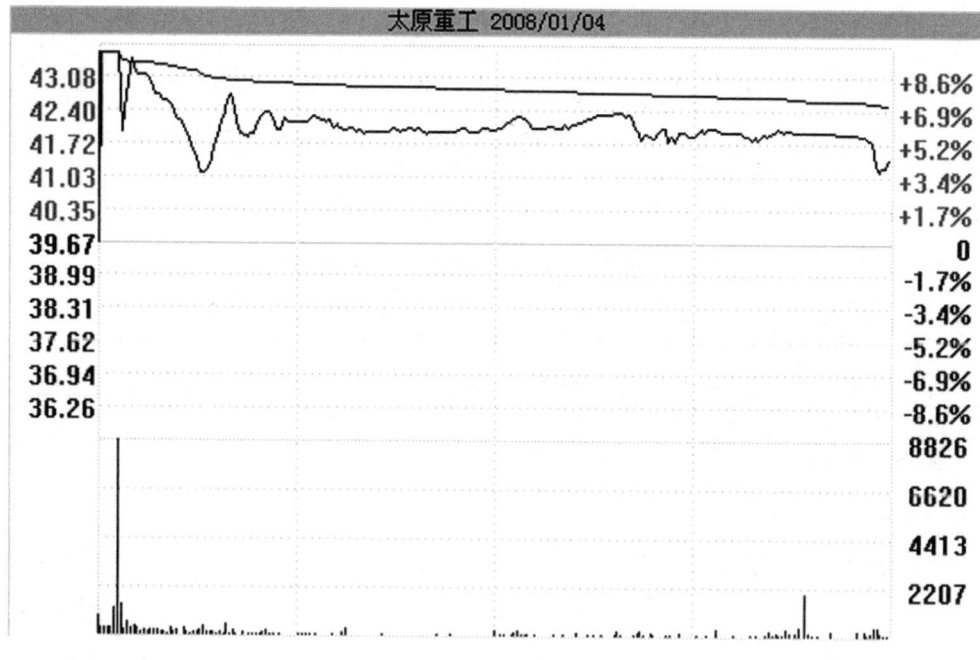

图12-12 诱多反弹当日的即时个股走势

三、高台跳水定式与高开探天定式的实战区分

高台跳水定式与高开探天定式的形态类似，下面我们总结一下：

（1）两种形态都是分时图上出现虎头蛇尾，股价全天逐波下跌，多方的能量明显不济。

（2）两者都是短线上的卖出定式。该类形态出现，很有可能是短线庄家在开盘制造价升量增的假象，以吸引跟风盘，在相对高位趁机派发。高台跳水定式与高开探天定式两种定式出现，一旦股价走势疲弱、成交量快速萎缩，则短线卖出都是明智的，即使庄家利用这种手法来骗取筹码，那回调之后也还有大把的时机和空间从容地从低位入场，中短线都不会造成什么损失。

（3）当此类形态出现在上升通道中，表示抛压沉重，短线需要调整，若随后能够带量强势整理，则短线还可看高一线；若随后的成交量快速递减，则可能要回调寻求支撑。

（4）当此类形态出现在阶段性的高位，则可能是庄家拉高出现或高抛低吸造成的，当股价在低位横盘时，庄家往往会利用这种手法造成假象，让人感觉到抛压沉重，等股价回调之后，再在低位慢慢地吸筹。

（5）高开探天定式在日K线图上会形成长长的上影线，常会形成"射击之星"。日成交量异常放大，不仅盘面显示抛压沉重，日K线图上的长上影和背离的价量关系也显示出抛压沉重，股价需要回调整理。而高台跳水定式在日K线图上一般都是光头的阴线，即开盘价多为最高价，K线有可能形成阴线的"锤头线"（射击之星与锤头线可参阅笔者拙著《K线实战技术精要》）。

一般来说，出现长上影线的巨量小阴线或小阳线时，应该引起高度重视，具体操作应视作当时股价所处的位置，随后几日成交量的放缩情况以及价量关系而定。

第四节 刀刃波出货定式

一、刀刃波概述

刀刃波一般出现在庄家的出货阶段,分时图上表现为上突下探,如同一把把的"刀刃"。

庄家把股价推高到一定高度后,就进入到派发阶段。若在分时走势图上多次出现直上直下的刀刃波(如图12-13所示),这是典型的庄家派发出货迹象,多为短线庄家在进行盘中出货。

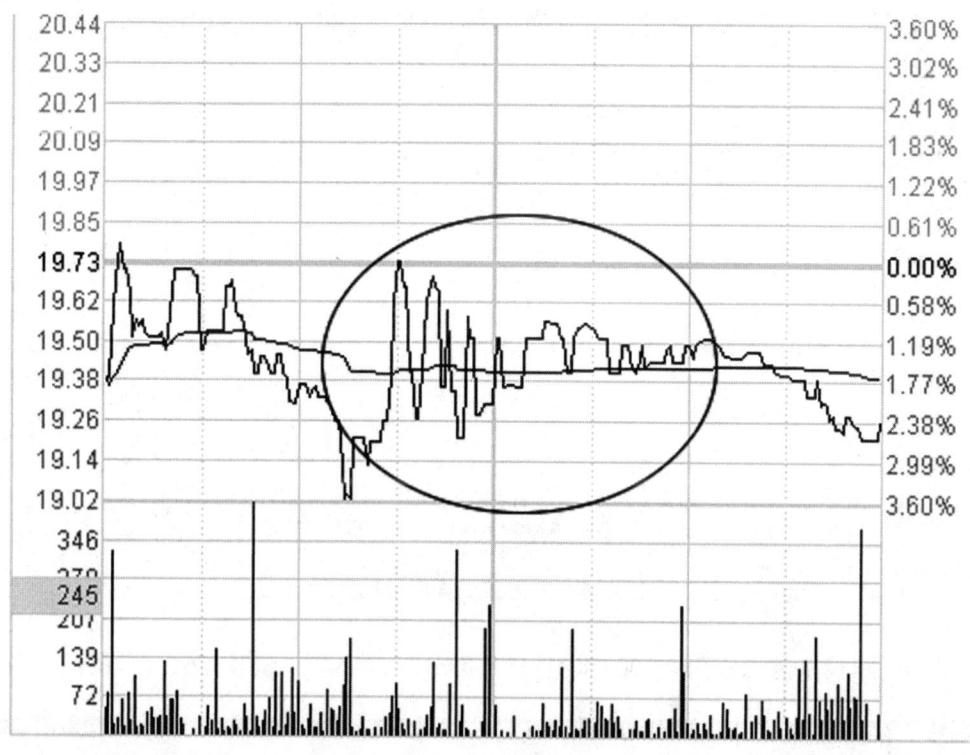

图12-13　刀刃波出货定式

二、技术特征及实战要点

该形态的原理是：股价在高位买盘并不踊跃，庄家一边拉高股价，一边希望有大笔买单挂出。一旦有较大的买盘出现在买一、买二或买三上，庄家会像饿狼扑食一样反扑过来，将高价筹码打给买入单。多次重复这样的反扑动作，在分时走势图上就会出现直上直下的刀刃波。如出现直上直下的刀刃波，可判断为庄家正在寻找买盘。此时应果断卖出规避风险。

刀刃波是庄家出货的一种常见的手法。先用小资金把股价推高，散户以为又要创新高了，于是填单跟进。一见散户跟风，庄家顺势出货，扔出手中的筹码，将买入盘全部打掉。等接盘稀少了，再次拉高股价，吸引新的跟风盘，然后又一次"恶狼扑食"，打掉所有的买盘。就这样反复几次，分时图上就形成了高高低低的刀刃波了。

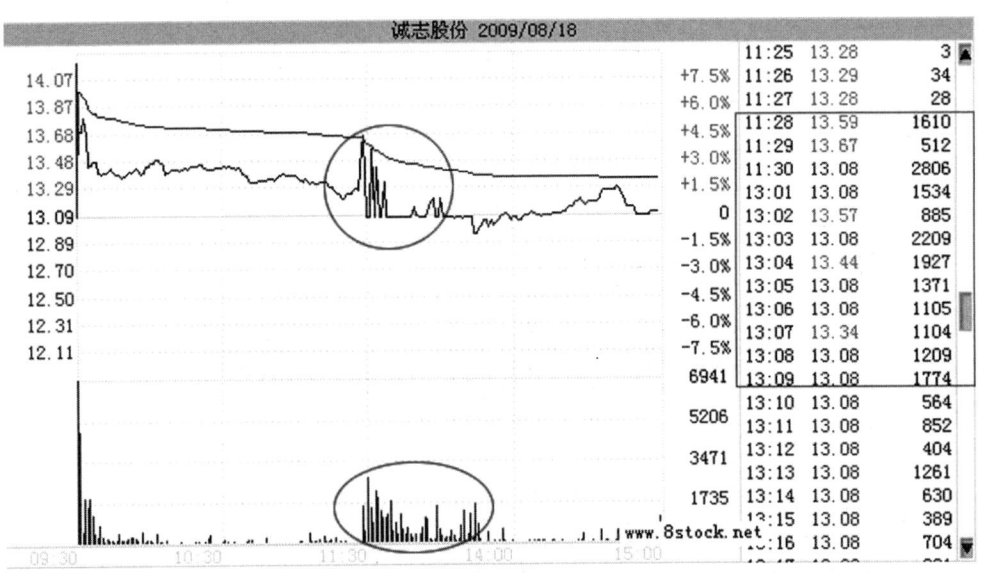

图12-14　刀刃波的即时分时走势

图12-14是诚志股份在2009年8月18日的分时走势图。该股在6、7月的横盘震荡中，坐庄资金已经开始出逃，尤其在7月28日的放量大阴线中，全天成交26 708万元，庄家已经大部分出逃。8月5日开始，大盘开始了连续的大跌，而该股却相对的抗跌，在大盘大跌时维持缩量横盘的态势，显然有资金在护盘。但该段时间

市场低迷，人气涣散，成交清淡，庄家无法找到散户接盘。8月18日，大盘开始探底企稳，此时，庄家也开始了最后的潜逃计划。该天上午走势平淡，上午收市前几分钟庄家强拉几个点，目的在于中午休市期间吸引市场的眼球。下午开盘后，庄家将午间挂单的买盘一把吃掉，股价直线向下，形成一把陡峭的"刀刃"。随后庄家再用少量的资金将股价拉上去，再将跟风的买盘砸掉，如此反复，该区间形成了巨大的成交量，刀刃波成型，庄家的目的也已经达到。

在2天后，庄家将该招更是发挥到了极致。如从图12-15右侧的分时成交看，中午收市前后的巨量成交与上午零星的几笔成交量形成了鲜明的对比。股价在此期间上蹿下跳，如同心电图，庄家也完成了胜利大逃亡。

图12-16是该股的日线走势。

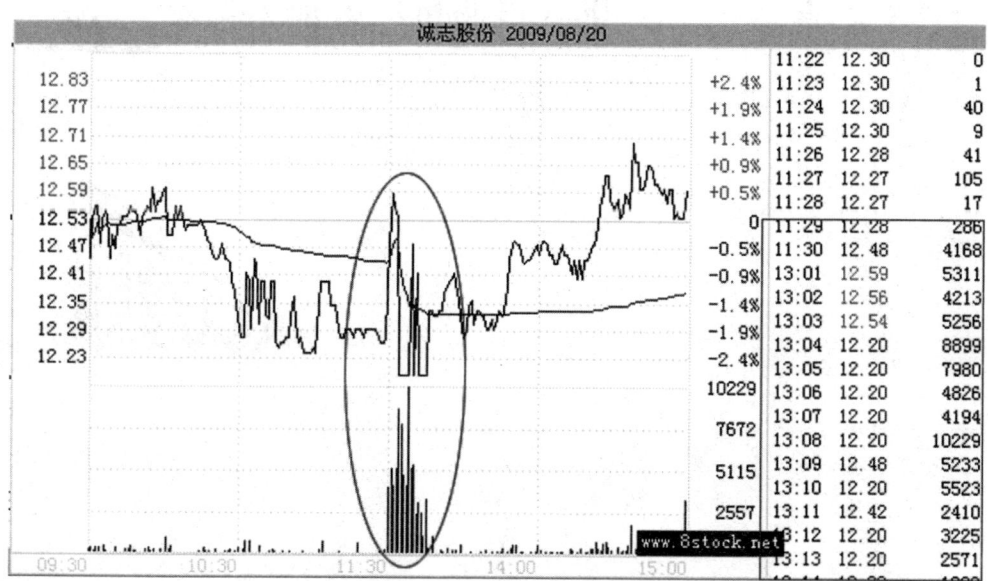

图12-15 刀刃波的分时走势

图12-16 刀刃波的日线走势

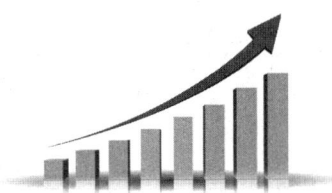

第五节　尾盘拉升出货定式

尾盘是多空一日拼斗的总结，故收盘指数和收盘价历来为市场人士所重视。开盘是序幕，盘中是过程，收盘才是定论。尾盘的重要性在于它是一种承前启后的特殊位置，既能回顾前市，又可预测后市。可见其在操作中的地位非常重要。本节我们对常见的几类收盘走势进行总结。

一、尾盘拉升概述

个股在盘尾出现拉升，这类情形在实战中经常遇到，研究其意义及应对的办法，可以更好地把握买卖时机，提高收益率，减少损失率。尾盘拉升是一种做盘操作技巧，常常受到庄家的青睐。个股出现拉尾盘动作包含多方面的行为意义，笔者依据长期实战研究，把个股拉尾盘所属行为意义进行了详细分类，下面我们分别阐述。

（一）庄家尾盘拉升的目的

庄家在尾盘拉升，一般意义上来说为了减少资金的消耗，这是因为尾盘抛盘较少，能用较少的资金完成大幅度的拉高。但实战中，庄家尾盘拉高的目的远比这复杂。

1. 出货时的骗线

这个目的较为常见，也是本节我们研究的重点。尾盘的急拉之后，K线图上有的时候能成就大阳线，也有的时候依然只是小阳线或者还是阴线，这种情况极有可能是庄家全天拉高后打压出货，尾盘拉升为了修饰K线图，减小股价当天跌幅，避免日K线成为光头光脚的恐慌大阴线，或者制造日K线带下影线有支撑作用。

在这种情形下，有可能是庄家货没出完，或者自身的实力不济，需要快速拉高，第二天接着出货。

2.庄家为了画图的需要

在全天的盘整局中，尾盘的最后拉升中刻意往上拔高，能人为地制造日K线图上的大阳线，显示做多信心。如果股价全天都在高位徘徊，最后封涨停，显示庄家做多决心强。如果股价全天都在次高位徘徊，大盘尾盘向上翘或回钩，追买人气足，涨停则意味明天可能会高开或继续上涨，会有短线资金买盘涌入推至涨停。也有的时候这根阳线虽然在日K线上很漂亮，但其实际面貌有可能是股价全天滑落，尾盘拉升制造的是一根假阳线。

这种尾盘拔高如果出现在个股的拉升初期，有可能由于当时大盘弱势、人气不足，而庄家需要快速启动行情。图12-17是日照港在2008年11月5日的即时分时走势。该股在尾盘出现涨停。

2008年年底还处在熊市之中，市场人气低迷，跟风严重不足，庄家利用尾盘涨停快速启动行情，吸引市场的眼球，制造火热的气氛。图12-18为该股对应的日K线走势。

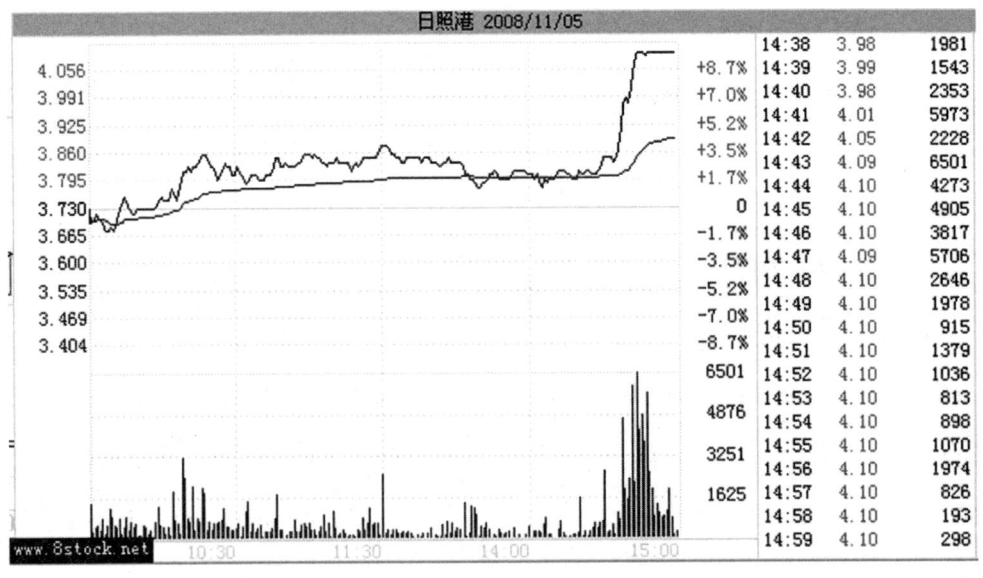

图12-17　个股即时分时走势

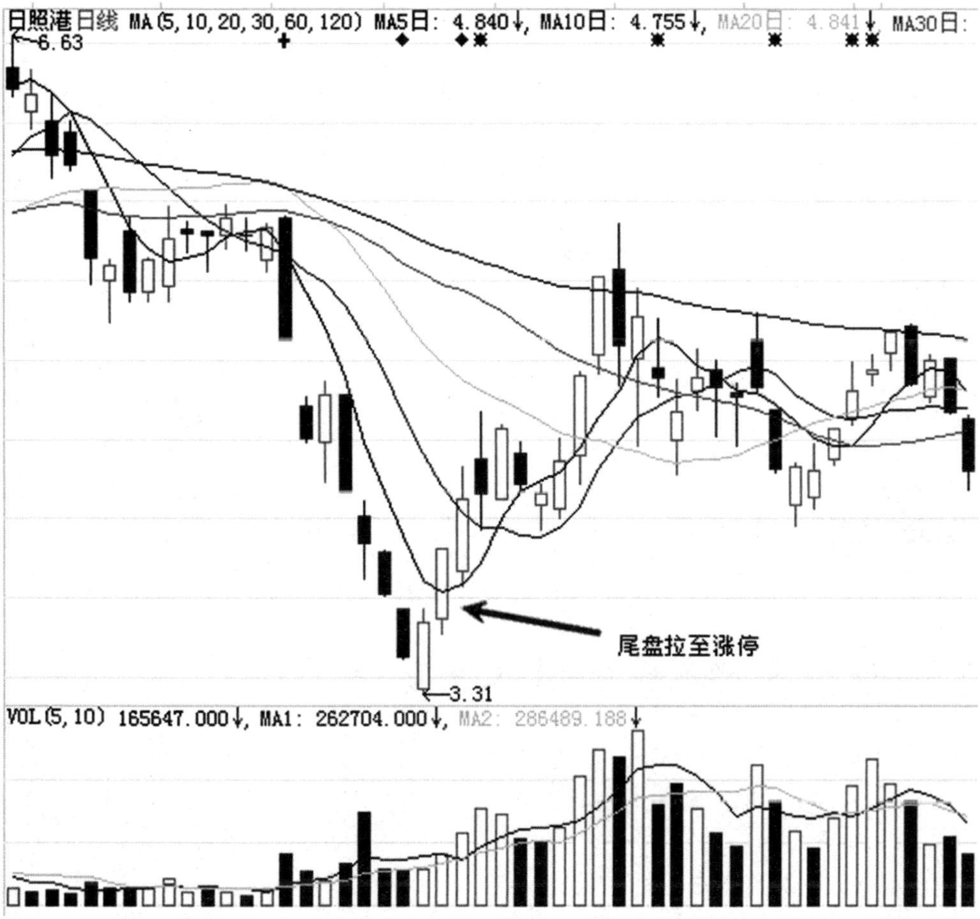

第十二章 分时图上的卖点

图12-18 个股日K线走势

也有可能是庄家当天在底部获得了所需的筹码，需要快速脱离成本区。总的来说，庄家刻意画图是为了拔高股价，制造做多的气氛。

图12-19是华西村在2009年6月26日的即时分时走势，该股股价在尾盘出现快速拉升。

该股当时正处在拉升初期，当天大盘表现不佳，庄家利用尾盘拉升，迫不及待地启动了行情，次日该股早盘即拉至涨停（如图12-20所示），显示庄家做多的决心。

一本书看透买点与卖点

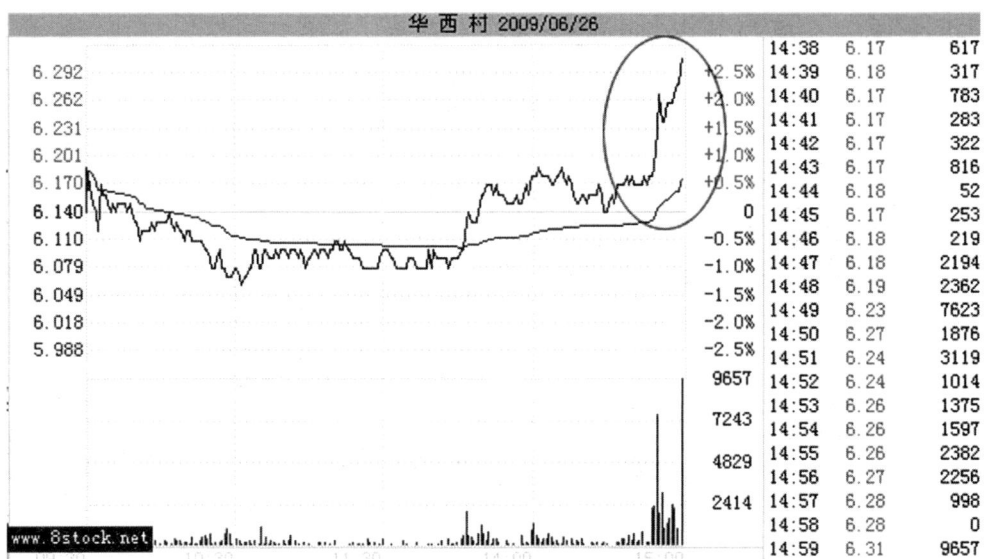

图12-19 个股即时分时走势

图12-20 个股日K线走势

3. 抢筹

庄家为了快速建仓而抢筹。这种情况不多见，一般是有资金突然获得了利好消息（如第二天有重大事项公布等），只得在尾盘抢筹。

4. 洗盘

股价涨到一定的程度，累积的获利盘太多，需要洗盘以清洗浮筹。如果这个时候庄家既要杀出恐慌的效果，又不想杀得太深、以免被人抢走廉价筹码，怎么办？自然是先拉上去再杀下来，但如果正常的拉升，由于获利盘已经盈利较多了，会在拉升过程中不断抛售，正常的拉升费力不讨好。此时庄家一般会选择尾盘急拉上去，而在次日低开低走，甚至直接杀一个跌停板，股价跌得不深而效果又不错。

图12-21是西藏发展在2009年2月24日的即时分走势。该股尾盘股价拉至涨停，随后开始了大幅度的洗盘。

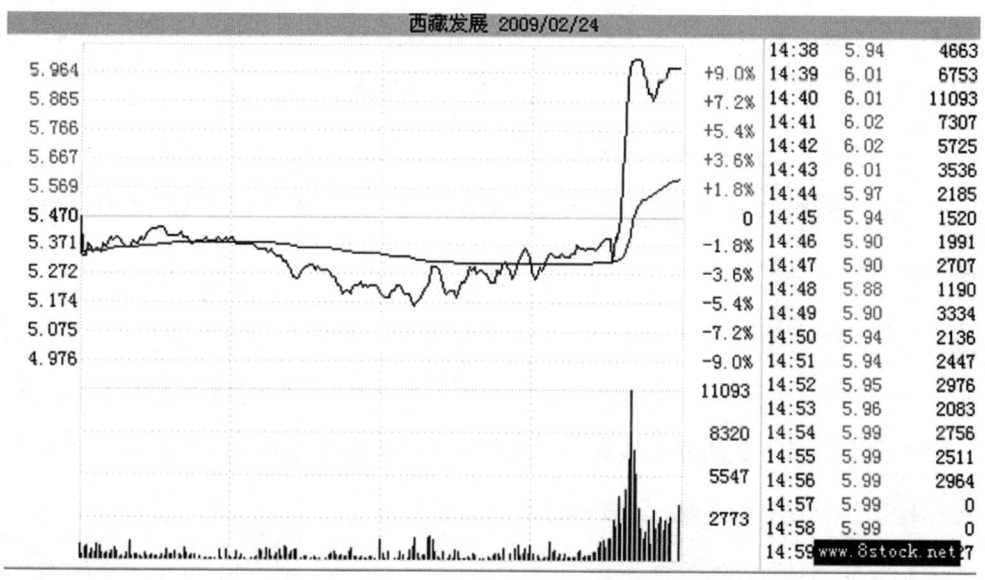

图12-21　个股即时走势

图12-22是西藏发展的是日K线走势，当时的大盘连续几周都处在大幅调整之中，庄家拔高之后也顺势杀出几根中阴线，借助大势的颓废将恐慌盘杀出，而该股整体跌幅却不深，与大盘开始调整的2月17日股价相差不大。

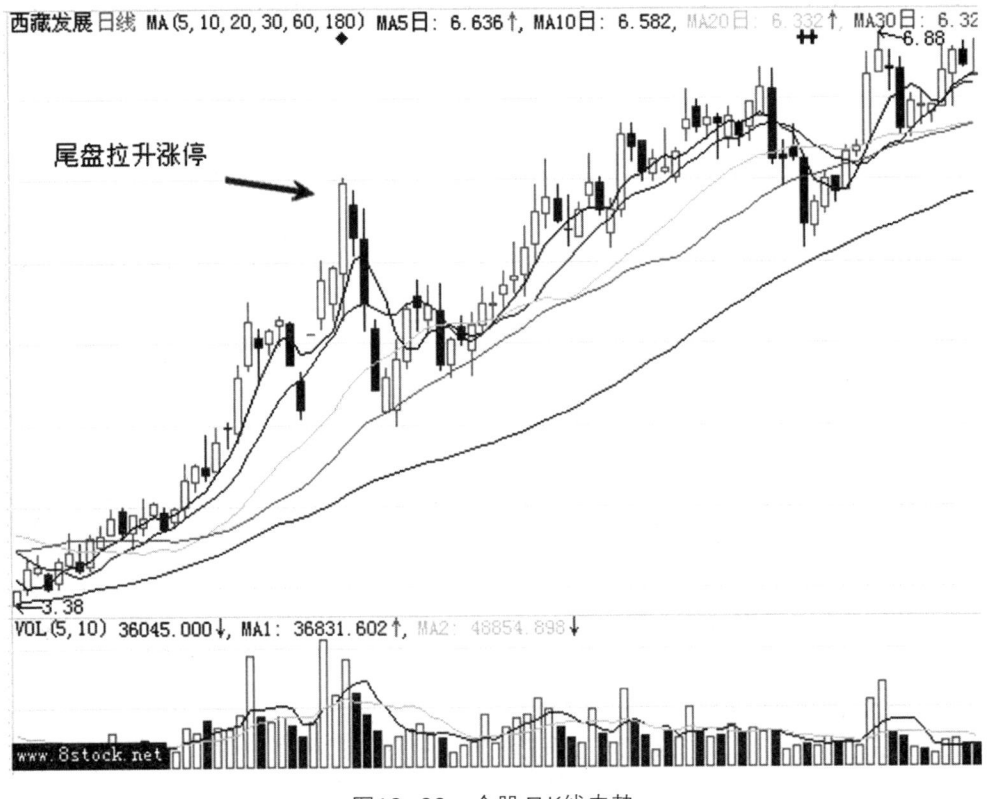

图12-22 个股日K线走势

（二）不同环境下分析庄家意图

尾盘拉升作为一种做盘操作技巧，在不同的环境中被不同庄家所利用。在实战中，我们应依据不同的环境分析。

1. 依据大盘环境分析

在大盘弱势时，个股盘尾拉升基本可以肯定为吸筹打压，或者拉高股价寻找出货机会，次日下跌的概率极大。因此投资者应对的办法是及时逢高卖出，庄家越拉越卖，千万不要犹豫，不要错过减仓的好机会。

2. 依据个股所处的位置分析

在个股的低位出现尾市急拉现象，一般说明庄家掌握的筹码不足，拉高是为了吸筹，以备打压股价之用。次日甚至此后数日，下跌概率极大。因此投资者应对的办法是逢高卖出，以后加强观察。

在个股的中位出现尾市急拉现象，一般说明处于拉升中继，如果全天股价均在高处，则次日上涨的概率较大；但如果全日股价处于盘整状态，而尾市急拉，说明洗盘即将开始，尾市拉升，是为了加大洗盘空间但同时又不愿深跌，以免廉价筹码被散户抢去。因此投资者应对的办法是：既可以出局，也可以观察待变。

在个股的高位出现尾市急拉，一般是庄家为了加大出货空间，投资者逢高及时卖出是明智的选择。对庄家严重控盘股票的尾市拉升，投资者一般可以不理会、不参与，因为庄家可以随意定义股价，既然可以拉升，也完全可以打压。

3.依据个股流通盘的大小分析

在大盘股的炒作中，尾市拉升出现的概率一般要大于小盘股。因为在大盘股的炒作中，庄家必须努力解决不控盘问题。由于2001年以来庄股的惨败，高控盘的炒作模式已被市场根本否定。庄股的大跳水，给新的市场庄家敲响了警钟。在近几年的行情中，我们看到一种新的仓位操作手法——不控盘仓位操作正在被市场广泛应用。庄家如何做到既不控盘又能推高股价？一是充分利用大盘气势和板块效应；二是多次使用尾市拉升的手法。因为尾盘的时间短，抛压小，拉升时成交量不大，庄家买入的筹码有限。第二天，如果大盘不是太坏的话，一般股价都能在高位撑住。在近年大盘股的炒作中，如民生银行、马钢股份等，我们看到尾盘拉升频频出现。而出现盘尾拉升走势后，并不意味着股价会下跌，相反继续上涨的概率较大。因此，投资者此时应对的办法是：只要股价不在高位，说明处于拉升中途，仍可继续持股。

二、尾盘拉升出货定式

下面总结几类常见的尾盘拉升出货定式。

（一）拾阶而上出货定式

该形态一般出现在尾盘时刻，股价拾阶而上，震荡上扬，表面看"价涨量增"，实际上对敲的水份极大（如图12-23所示），为庄家出货的征兆。

这类尾盘拉升股价在半小时内流畅上扬，在很短的时间里出现让人赏心悦目的上涨。但上涨的角度不大，成交量也呈现极有规律的持续放大，量价配合看上去非常完美，出现正常的价涨量增，日成交量也放得比较大。但细看可以发现，前

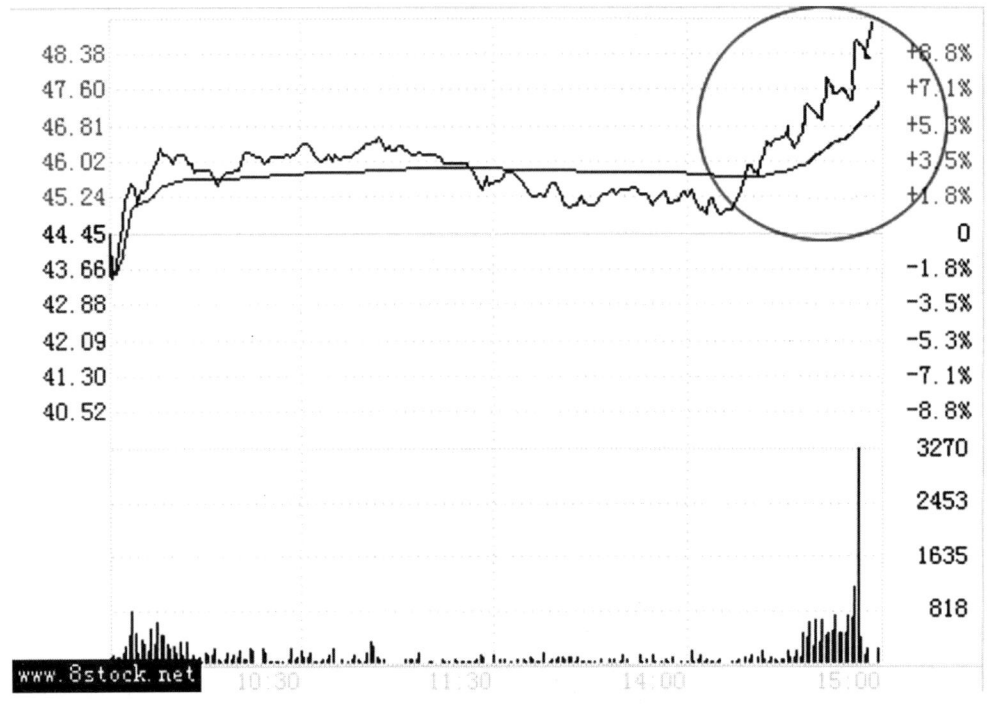

图12-23　拾阶而上出货定式

市成交活跃，但走势疲弱，尾市每分钟的成交量比前市大几倍，对敲的虚假成分较多。庄家在尾盘半小时利用对敲拉高的手法进行诱多，吸引投资者跟风买进。此时，股价的走势是震荡上升的，如同一级级的台阶，这是因为庄家在对敲拉高的过程中表面上保持上升趋势，实质上，单笔成交随时会杀个回马枪，边拉边出。

这类形态迷惑性较大，庄家在尾市放量拉高股价时，形成"价升量增"的理想价量关系。并且，在日K线图中也形成了一根价升量增的大阳线，从而进一步增强跟风者的信心。

图12-24是伊立浦在2009年6月2日的即时分时走势。该股在尾盘拉升，全天成交量也相对放大。该股对应的日K线走势如图12-25所示。6月3日，该股继续收一根阳线，成交量再度放大。两根漂亮的放量阳线，量价配合理想，激发了市场的人气。但拉出空间后，6月4日，庄家原形毕露，趁市场大量跟风盘涌进，用一根天量十字星大幅派发筹码。6月4日一天成交量是前几日的两倍，换手率为38%，可见前两天的阳线的示范效用还是不错的。

第十二章 分时图上的卖点

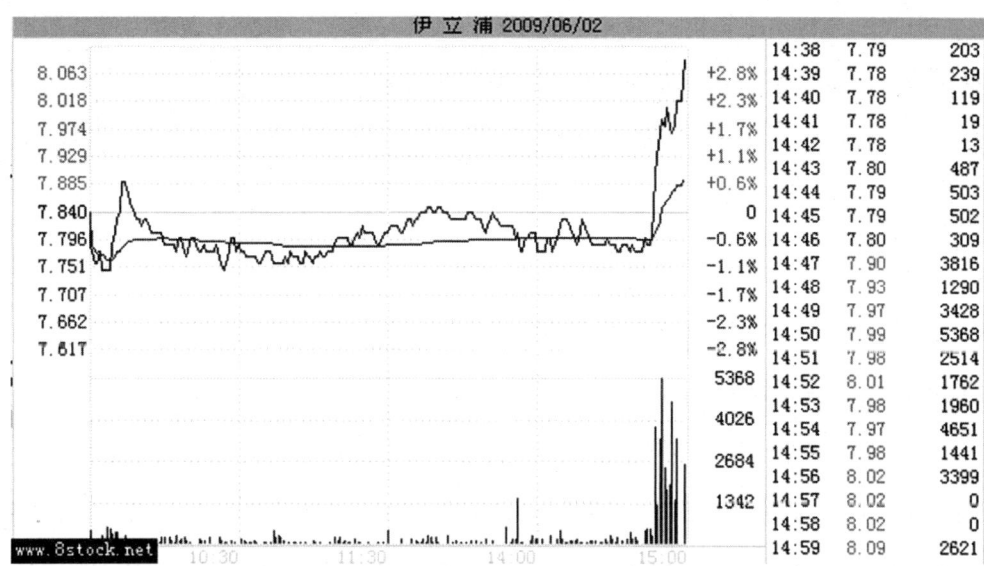

图12-24 拾阶而上出货定式的个股即时分时走势

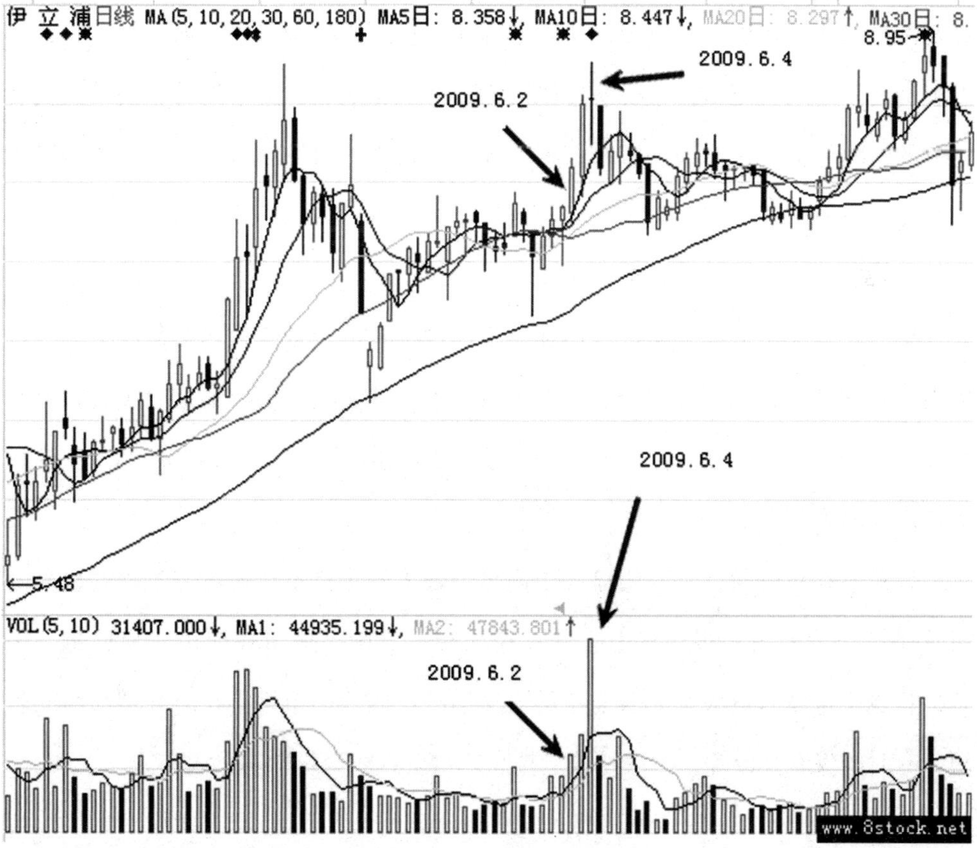

图12-25 拾阶而上出货定式的日K线走势

但我们分析不难得出，如果是正常的"价升量增"，多会在盘中出现，而不会在尾市通过对敲的手法进行偷袭，这种走势表明庄家已经心虚，不敢面对市场进行自然的换手。庄家要在有限的资金量下实现股价涨幅的最大化，所以在时间上多选择收市前半小时内完成整个拉升，给人的整体印象是涨势非常强劲，上涨已迫不及待。这种尾市的急升主要是为了吸引市场投资者参与，集中资金和筹码在短时间里交易，作出极具实力的股价形态。同时通过尾市快速拉高股价，为后面继续出货增大了派发空间。

在拾阶而上形态中，首先庄家并不想增大持仓量，在分时走势的交易中，股价一口气上涨，并不是庄家拼命想要货，而是在大量交易下利用投资者心理喜好的变化有效抑制抛盘，上方看起来很大的抛盘实际上是在庄家的预期中；其次，股价呈现拾阶而上的走势，单笔成交随时会杀个同马枪，边拉边出；再次，庄家想要做高股价的幅度已经有限，所以选择尾市，否则完全可以开盘后拉升，就可以买到更多筹码，尾市拉升说明庄家已无心恋战；最后，尾市拉升不会给投资者充分的时间思考，投资者一般会依据追涨心理行动，可见庄家是想让市场持有者持有，观望者买进。

（二）一行白鹭出货定式

个股在全天走势波澜不惊，而在尾盘出现异常的放量急拉，股价在上升过程中没有出现震荡到抽，基本上是一气呵成，形成一条光滑的弧线或直线，拉升的角度大于70度。从走势上看，如同"一行白鹭上青天"（如图12-16所示）。这种出货定式即为庄家出货定式。

该形态在拉升时，外盘明显大于内盘，强大的买盘不让卖盘有喘气的机会。股价是被连续的主动买盘推上去的；在成交量方面，尾市较前市明显放量，但是，日成交量是否放大则要看前市的成交情况。因为尾市该类拉升在尾盘时间较短，有时候仅有几分钟，虽然是放量拉高，对全日成交量影响不大。

第十二章　分时图上的卖点

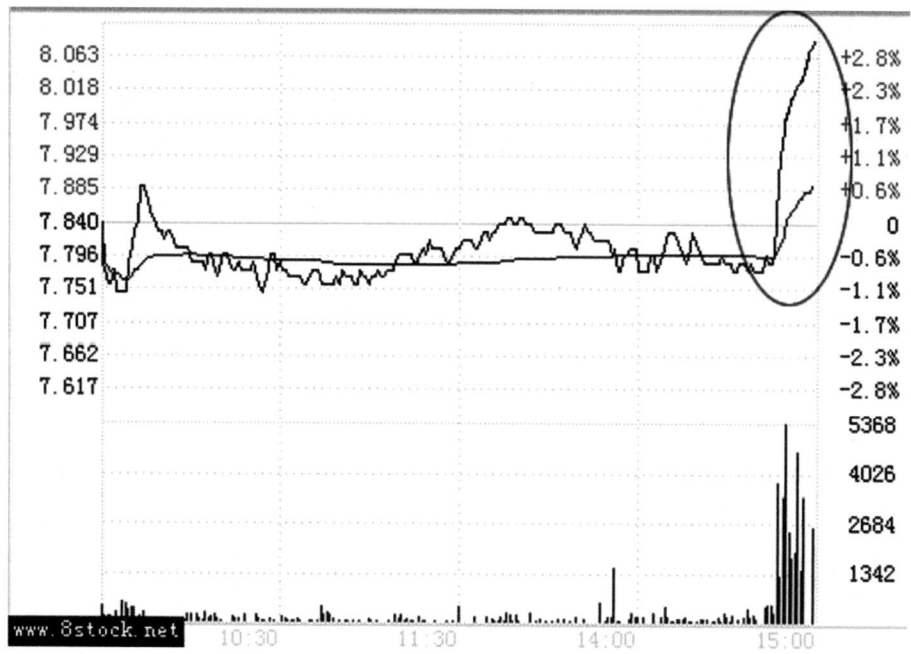

图12-26　一行白鹭出货定式

图12-27是雅戈尔在2008年7月8日的即时分时走势。当时大势环境处在熊市之中，抄底的短抄资金快进快出，尾盘拉出空间后加紧出逃。

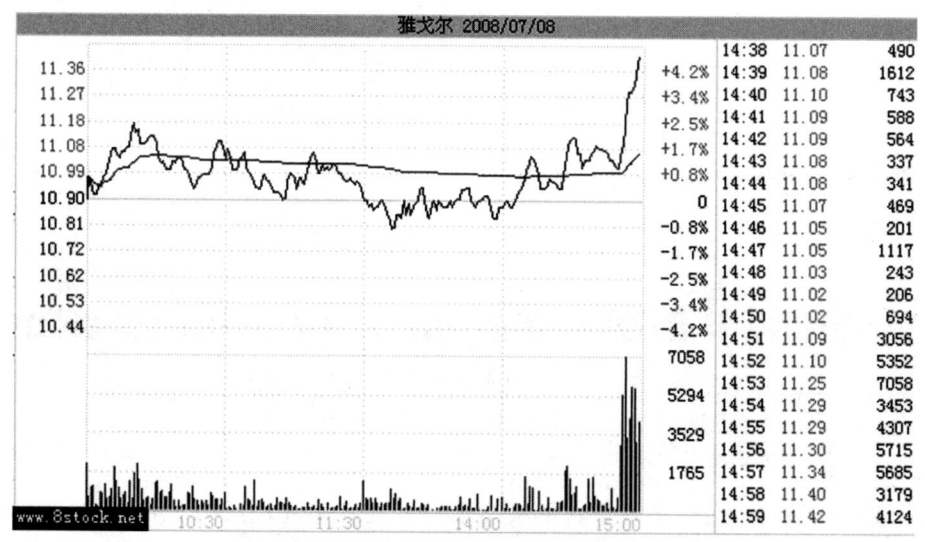

图12-27　一行白鹭出货定式的个股即时分时走势

雅戈尔2008年7月8日对应的日K线走势如图12-28所示。该股一行白鹭形态出现时，股价的位置处于相对的高位，或者是短线庄家超短线炒作之后已经有获利

231

空间，庄家正在加紧派发。观察该股当天的走势，一般成交量都会大幅放大，成交非常活跃。而在全天的大部分时间，都是带量震荡下跌，明显是派发的表现，如果不加"掩盖"，日K线会形成价跌量增的大阴线。庄家为了掩饰出货事实，用欺骗的手法增强多方的持股信心，同时为第二天抬高出货价位而掀尘扬土，将原本实实在在的阴线刻意变成带有长下影线的阳线。这种走势因为庄家去意已定，将来的走势自然是凶多吉少，投资者的应对策略应该是择机出局。

图12-28　一行白鹭出货定式的个股日K线走势

（三）一锤定音出货定式

该形态是一行白鹭出货定式的极端形态，在收市前1分钟利用1~2笔对敲大单，将股价迅速拔高，日K线形成"价升量增"的大阳线。个股全日走势平淡，股价窄幅波动，日K线的形成由最后几笔大单的"一锤定音"，骗线痕迹明显（如图12-29所示）。

第十二章 分时图上的卖点

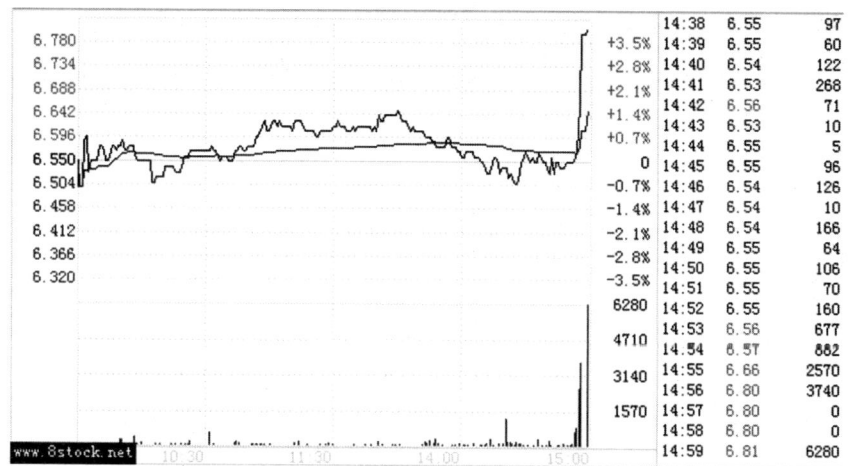

图12-29 一锤定音出货定式

该形态多在股价相对的高位出现，其目的是将既定的阴线瞬间变成了一根大阳线，以增强多头的信心，并为第二天拉大了派发空间。从成交量上看，由于仅用几笔大单完成拉升，全天个股成交的活跃程度一般，日成交量不一定放大。

这种走势是庄家既想达到拉高派发的目的，又想省钱的做法。因为，最后1分钟拉高股价时，即使投资者看到了也无法卖出，因此不会产生太大的抛压。快速对敲省去了连续对敲所付出的手续费。

图12-30是南京港在2009年9月16日的即时分时走势，该股在尾盘出现了几笔大单，呈快速拔高的走势。

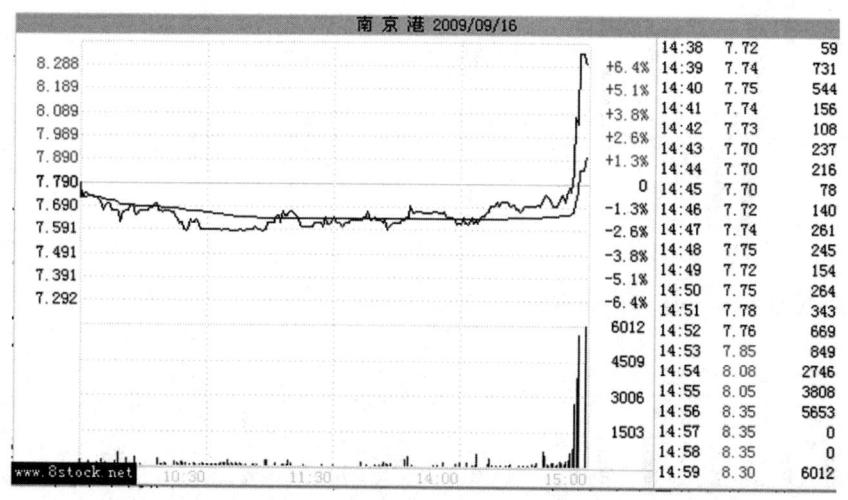

图12-30 一锤定音出货定式的个股即时分时走势（一）

2009年9月17日，庄家又故伎重演，股价在尾盘再度被拉高（如图12-31所示。）

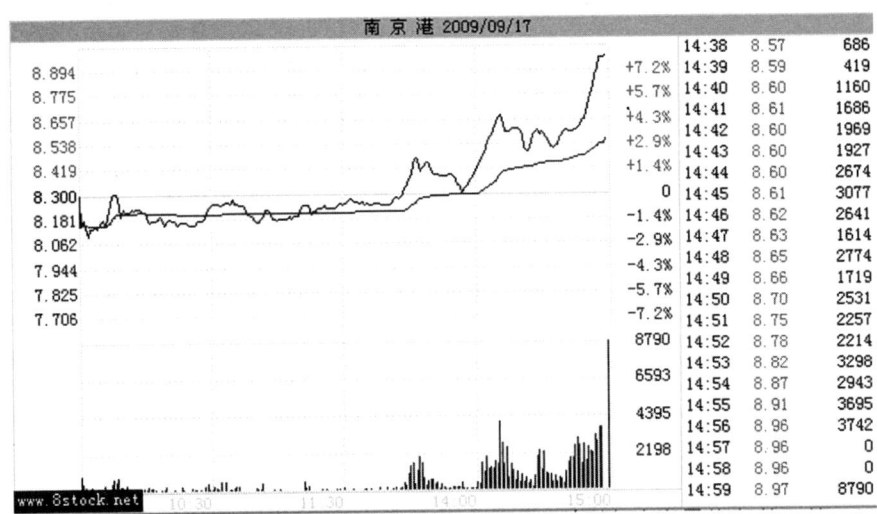

图12-31　一锤定音出货定式的个股即时分时走势（二）

该股当时日K线（如图12-32所示）中的技术形态和技术指标已经显示股价开始见顶回落了，应该先出局回避。

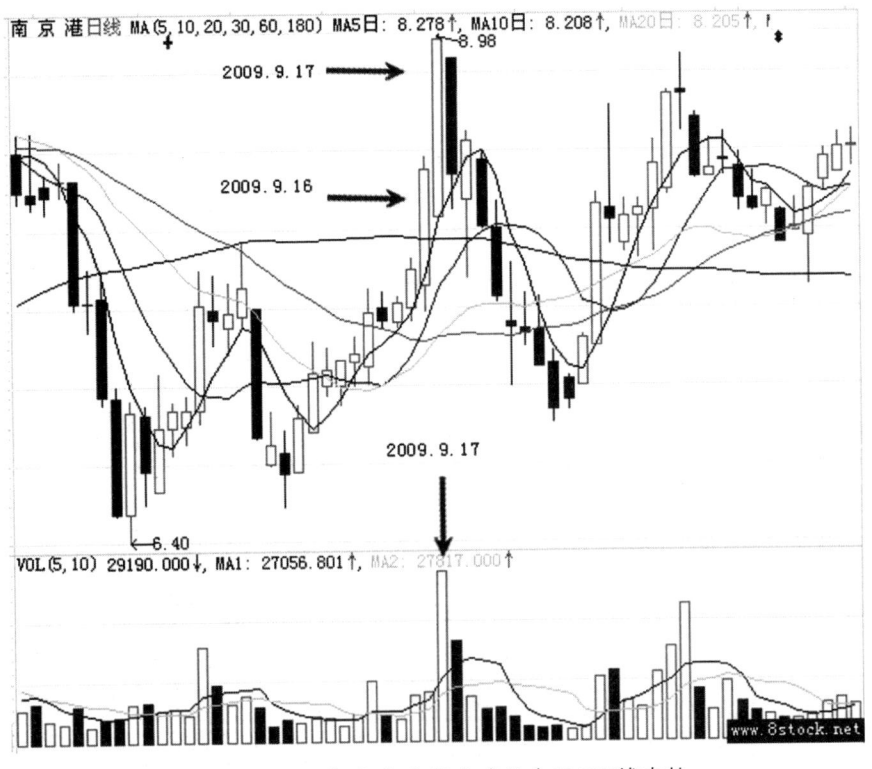

图12-32　一锤定音出货定式的个股日K线走势

该形态表明庄家已经不想或者不敢真金白银的推高股价，而是投机取巧地作图而已，这是心虚的表现。操作上，投资者可依据成交量分别对待：①如果股价已经大幅拉高、成交量异常放大时，则表明已是庄家拉高出货的尾声了，在操作上第二天应果断出局。②如果当日成交量并未明显放大，那么，此时应根据股价所处的位置来判断。在相对的低位时，应跟踪关注，往往存在一定的短线机会；若在相对的高位出现这种走势，则应谨慎操作，毕竟高处不胜寒，下跌空间大于上涨空间。

以上三类为尾盘拉高出货的常见形态，但我们切不可仅以图形来生搬硬套，尾盘拉升的变数很多，实战中应依据股价的位置、量价变化、盘中庄家动作，与上述的三类形态参照比较。

比如，有的股票走势在图形上与一行白鹭出货定式很类似，但量价情况却完全不同，庄家的目的也正好相反：不是出货而是洗盘。我们来看一个这样的例子。

图12-33是芜湖港在2008年11月20日的即时分时走势。该股在尾盘短短几分钟内拉出涨停。该股全天成交活跃，全天成交量放得比较大。虽然其中含有较大的对敲水分，但同时也表示市场跟风参与的程度较高。尾市突然放量拉升，每分钟成交量较前市放大几倍。对比来看，全天的成交量和尾盘的突然放量，都远大于一行白鹭形态，且股价一口气拉到涨停板，表现出庄家的实力和决心，这也是与一行白鹭形态的重要区别。该股对应的日K线走势如图12-34所示。

通过上例的对比，虽然图形上与一行白鹭出货定式差不多，但走势与量能相差较大。一行白鹭形态是庄家为了出货作准备，而这类走势是庄家洗盘的手法之一。首先，以放量拉升造成抢盘的市场气氛，吸引投资者跟风；其次，是一口气拉到涨停板，在显示实力的同时，也向整个市场打出了广告，让看盘者都知道它已经涨停板了。但这些都不是庄家的最终目的，庄家先是引导散户的思维向上，然后会再杀个回马枪，让市场的多空双方在震荡中自然而充分地换手。同时，由于股价上涨过急，来不及充分换手，产生了较多的浮动筹码，导致短线获利盘抛压较重。这也就注定股价在后市难以顺势继续上涨，反而还会大幅回抽。

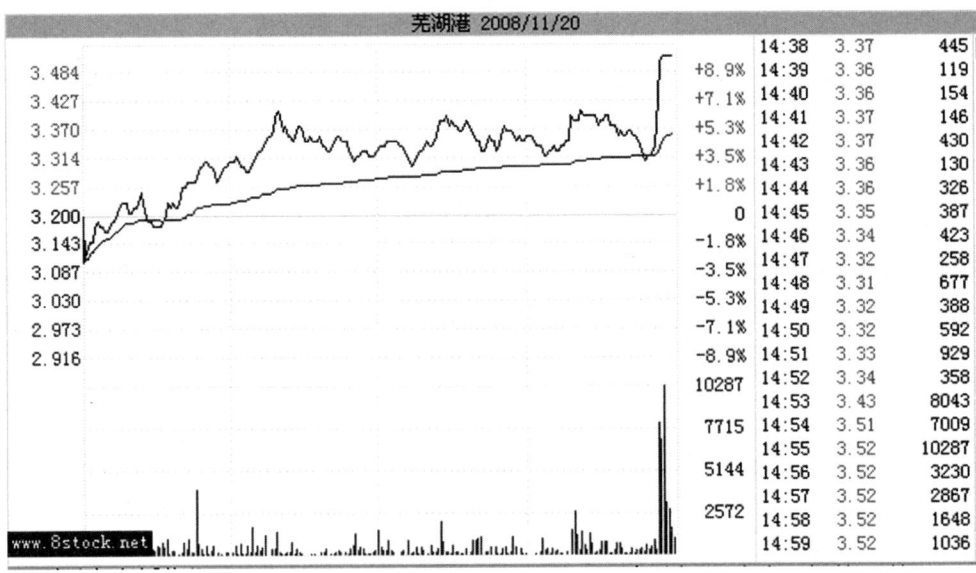

图12-33 个股即时分时走势

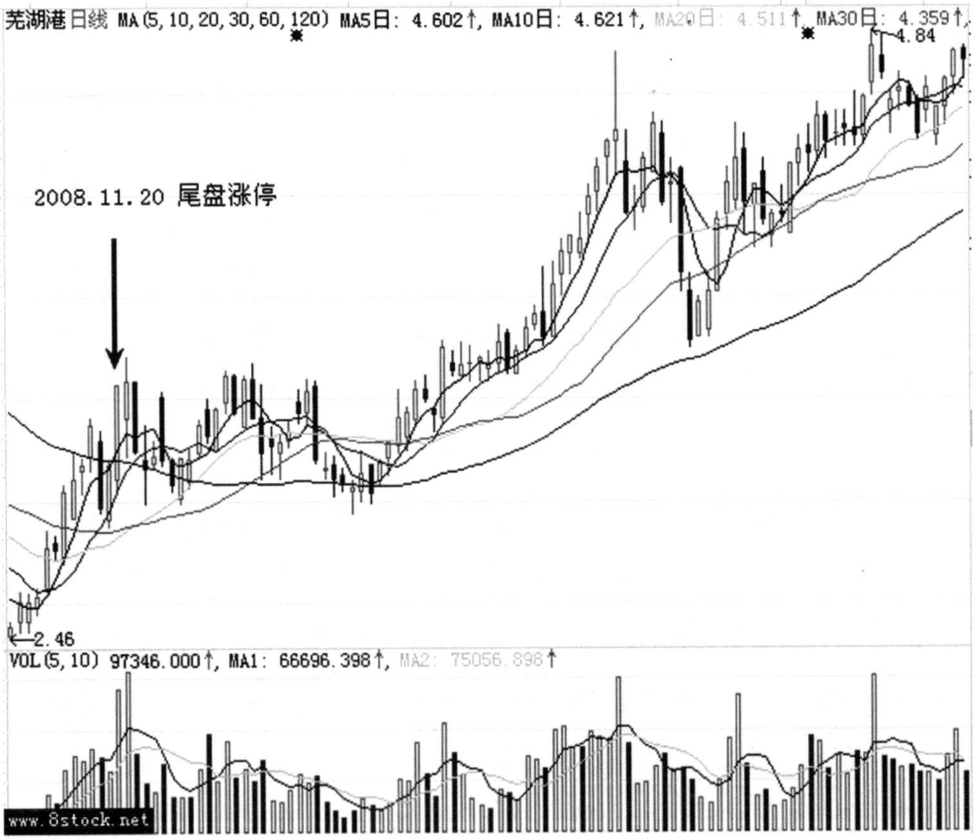

图12-34 个股日K线走势

第十三章

短线黑马的卖点

在股市中,黑马是指价格可能脱离过去的价位而在短期内大幅上涨的股票。其表现形式是多以涨停板的形态出现,往往是市场关注的焦点。天下熙熙,皆为利来;天下攘攘,皆为利往。来股市的人目的很明显,就是获利。黑马也就成了人见人爱的对象。但可惜的是,股市中的投资者大多数都遇到过黑马,但真正能驾驭好黑马的却并不多。股谚说得好,会买的是徒弟,会卖的才是师傅。可见,要抓好黑马,卖点是至关重要的。本章中,笔者列出一些黑马的经典出货模式与读者探讨,但并非所有的黑马出货点都遵循这个模式,黑马的出货模式花样众多,本章所列的仅仅是一些常见和经典的模式,同时也是投资者在遇到该类情形时应该参考的卖点。

第十三章 短线黑马的卖点

第一节 黑马买卖点研讨

一、黑马错误买卖点解析

黑马多产生于牛市或局部性牛市中，不少的大黑马如果能从头到尾顺利抓住，那将是获取暴利的机会。例如，前身是沪东重机的中国船舶，从2007年年初的不到30元，短短几个月涨到了300元；银星能源2007年1月29日到5月28日连续21个涨停（如图13-1所示）。

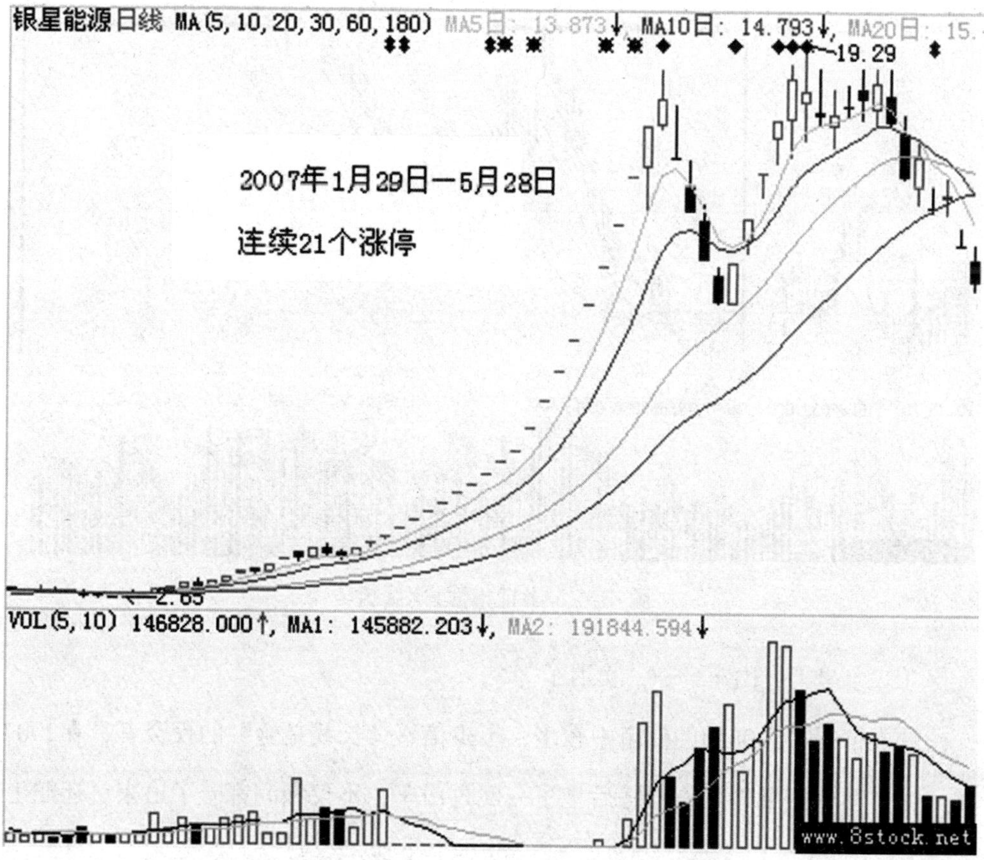

图13-1 个股日K线走势

但实战中,能驾驭好黑马的却只是极少数。到手的鸭子飞了,主要还是以下两类情况:

(一)被洗盘砸下马——"卖早了"

这类情况在2009年的行情比较常见,如图13-2所示,2009年的行情自1814点起步,到2009年6月1日半年时间,个股涨幅超过2倍、3倍甚至数倍的股票比比皆是,可实战中资产能翻番的投资者却少之又少,这类情况是因为没有经受住途中庄家的凶悍洗盘。

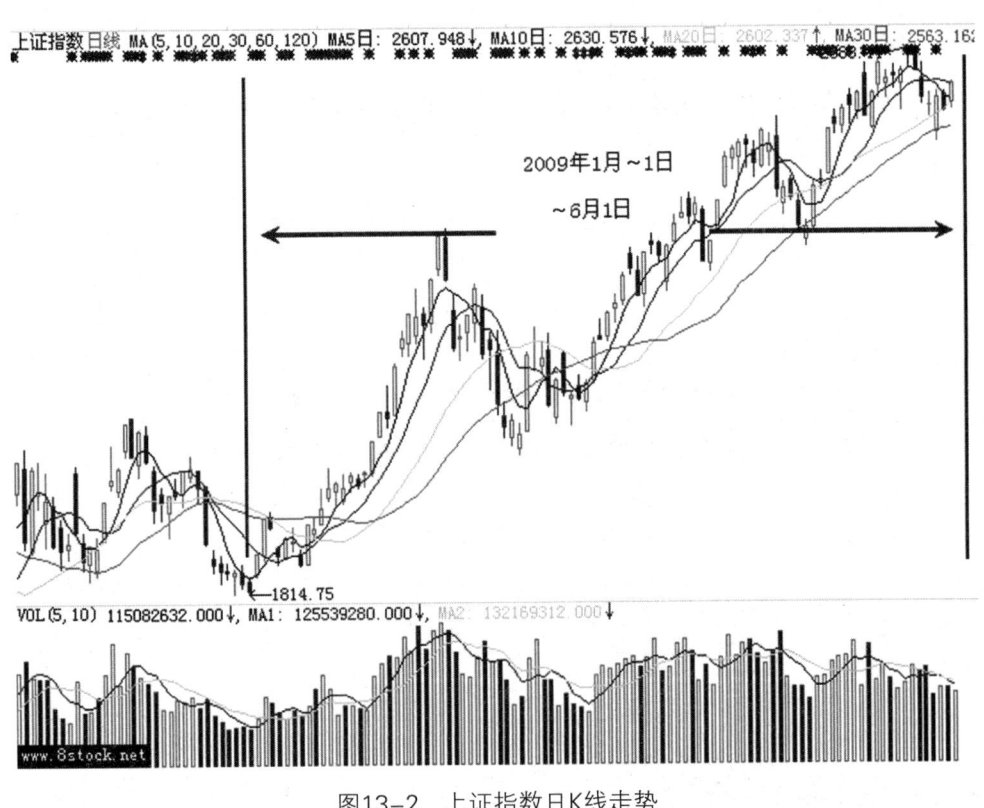

图13-2 上证指数日K线走势

(二)坐了过山车——"卖迟了"

这类情况在2008年的熊市中较多,不少信奉"长线是金"的投资者,在2007年6000点前资产翻番了,但随后坐了一回过山车,不仅利润都吐了出来,还赔上了老本。

典型的过山车案例产生于2007年大牛市中,如图13-3是*ST宝硕的K线走势。

该股是一家生产塑料亏损不堪的公司。就因为股价低，在牛市的波光里，被吃了兴奋剂的股民，连续推了13个涨停，而随后在震荡的阴影里，又连续12个跌停，股价犹如坐了过山车。从极乐到极悲，严重考验散户们的心脏。

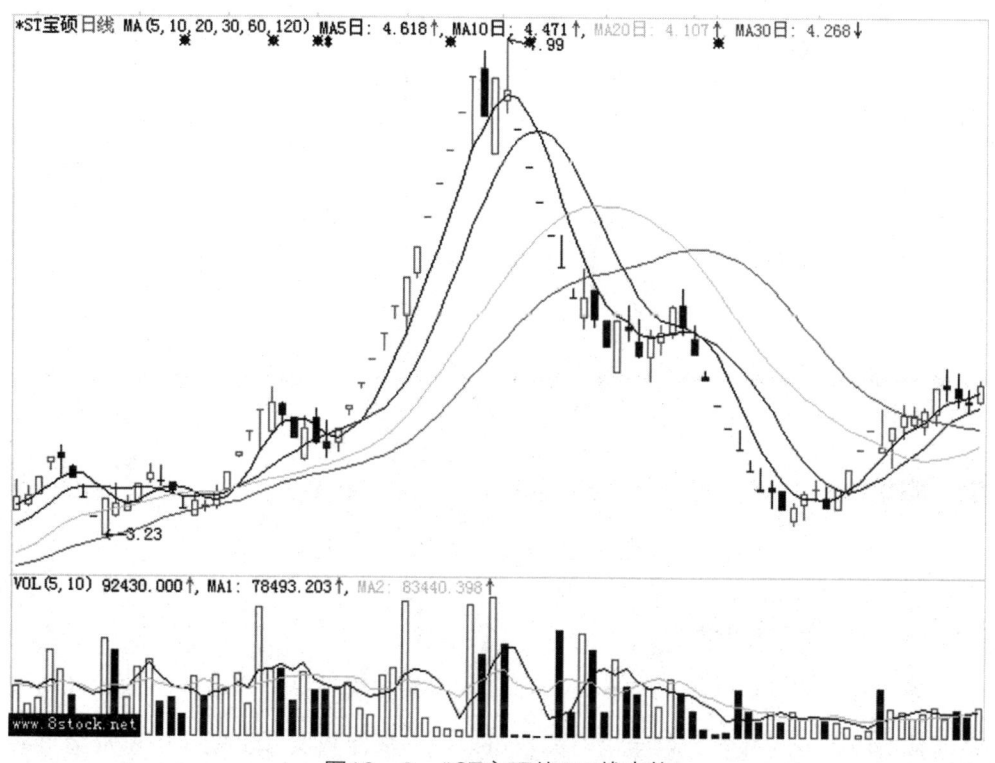

图13-3 *ST宝硕的日K线走势

另一个经典的过山车案例是黄台酒业（2009年更名为*ST黄台），其日K线走势如图13-4所示。在2007年的"5.30"时连续5个跌停，随后10个交易日将失地全部收复，之后又在8个交易日中被打回原形，谁料，之后该股又是6个涨停，还反创新高。连续走出6个涨停的皇台酒业7月11日终因一纸半年报业绩预亏公告结束其涨停神话。公司股票次日在停牌1小时后以跌停价开盘，全天牢牢封死跌停板。再次开始了跌停的噩梦。

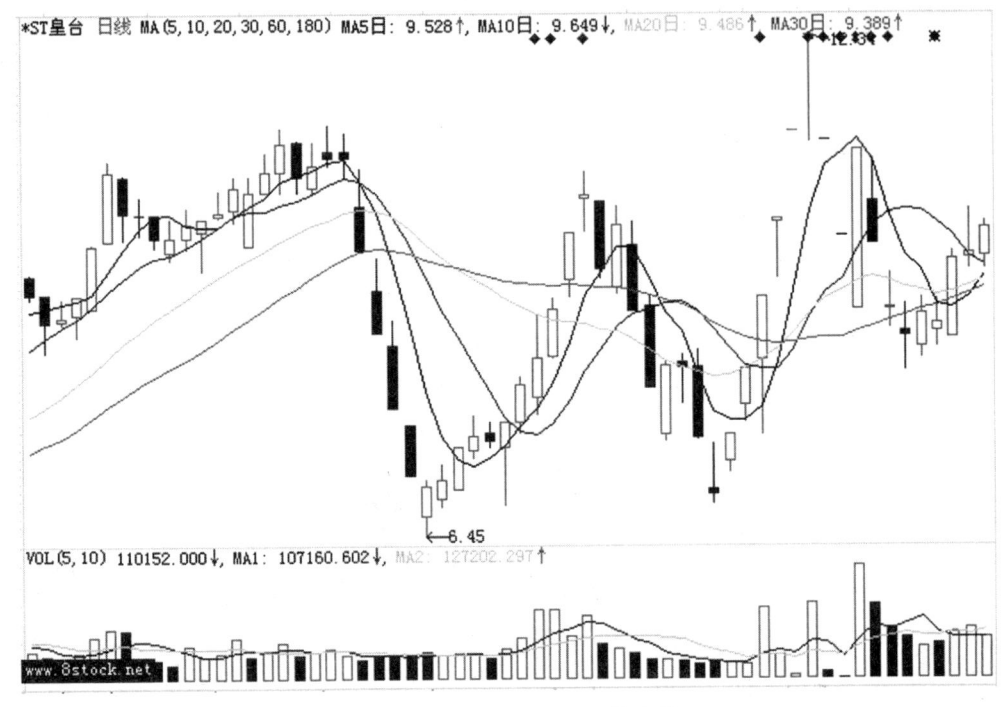

图13-4 *ST皇台的日K线走势

二、黑马涨停板的研判

黑马多以涨停板的形式出现。连续拉升的涨停板可以推动行情飙升，可以使几元钱的股票变为几十元甚至上百元。可以说，涨停板实际上就是庄家资金重兵介入的明显信号，是调整布局、变换节奏或区分环节的标志。但在实战中，投资者必须对黑马涨停板作以下的分析。

（一）关注公司的公告

能够连续拉数个或者数十个涨停的股票，往往会有庄家的消息面配合，比如都市股份在2007年1月4日至2月1日连续14个涨停，就曾在2006年10月13日发布公告：公司近期有重大资产重组。就一般情况而言，投资者既不是庄家的大舅子，也不是庄家的小姨子，这种消息你是很难提前得到的。但在追涨停之时，对这些公开披露的信息，投资者应该心里有底，另外，有时候对于一些重要信息，投资者还是能捕捉到的，如一些上午停牌刊登公告、下午复牌的股票。

一般来说，有重大利好首次被披露的股票，一旦涨停，上攻力量将非常强劲，机会很大。但需要注意该利好是否预先透支，即出利好之前是否被热炒过，被热炒过的股票，利好有可能成为庄家逃跑的好条件。

（二）是否有庄家介入

连续涨停的股票，一般都是庄家的资金在运作，单凭市场的力量，连续数个或数十个涨停的可能性不大。因此，投资者在碰到股票第一个涨停时就要考虑后面的走势，正确判断这个股票是否有庄家资金介入。

（三）分析上攻时的成交量

成交量是多空战斗力的对比。看盘应先看成交量，关注大单成交情况，它反映庄家资金的价格意志。当大单低挂时，它往往会打压股价使其节节走低；当大单高挂时，它往往会提升股票价格，使其节节走高，随波上攻。上攻时大单的成交量为庄家资金的价格意向，在一定程度上决定着股票价格的升幅。投资者应关注上攻时的成交量的变化，顺其动意及时操作，可提高捕捉涨停的概率。

（四）分析二次上攻时的动能

动能是股票价格波动的能量，它的大小常常从其运动的角度上反映出来。在八线操盘系统中，有一个"坡率"指标，即均线的坡率越大，上攻的动能越大。上攻动能大多从股价走势的攻击角度上进行体现。上攻角度越大，动能越大，当上攻角度大于60度时，它集中反映做多动能的不可抑制。但股价上冲一般难以一蹴而就，总要在上攻后有一回落然后二次上攻，动能大小在此时反映的往往会比较清晰，动能较大介入时要以高于成交的价格挂单买入，否则容易踏空。

（五）分析集合竞价情况

集合竞价作为深沪两市开盘前交易状况的反映，常常不可避免地要流露出多方当日投入资金及重点攻击对象的蛛丝马迹。它显示着在总结前一交易日激烈搏击经验教训的基础上，经过一夜利弊权衡和周密安排部署，庄家资金当日运作意图的一些信息。投资者认真、细致地分析集合竞价情况，一方面可以较早地感知大盘当天运行趋势的某些信息，了解自己投资计划运作的背景状况；另一方面可以及早进入状态，熟悉自己选中个股的当日第一信息，验证或调整、贯彻自己经过周密制订的投资计划，敏锐而有效地发现并且抓住集合竞价中出现的某些稍纵即逝的机会，果断出击，提高涨停板的捕捉概率。投资者对于自己重点关注的股票，在分析研究集合竞价情况的时候，一定要结合该股票在前一交易日收盘的时候所滞留的买单量，特别是第一买单所聚集的量的分析。这种分析对于当天的操作及其捕捉涨停的效果有着十分重要的意义。一般而言，如果一只股票在前一交易日是上涨走势，收盘时未成交的买单量很大，当天集合竞价时又跳空高走并且买单量也很大，那么这只股票承接昨日上升走势并发展为涨停的可能性极大，通过结合诸如K线组合、均线系统状况等情况的综合分析，确认具备涨停的一系列特征之后，投资者要果断以略高的价格挂单参与竞价买入。投资者当然也可以依据当天竞价时的即时排行榜进行新的选择，以期捕捉到最具潜力的股票，获得比较满意的投资效果。

（六）分析股票技术面

股票的技术面对后面的走势影响较大，也是股票能否连续涨停的关键。研究技术面可以从这样两个方面把握：首先研究K线组合。K线组合是几个交易日K线的衔接和联系，它无法掩饰地透露着股票价格运行趋势的某种征兆。研究K线组合的深刻蕴含，感知其内在动意，把握股票价格上涨征兆，可以大大提高捕捉涨停板的概率。其实对许多诸如"强势整理"、"突破复合箱体"、"两阳夹一阴"、"东方红太阳升"、"三线开花"等K线组合及均线系统的认真分析研究，对捕捉涨停有很实用的价值。其次关注均线的支撑情况。股票价格的即时走势大多无序，把握起来比较困难。而反映平均交易价格的均线则较多地体现出一些规律，把握起来就相对的比较容易。均价线作为平均的交易价格水平，对即时股价有着一定的影响。它或牵引、或拉动、或支撑、或压制着股票即时交易的价格。股价回落获得支撑，上涨成为必然，支撑的力度越大，上涨的幅度也就越大。关注均线支撑对捕捉涨停很重要。

第二节 逼空连板式黑马的卖点

所谓逼空，顾名思义就是逼迫空头，在股市里，逼空就是多头不断把价格单边往上推。实际上真正的逼空是指可以做空的市场，如国外的股票市场和期货、外汇市场。这些市场中既可以做多也可以做空，逼空就是多头不断把价格上推，一直到空头坚持不住止损投降为止。由于中国目前还不能做空，所以逼空就是反复单边上涨，不给那些没买入股票而在等待回调再买的人机会。也就是说，对于那些空仓的投资者或是机构，多方快速拉升，不给其建仓的机会，迫使其在高位建仓，减少其价格差异收入的操作方法。

实战中，有些黑马以井喷式涨停的方式出场，走出连续涨停逼空的走势，这就是本节我们要探讨的逼空连板式黑马。对于这类股票，市场上的投资者常常迷惑，不知道是该追进，还是该离场。追进吧，又担心坐过山车；离场吧，又眼睁睁地看着继续飙升。

图13-5是莱茵生物的K线走势。2009年4月，甲型H1N1流感疫情在全球爆发，生物医药股引起了市场的广泛关注，甲型H1N1流感类题材概念股被大炒特炒。自2009年2月24日开始，莱茵生物开始进入市场的眼球，在4月27日、28日连续两个交易日，公司股票涨幅累计达到20%以上，莱茵生物曾于2009年4月29日发布异常波动公告说明，公司当日停牌1小时。当日，莱茵生物在澄清公告中表示，近期，公共传媒报道了墨西哥、美国爆发的甲型H1N1流感病毒疫情，文中提及此次疫情将增加八角提取物莽草酸的市场需求，对公司业绩产生重要影响。经公司核查，公司目前未接到相关的莽草酸订单，此次疫情未对公司业绩产生影响。同时，公司生产经营情况正常，内外部经营环境未发生重大变化。然而，市场对莱茵生物的追捧热情却并没有因公司的澄清公告而降温。4月29日、4月30日和

"五一"长假后的5月4日,公司股票交易价格再次连续3个交易日涨停,按照规定,累计涨幅达到20%以上,莱茵生物不得不再次停牌核查。在该股出现连续5个涨停后,5月8日10点复牌后出现了巨量跌停。面对这种情况,投资者应该如何操作?

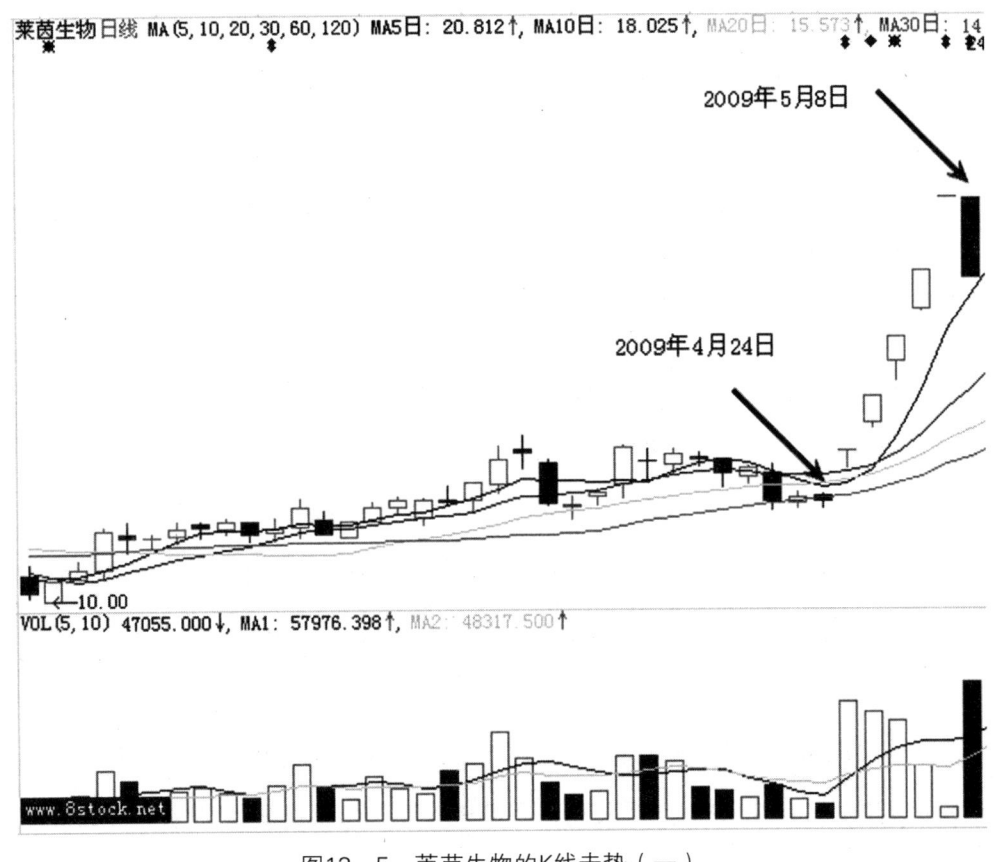

图13-5　莱茵生物的K线走势(一)

2009年5月8日(周五)莱茵生物跌停之后,根据《每日经济新闻》报道,周末某些所谓专家煞有介事地吹嘘"昨日的跌停在我看来是意料之中的事情……以目前公司的业绩来看,根本无法支撑如此高的股价"。可惜他们忘记了投机市场上的炒作法则,5月8日的跌停却是一个极佳的介入时机,次日开始再次出现了4个涨停板(如图13-6所示)。

第十三章 短线黑马的卖点

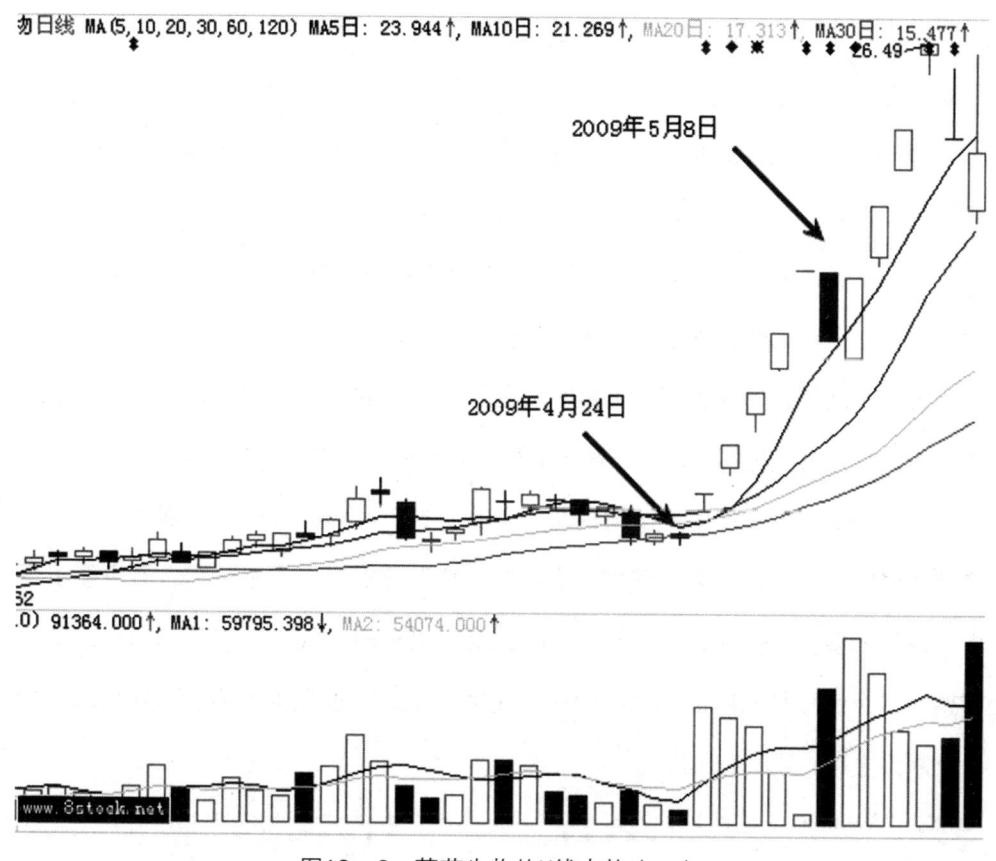

图13-6 莱茵生物的K线走势（二）

对于逼空连板式黑马，我们在操作上可遵循以下几个原则。

一、逼空连板后第一个巨量跌停不是卖出点

逼空连板式黑马一般启动速度较快，连续上涨逼空之后，后几个涨停板有可能出现无量涨停，即持股的投资者基本不再卖出。第一个巨量跌停出现，一般是大盘处在大的震荡之中，或者遭遇大的利空打压，比如上文中的莱茵生物由于4月29日的公司异常波动公告，致使"五一"长假后复牌跌停。逼空连板式黑马由于前期涨幅巨大，前期介入坐轿的散户、甚至包括一些大户，获利丰厚，市场上累积的获利盘较多，一旦由于大盘震荡、利空打压引发股价难以续涨，此时的获利盘将蜂拥而出，拼命出逃。此时的庄家船大难调头，他是跑不过散户的，此时必定是买入多卖出少。当然，这个时候也有一些胆大的散户进场接盘，但在这种巨大的震荡条件下，接盘的散户必定远远小于出逃的散户数量。这也就注定的庄家无法出逃。

对于庄家来说，此时有可能借此洗盘，但后面必将还有一波的拉升。例如上文的莱茵生物，该类股票属于游资的爆炒，从涨停前的几个交易日看，成交量极度萎缩，游资并未介入，全球开始爆发甲型H1N1流感疫情后，嗅觉敏锐的游资立刻发掘这一个值得炒作的题材。短线投资者拉高建仓，其持仓成本较高，而5月8日的第一个跌停，此时市场上的散户疯狂出逃，深驻其中的游资，脚比不上散户快，是根本无法出货的，因此，该股后期还将有持续的拉高。

但是否第一个跌停就是合适的买入点呢？这点我们要从两个方面考虑：一是前期的涨幅，如果前期累积涨幅巨大，则一个跌停有可能刹不住脚，有可能出现多个跌停或多次收阴才开始反身向上，此类多见于ST类股票。二是消息面，如果前期的多个涨停是借助消息面的炒作，而第一个跌停也是由于消息面的原因，则一个跌停之后，还将有大震荡。

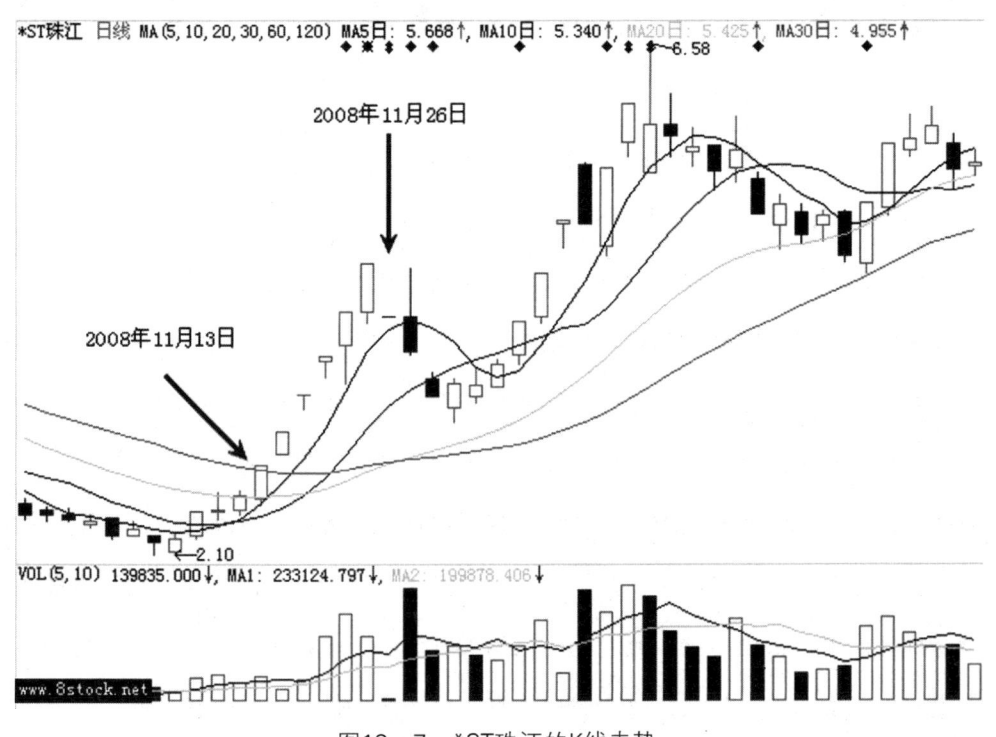

图13-7　*ST珠江的K线走势

图13-7是珠江控股（2009年更名为*ST珠江）的K线走势。该股自2008年11月7日后拉升，11月13日开始出现6个涨停板。11月26日，该股复牌后公告："北京新兴与中信集团的重组事项截至目前尚无任何进展，北京新兴与中信集团代表就重组工作进行了多次沟通，目前并未有协议或合约……"。该股复牌后跌停，接下来的2日再次大幅下挫才逐渐企稳，于12月3日开始新一轮拉升。回过头来可以看出，该股复牌后公告的庄家进行了借机洗盘。

二、逼空连板后第一个巨量阴线不是卖出点

逼空连板后，第一次开板后的巨量阴线庄家同样没有出货的机会。由于不是跌停，利空不大当日便及时消化，因此次日转头向上的概率大增。也有可能当日根本无利空，巨量阴线的出现是由于大盘的震荡、或者是累积获利盘的抛压、或者是庄家途中的借机洗盘等，因此震荡之后还将再拉一波。

图13-8是ST赛格的K线走势。该股在2009年4月15日巨量收阴线，由于庄家当日没有出货，此后股价再出现了一波拉升。

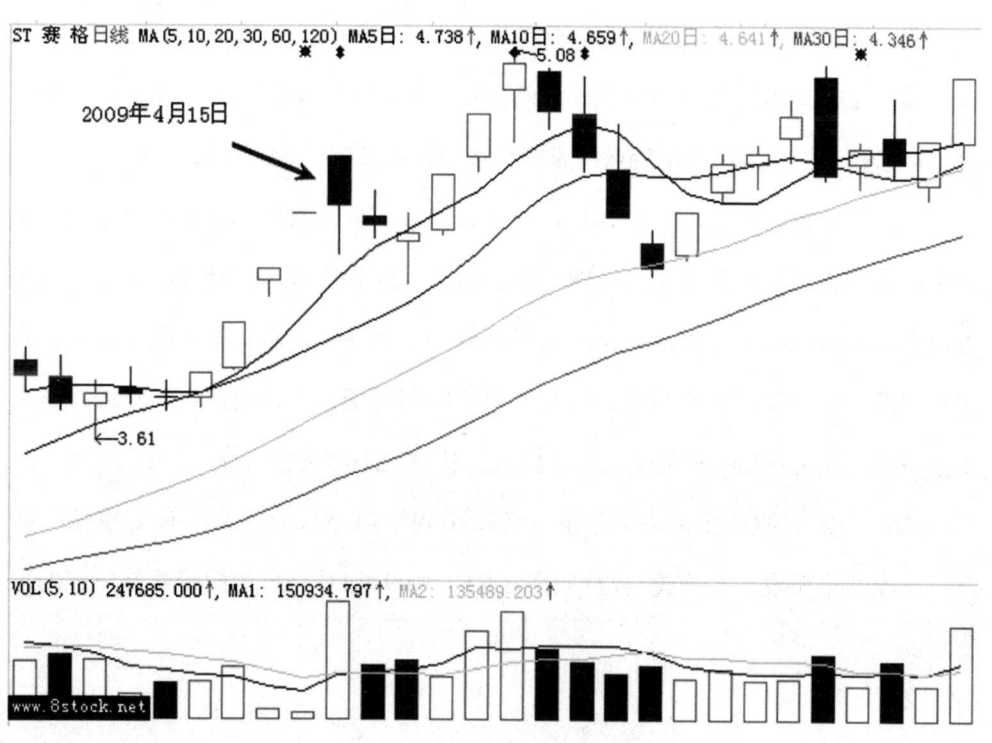

图13-8 ST赛格的K线走势

三、逼空连板后第一次开板放量震荡不是卖出点

原理同上,第一次开板放量震荡,先拼命出逃的是散户,而非庄家。但此种情形与前面两种的区别是,往往并非大盘的震荡或者利空引起,而仅仅是由于获利盘的累积,因此以庄家洗盘为多。

应用上述法则需要注意如下几点:

(1)第一个跌停应为放量跌停,若为无量跌停,则后市抛压还将可能涌出,如前文所述的*ST珠江2008年11月26日的跌幅为无量跌停,后几日的抛压依然很大。

(2)第一个跌停(或收阴或震荡)的前一日为无量涨停为好,若前几日的涨停持续放出大量,则需提防。

(3)第一次跌停(或收阴或震荡)以平开或低开为好,若大幅高开后,高位放量才拉出长阴线则需提防,尤其以高开作势冲击涨停后无果而收长阴线,更要小心,庄家有可能就此出货。

四、逼空连板式黑马的出货点研判

逼空连板式黑马既然第一个开板的放量不是庄家的出货点,那庄家后市如何出货?逼空连板式黑马的出货点庄家一般选择在第二次开板之后。

第一次开板震荡之后,尤其是在跌停之后,不少的散户选择了当日出局,但很快庄家回头拉升,使出局者后悔莫及,市场上的观望者也开始眼红,于是这两类投资者有可能再次追进杀入,从而推动股价的进一步走高。第二次开板后,由于有了第一次的教训,此时的获利盘变得"聪明"了,不再卖出,而场外观众由于第一次开板后获利的示范效应纷纷抢入,从而让庄家从容出货。

图13-9是启明信息的K线走势。该股2009年4月8日第一次开板后震荡收阴线,庄家并未派发,在连拉4根长阳线之后,2009年4月15日的阴线才是庄家的出货点。

第十三章 短线黑马的卖点

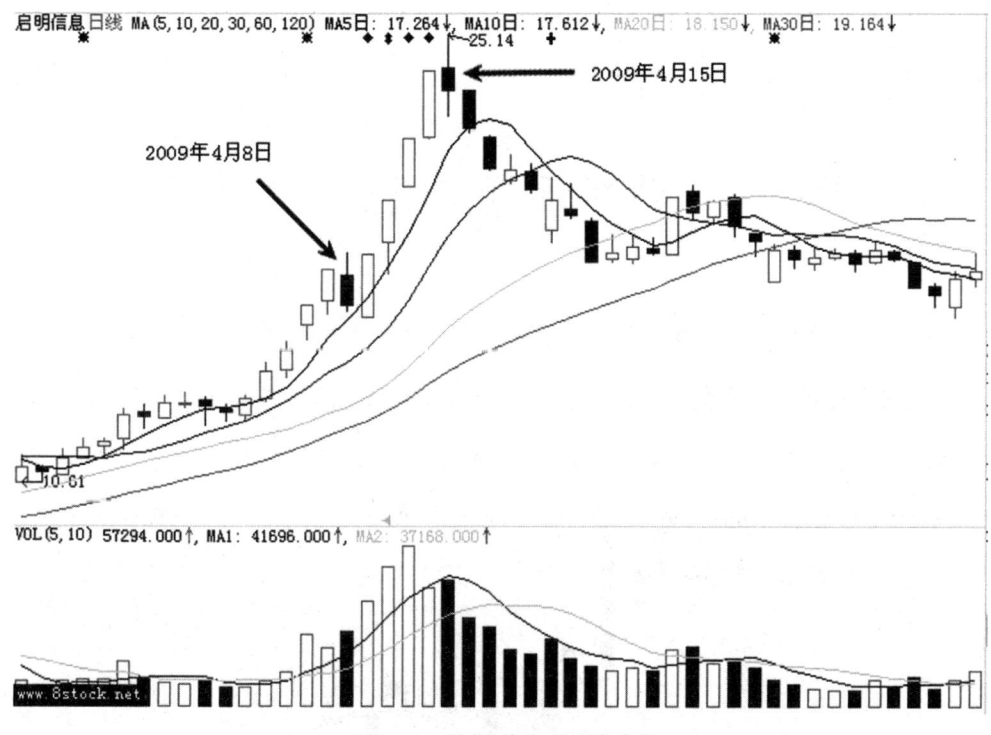

图13-9 启明信息的K线走势

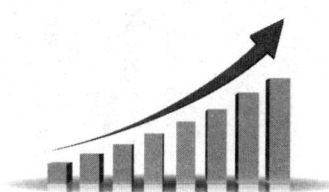

第三节 连板后低走类黑马的卖点

与上一节逼空连板式黑马情形不同的是,该类股票经过连续的涨停板拉升,某一日以涨停板开盘,但全天未封住涨停,而出现大幅震荡且股价逐渐盘下,收出长阴线,且放出巨量,此为庄家利用高开涨停板震荡出货的方法之一。

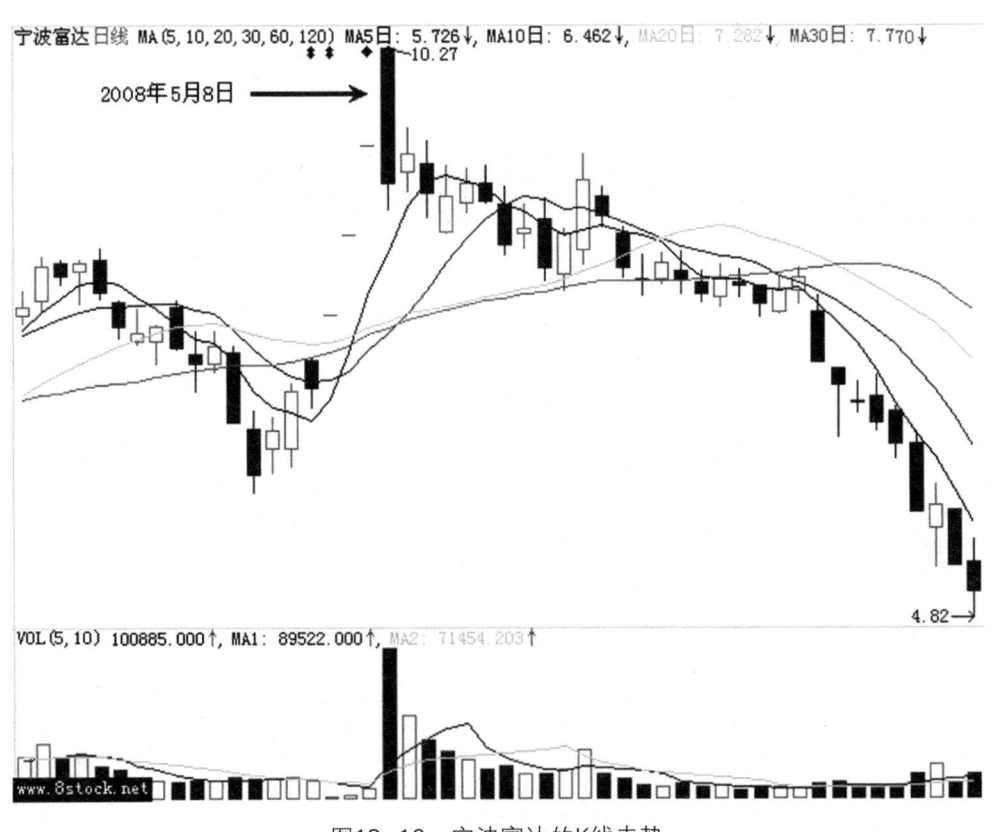

图13-10 宁波富达的K线走势

图13-10是宁波富达的K线走势。该股在2008年5月5日、6日、7日连封3个涨停板后,于5月8日拉涨停板开板后快速回落,在高位形成大量换手,全天振幅为16.38%,换手率为15.90%,成交量为前期的数倍,其后该股进入了漫漫跌期。

一、形态特征

该类黑马股票需满足以下特征：

（1）前期经过了连续逼空式涨停，当日以涨停价开盘，或者大幅高开后直冲涨停板，但盘中快速回落。

图13-11是*ST白猫的K线走势。该股在2008年5月14日大幅高开后冲击涨停，后留下长长的上影线。该股借助重组的传言，拉出4个涨停板后，5月14日高开直冲涨停，但很快掉头向下，全天激烈震荡，振幅为16.51%，放出成交的巨量，形成短期的头部。

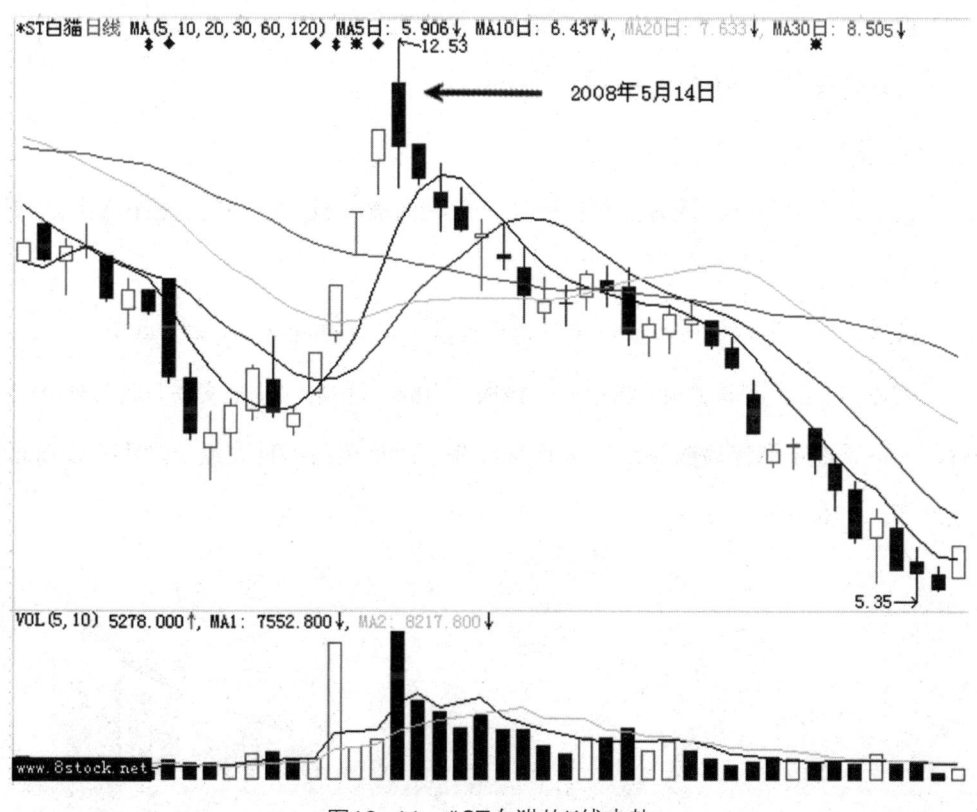

图13-11　*ST白猫的K线走势

（2）放出成交量的天量，换手率较高。

（3）收盘价在前一日收盘价之下，有的甚至在前一日的开盘价之后，K线上收出"乌云盖顶"或"穿头破脚"形态。

二、原理解析

其一，冲涨停后快速回落很大一部分原因是因为"老鼠仓"。所谓老鼠仓，是指庄家在利用公有资金拉升股价之前，先用自己个人（如机构负责人、基金经理、操盘手及其亲属、关系户等）的资金在低位建仓，待用公有资金拉升到高位后个人仓位率先卖出获利的行为。因此，在出货之时，庄家会把自己的股票在集合竞价或开盘后挂在涨停板上，然后做涨停板开盘或高开后直冲涨停板，利用公司的买盘资金或散户跟风盘把自己的股票在最高位全部吃掉，然后再进行震荡出货。

其二，高开低走的长阴线势必对散户的心理造成极大阴影，看空情绪将在后市占据上风。而"乌云盖顶"和顶部"穿头破脚"K线组合形态本身即预示着市场不看好后市，是股价见顶形态。

三、注意事项

其一，如果为平开或只是稍作高开，没有向涨停板发起冲击，收出长阴，不属于此类。

其二，如果最低价或收盘价位于昨日收盘价之上的阴线，不属于此类。

图13-12是宁波联合的K线走势。该股在2009年开始的几个交易日连续涨停之后，1月8日冲击涨停后收阴线，但收盘价并未回落至前一日收盘价之下，没有形成顶部。与本节的形态不符。

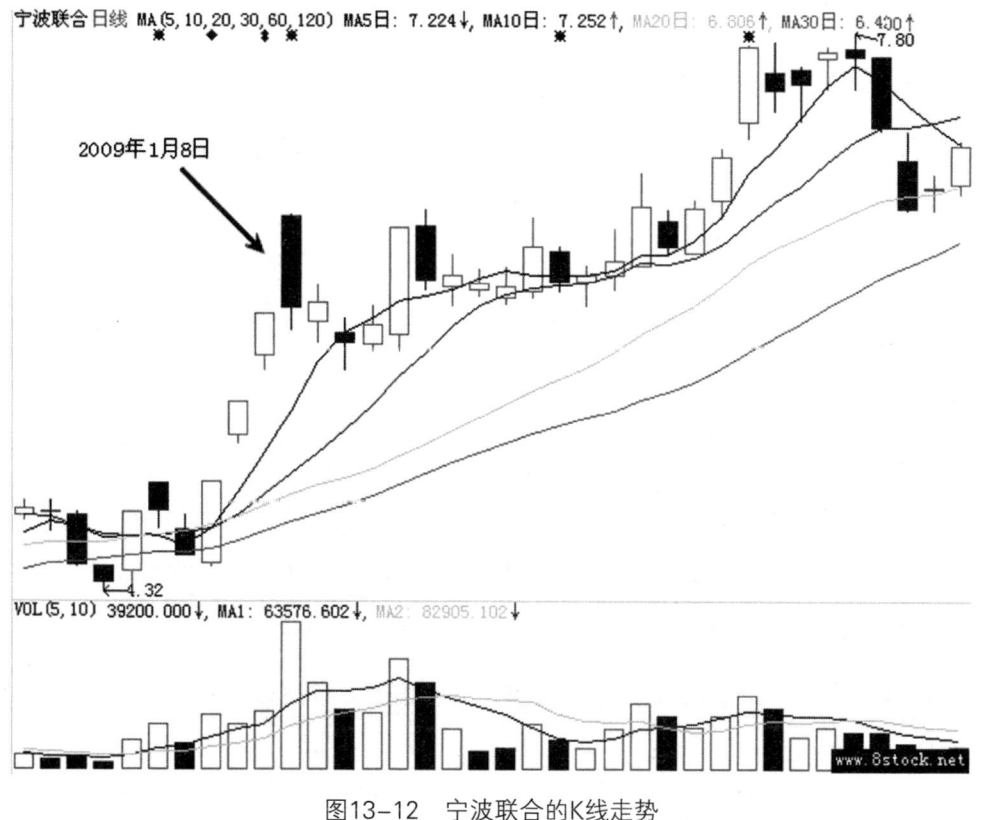

图13-12 宁波联合的K线走势

四、庄家的出货点

连续逼空式涨停后的高开冲击涨停低走形态，形成顶部的概率极大，但不意味着庄家就此完成了出货。庄家的出货点有可能在后面的震荡中继续完成，某些前期涨幅较大的黑马，则有可能采取打压式出货形式。

另外，投资者有两类情形需要注意：

（1）小盘庄股或短庄股有可能就当日以"单日反转出货"方式完成筹码的派发。所谓单日反转出货，是指在行情极端乐观的情况下，小盘股庄家或短庄，在单日冲高后放量回落情行下，一次性地或在短短几个交易日内将手中的筹码在高位抛售出去。

单日反转出货有以下特征：①该类个股在一段时间出现连续上涨，且涨幅十分巨大。②在市场极端乐观的气氛中或在公司特大利好的配合下，股价巨幅跳空高开，并一度冲高，有时甚至以涨停的方式开盘，但股价随后放量下跌，跌幅较大，甚至跌停，单日震荡幅度有时可能达到20%，并伴有成交量的大幅放大。③第二天高开低走，股价从此再无回头之日。④日K线图上表现为巨量光头大阴线或巨量带上影线的大阴线。

对于单日反转出货形式，投资者操作上需要注意：①宜速战速决，在放量滞涨时抛出。②这类形态适合小盘庄股，一般筹码量不大，当日换手率超过12%时，应引起投资者的警惕。③一旦出局，不可盲目博反弹。

（2）若上升途中的股票出现一日拉涨停（与前面形态的区别是未出现连续涨停），或盘中涨停，后市打开。次日该股平开后顺势向下，即全天未给前一天涨停附近追进的投资者出局的机会，且放出大量收阴线，往往是该股短线见顶的特征。其原理是：庄家刻意不给前一日涨停附近买进者持平出局的机会，或机会只是开盘瞬间，显然不是洗盘，若是洗盘，必将给前一日高点接入者出局的机会，以达到洗盘效果。

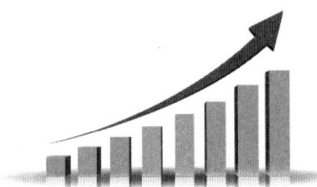

第四节　超短线黑马的卖点

　　超短线黑马一般是指短线资金操作的股票，该类股票的特征是速战速决，短则数天，长则不到1个月。短线资金的特征是：资金实力并不是非常雄厚，但由于把握时机得当，总会发动一次次短线上涨行情。行情发动之时，往往成为市场的焦点，该类资金如有名的"涨停板敢死队"。由于短线资金实力不足，一旦股价有了一定的上涨空间便会快速兑现。对于这些短线个股，投资者一旦没及时卖出很容易被套在高点上。

　　虽然短线庄家进场与离场的速度很快，但一旦股价上涨到了顶部，总会有明显的技术特征体现出来，只要投资者掌握了这些短线在顶部的技术特征，就不会再出现被套在短线高点的事情。

　　从技术上讲，短线个股的顶部往往会出现近期的巨量，这些巨量就是庄家的集中出货量，同时，在巨量出现之前，往往还会出现一根实体比较大的阳线，这一根大阳线所起的作用就是对投资者产生吸引作用，从而促使投资者第二天买入，而一旦买盘入场，庄家出货就可以顺利进行。

　　图13-13是中国中期的K线走势。中国中期的股价经历过大幅下跌以后，在底部出现了缓慢的上涨走势，在股价形成上升趋势以后，成交量始终保持着较为温和的放大迹象，虽然成交量在此时较下跌期间有了放大，但是成交量的放大并不是十分密集，并且折合成的成交金额也非常少，这说明庄家的资金在盘中建仓的数量并不是很多。庄家资金建仓数量少，说明股价的波动是受到了短线资金介入的影响，资金的性质将决定股价后期的波动模式。从图13-13中可以看到，由于介入的资金数量不多，所以股价在上涨的时候大实体的阳线很少出现，虽然这类个股可以给投资带来一定的收益，但相对同期盘中其他个股而言，它的涨幅还是非

常小的。股价经过短线振荡调整以后，突然收出了一根大幅跳空高开并且涨停的大阳线，这一根涨停大阳线的出现让许多投资者认为这是行情加速上涨的信号。但第二天开盘以后，股价顺势跳空高开，冲高的走势吸引了许多投资者的参与，他们都认为这是股价强势上涨的开始，但是庄家却在买盘不断入场的情况下开始大规模地出货，长长的上影线与巨大的成交量就是最为明显的信号。

图13-13　中国中期的K线走势

这也是短线庄家出货的典型方式，在投资者认为是强势到来并且积极买入的时候，抛盘便不断涌现出来了。一旦成交量发生明显放大，并且K线无力保持强势上涨的时候，投资者就要及时离场回避风险了

从短线资金来源来看，短线黑马有以下两种典型的类型。

一、周末推荐型短线黑马

对于周末推荐型短线黑马，该类股票的一个普遍特征就是在周末会被股评机构大肆推荐。该类股票一般形态做得极为漂亮，在前一交易日（周五最多）拉出大阳线或者涨停板，第二个交易日（下周一最多）大幅高开且直冲涨停板或接近

第十三章 短线黑马的卖点

涨停板,但不久涨停板就被打开,股价逐步盘下,往往是庄家出货。

其实,这是证券咨询机构变相坐庄的一种方式。目前,证券咨询机构中的利润主要有以下来源:一是收取咨询费、会员费;二是从证券营业部收取手续费回扣。但是,这两项业务收入很低,甚至不能满足咨询机构的日常开支。因此,有些证券投资咨询机构会通过暗箱操作以"变通方式"取得收入,而这些"变通方式"五花八门,其中包括代理投资人从事证券、期货买卖,从中收取佣金或者与其会员在私下约定分享投资收益。有的影响力较大的咨询机构通过这种方式掌握着数额巨大的私募资金,使自己蜕变成庄家与股评家的合成体。

虽然我国《证券法》严格规定,证券咨询机构本身不能炒股票,然而,目前确有一些咨询机构,他们不仅自己做股票,而且还私下带有一批大户会员。该类咨询机构在周六于各大证券报刊开辟专版推荐股票前,早已在周一至周五带领会员在低位把股票买好,把K线形态做成多头排列,并往往在周五尾市拉出大阳线做好图形。之后利用广大散户周末看报,于周六在各大报刊杂志开辟专栏对该股进行大肆推荐,列出该股未来数大利好,无限夸大其短期上涨空间。周一开盘后顺势把股价推高,吸引广大散户蜂拥而入,他们则在高位震荡出货。周一低位介入者可能还有出逃甚至获利的机会。而追入较晚者则大多数情况将高位被套。如果大势极强或正赶上该板块启动,则股价上涨可能还会持续几天。如果处于平衡势或弱势,则周一买入者往往当天就被高位套牢(此种情况为大多数)。由于此类咨询机构带资金炒股属短线庄,往往每周打一枪换一个地方,其获利目标也就定在5%～10%(大势极好时可能达到20%),因此其一般在周一、周二即派发了结。并且短线庄的突发性拉升把原有的平缓K线形态破坏,短庄出局形成大量的高位套牢盘,其后果便是这种股票一旦短线庄出逃形成头部,在相当长的时间内不会再有行情,股价也会回到启动位置(短线庄吸货之前的位置)甚至更低,被套者将无法解套。由此,对周六该类咨询机构的荐股应保持高度的警惕。具体操作原则为:

(1)要认真识别该股评是一般的个人股评还是带有会员的咨询机构股评。如果是带有会员的咨询机构推荐；则应极其谨慎，以不碰为宜。

（2）对该类咨询机构的荐股，强势时可适量参与，但所介入的价格必须在短线庄上周建仓成本的5%涨幅以下；而平衡势或弱势则应坚决回避。其原理为：超强势时，该类短庄有可能调高目标涨幅，因此周一介入者往往有利可图；而平衡势及弱势时，这些短线庄的获利目标位往往就定在5%～10%，因此介入者十有八九当天被套。

（3）介入前还要看该股股价是否处在相对底部及前5～10日介入的短线庄家的平均成本。如果周五收盘价比前半周的平均价只高出了3%～5%，庄家账面获利不超过3%，则周一可高挂2%左右集合竞价进行参与。如果周五收盘价已高出该周前半周平均价的6%～10%以上，庄家账面已获利5%～10%以上，则一般不应再介入。

（4）绝大多数情况下，周一介入者周二必须出局，无论赚赔。原来持有者也应趁该股周六被推荐于下周一或下周二择高点卖出。

（5）该类股票一旦形成头部，应坚决止损出局，其股价往往是从哪里来，还要回到哪里去甚至更低，且今后相当长的一段时间内不会再有行情。总之，对该类股票能避则避。如果参与（或原来持有），必须要牢记"只能短做"！一旦发现自己所持股票被此类咨询机构推荐，应在周一高位卖出，周一未卖出者（包括周一介入者）最好在周二集合竞价卖出。一旦几日后形成头部，则投资者无论赚赔都应坚决出局。其原因在于：①推荐后一部分人获了暴利，几天之后持有的其他人必然短期暴亏。②由于是短线庄（咨询机构带一批会员）行为，因此，获利目标位往往较低（10%左右），一旦靠周六媒体大肆推荐的获利使短线庄出局，股价必然是从哪里来再回哪里去。且由于把散户套在高位，中短期内再不会有庄家去碰该种股票（为散户抬轿），因此套牢者中短期内解套无望。

二、游资炒作型短线黑马

江浙一带的私募游资喜欢这种形势，建仓、洗盘、拉升一气呵成，短期间股价飞涨。游资炒作型短线黑马分为两种：一种是抢反弹的，在广大散户开始抢反弹的时候出局；另一种是炒题材的，出重大利好消息前拉高出货，或在重大利好后立即拉高吃货，之后继续迅速拉升，并快速离场。其炒作特点具体如下：

（1）重势不重价，也不强求持仓量。收集筹码少，控盘程度（流通股）5%~20%；收集期特别短，1~2天就可以收集完毕。拉升空间一般为10%以上，获利目标一般为5%~10%。

（2）筹码收集期较短且手法隐蔽，吸货行动十分隐蔽，通常难以被投资者察觉，派发多采用跳水式。

（3）快进快出，盘面特征为不经洗盘，获利即退，尽快落袋为安；即使亏损，也要尽快止损离场。

（4）借助朦胧利好时大量进货，待股价上扬、众人追涨时，赶紧出货。

游资炒作型短线黑马大多出自市场上神秘的"涨停敢死队"之手，知己知彼，百战不殆。要想知悉短线黑马的奥秘，"涨停敢死队"是有必要做一些了解的。

"涨停敢死队"这个词最先是2003年由《中国证券报》首次报道后而得名的。涨停敢死队原来仅指宁波敢死队，即银河证券宁波解放南路营业部的一帮专做短线的操盘手。在2003年，宁波敢死队几乎成为股民的偶像，其操作手法亦被越来越多的投资者所效仿，以至于市场上出现了"炒股不跟解放南，便是神仙也枉然"的说法。现在涨停敢死队也包括各地的敢死队。笔者与他们也曾有联系与接触，这里披露一些他们鲜为人知的内幕和一些常用的操作手法。

宁波涨停敢死队崛起于熊市，银河证券宁波解放南路营业部绝大部分成交量都来自他们。此外，还有原天一证券（后改组为光大证券）解放南路营业部和义路营业部也出现"敢死队"，并构成了宁波涨停敢死队"三驾马车"阵势。在银河证券宁波解放南路营业部4楼贵宾室，有专门做超短线的"三大高手"，1号人物叫徐强（人称"小徐"），2号人物姓吴，3号人物徐海鸥（人称"大徐"）。周建明在当时出现并不多。

当时的银河证券宁波解放南路营业部的贵宾室里大概有40台电脑，常用的有

20台,另外一半备用,每台电脑用来监测一只股票。营业部将40台电脑做成一堵电脑墙。硬件设备投资都由营业部出,投资额有30万~40万元。营业部为什么这么做呢?因为当时"敢死队"为这个营业部贡献了总收入的60%~70%!除此之外,"敢死队"还能给营业部带来广告效应,因为这些营业部经常上榜,引来很多庄家到这里来分仓,不少庄家甚至在这些营业部里假借"敢死队"名义出货。同时营业部还为"敢死队"提供专用席位下单,速度要比普通投资者快3秒左右。而根据交易所"相同价格时间优先"的原则,他们"眼疾手快"便能抢在投资者之前下单,以防投资者跟进。

后来宁波涨停敢死队开始解散,徐强、周建明等人甚至转战上海。涨停敢死队在弱市中拉涨停,颇有悲壮的色彩。

"敢死队"也惯用一些盘口的"数字"语言。盘口的"数字"语言多是取其谐音,不可太在意,但其中也有一定的益处,多是某种资金启动的标志。但知道的人多了就要去区分了,要与其个股的强弱、主力操作意图及其他技术手法结合运用。比如:(44)就是(死死)的谐音,也就是敢死队的标志,常用的还有(33)就是(升升)的谐音,也就是拉升的意思,与(77)就是(启启)的谐音,也就是启动的意思。

"敢死队"的操作手法主要有以下特点:

(1)拉涨手法凶悍。"敢死队"一般采用三种方式拉涨停:一是当大盘较强时,一口气拉上涨停;二是早市攻击,借助"短平快"的手法制造强势的感觉;三是下午2点之后拉抬强势股,一些早市走强的热门股,以很大的买盘扫单,股价几乎呈90度角上涨,在跟风盘的帮助之下封上涨停。一旦冲上涨停,再挂出巨量的买盘稳定人气,降低持有者的卖出欲望。

图13-14是隆平高科2008年4月至5月的K线走势。该股自4月3日的最低价13.11元起步,至5月14日最高达47元,最大涨幅达到258%。从上榜的情况看,光大证券宁波解放南路营业部吃了头汤,此后,国信证券深圳泰然九路、东方证券上海宝庆路、华泰证券苏州何山路、银河证券宁波解放南路营业部等"敢死队"接力

介入。随着这些短线游资的汹涌介入，隆平高科的换手率急剧放大，单日换手率超过20%的现象比比皆是。有意思的是，即便是见顶回落之后，隆平高科的换手率依然不减，前期介入的资金左冲右突，多半原因是出货不顺畅。据公开信息，4月18日，光大证券宁波解放南路营业部大笔买入隆平高科，当日买入净额达724万元，此后该营业部就再未出现在公开显示的记录中，很可能是小单派发了。同为游资聚集地的东方证券宝庆路营业部也频频露脸。4月30日，其净买入隆平高科5 377万元，5月5日则净卖出5 624万元，5月9日，其又净卖出隆平高科近1 000万元。5月12日，其买入隆平高科3 975万元，次日又抛出4 252万元。相比而言，大资金能全身而退的，恐怕也只有东方证券宝庆路营业部等少数高手了。

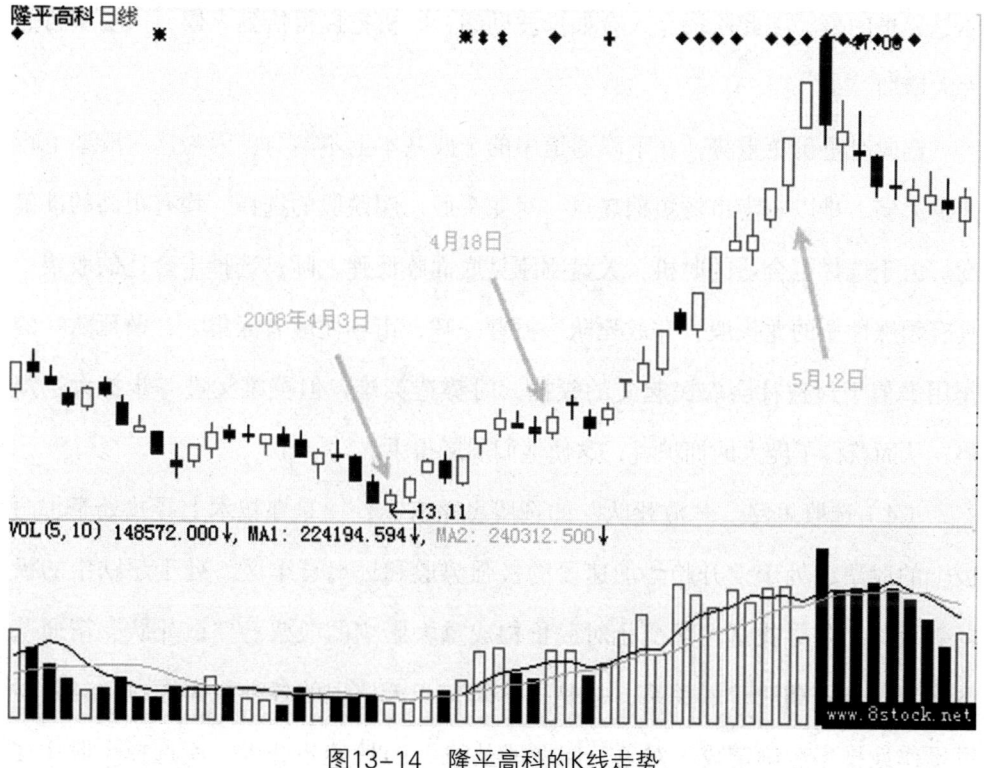

图13-14　隆平高科的K线走势

（2）短线操作，果断吃进，火速撤离。"敢死队"遵循强势原则，专挑那些短期爆发力十足的个股做短线。早期的涨停板敢死队专玩短线，平均3天打一只股票，要是持股1周，就算超长线了。在短线操作上，"敢死队"往往从盘口看到某只股票短线势头较猛，有望形成向上突破后，即果断介入。而一旦介入，则十分迅猛狠辣，采用逼空手法将大小抛单通吃，一气封上涨停。因其所选股票此前形态和技术指标均已走好，往往所耗资金并不巨大就能轻易封住涨停板。

（3）助涨原则。遵循助涨原则，在一些股票走势形态较好，温和放量，小阴小阳线上行过程中，把握住股票有涨停趋势、庄家还未最后发力的瞬间，利用很少的资金使股票封住涨板，以起到"四两拨千斤"的作用，这是"敢死队"最原始也是最有效的武器。

所选个股走势形态较好，这些个股底部构筑较为扎实，且都在温和放量、小阳线上行过程中。如果没有"敢死队"的参与，就算不能放量封涨停，向上突破亦是迟早的事。在此阶段介入有如推波助澜，时机把握得恰到火候，成功率自然大大增加。

选股时重价更重势，在下降通道中的个股基本上不参与，因为这些股票上行能量太弱，难以成为市场短期热点。对龙头股、超跌股的选择，均有很高的准确度。由于选择了合适的时机，大盘刚刚见底面临反弹之际；选择了合适的股票，具有领涨性质的龙头股，"敢死队"振臂一呼，市场便应者云集。"敢死队"的作用类似于封建社会农民起义的领袖，时势造英雄，但英雄又进一步扩大了声势，从而获得了庞大的拥护者，这使他们屡屡得手。

（4）选股思路。"敢死队"的选股思路有二：一是在技术上寻找处于"两极"的股票，处于上升趋势加速段的极强势股和远离套牢区、处于超跌中的极弱势股；二是寻找基本面变化对股价构成重大影响的股票。"敢死队"精通基本面变化与短期股价的关系，总是提前研究当天出现的各种重大题材，对题材可操作性排序后确定攻击对象。问题股及ST、PT股绝不介入，所选择个股往往业绩尚可，或有一定题材支持，具备成为短期热点的一些必要条件。比如2008年的登海种业（002041）、欣龙控股（000955）、四川路桥（600039）、重庆路桥（600106）、联合化工（002217）、力诺太阳（600885）等短线牛股从。这些从牛股的共同特征看，流通盘适中，启动时绝对股价不高，并且伴有各种朦胧利好。这种股票一旦启动，往往以连续涨停的方式"逼空"，短期盈利效应明显，因此很受趋势投资者的关注。

（5）大行情走势把握精准。"敢死队"成员一般都技艺高超，能准确把握大盘走势。因为他们的操作主要是博短差，因此利好消息所带动起来的短期效应对他们很重要。"敢死队"都有很深的人脉资源网，能早于一般投资者得到各类市场消息。前期如2002年的"6.24"行情、"5.19"行情等，近年如2008年11月6日的行情等，"敢死队"均能提前建仓，一定意义上说，他们是善于借大盘东风的诸葛亮。

（6）严格止损。"敢死队"有铁的纪律，若预期目的无法达到甚至出现亏损时，坚决离场；不碰高度控盘庄股，尤其是前期经过大幅炒作的庄股，因为这类庄股难以吸引广大散户跟风炒作，自己进出也十分不便，敢死队的失误多是折在庄股上。

从庄家的角度来说，涨停敢死队并不算严格意义上的短线庄家，由于他们持有的筹码不多，在走势上无法得心应手地控制股价，一旦遇上前期一直驻扎在里面的中线庄家的狙击，往往会难以收场。同时，他们跟中长线庄家不同，与上市公司之间是没有联系的，这样很容易遭受"暗算"。例如，2005年4月下旬，"敢死队"介入大冶特钢（000708）这只股票，在"敢死队"重金进入后，这家公司公布的一纸重大会计差错公告，致使股价直线下坠、数个跌停，"敢死队"的损失在2 500万元左右。

"涨停敢死队"不全是成功的代名词，失手的案例同样值得探究。"敢死队"一旦遇上了早期就一直在里面的"老庄"，很有可能会吃不了兜着走。老庄用"心电图"手法出货，毫不犹豫地当天就全线套牢"敢死队"，随后开始用"窒息战术"连续跌停。

例如，2005年2月24日，东方宝龙（600988）的老庄就曾经以"心电图"手法暗算过涨停板敢死队。

又如，2004年5月12日，桂东电力（600310）涨停板，银河证券解放南路营业部成交金额达到1 600.71万元。次日，该股瞬间冲到涨停板15.50元，但转眼下一个瞬间，巨量抛单又把其股价打低到13.65元，1分钟内波幅为13%。5月14日，桂东电力延续上日的跌停，当天解放南路营业部日成交金额达到856.96万元，基本属于是无奈之下的斩仓出局。以追进桂东电力的成本价格计算，股价数日剧跌25%。

再如，2008年4月25日，紫金矿业（601899）上市，开盘价为9.98元，最低价为9.61元，盘中最高竟冲至22元，最后因交易所临时停牌，复牌后大幅跳水，收报13.92元，当日的成交均价在10.67元。从成交回报上看，当日前5名吃进该股的营业部分别是：国信证券南京洪武路营业部，吃进21 752.8万元；中信证券广州天河北路营业部，吃进18 927.8万元；银河证券宁波解放南路营业部，吃进10 977.4万元；中信证券金通杭州文晖路营业部，吃进10 727.6万元；中信证券深圳新闻路营业部，吃进9 533.4万元。此后，紫金矿业连续2个交易日无量跌停，眼明手快的银河证券宁波解放南路营业部28日卖出8 425万元。29日，中信证券深圳新闻路、中信证券广州天河北路营业部"夺路而逃"，但仅仅卖出了少数。4月30日，东方证券上海宝庆路营业部赶来"抄底"，买入金额达8 340.7万元，同时银河证券宁波解放南路营业部重新杀回来，银河证券绍兴营业部、东吴证券湖墅南路营业部也大举介入，正好接掉了中信证券广州天河北路营业部、国信证券南京洪武路营业部的"带血筹码"。在几大游资主力的联手推动下，5月5日，紫金矿业封涨停，东吴证券湖墅南路营业部、东方证券上海宝庆路营业部、银河证券宁波解放南路营业部顺利出逃，但光大证券宁波解放南路营业部当日大举吃进1.57亿元。5月6日，紫金矿业冲高回落，光大证券宁波解放南路营业部、银河证券绍兴营业部利索出货，同时国信证券深圳泰然九路营业部吃进4 296.5万元。之后紫金矿业股价一蹶不振，至5月28日，最低探至8.92元，国信证券深圳泰然九路营业部栽了一个跟头。紫金矿业在此期间的K线走势如图13-15所示。

第十三章 短线黑马的卖点

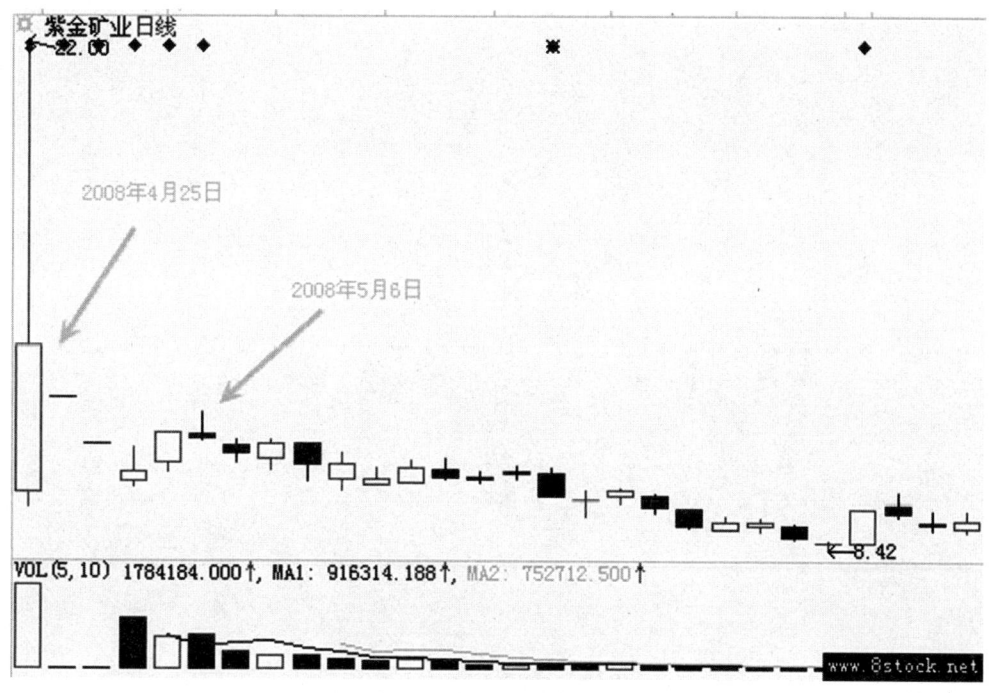

图13-15 紫金矿业的K线走势

从炒作的角度看，"敢死队"在紫金矿业上并没有明显失手，但对上市当日大举介入的"敢死队"而言，无疑是一次沉重的打击。虽然新股的这种炒作模式从当初的中工国际（002051）开始就遭抛弃，但也许是投机的性质使然，逐利资金还是依然铤而走险，暴利同时往往意味着大的风险。